河南省高等学校哲学社会科学创新团队（2013 - CXTD - 09）成果

地方高校专业与岗位对接教育实践研究

Difang Gaoxiao Zhuanye yu Gangwei
Duijie JiaoyuShijian yanjiu

宋争辉 姜献群 / 编著

中国社会科学出版社

图书在版编目(CIP)数据

地方高校专业与岗位对接教育实践研究 / 宋争辉，姜献群编著. —北京：中国社会科学出版社，2014.9

ISBN 978 - 7 - 5161 - 4823 - 5

Ⅰ.①地⋯　Ⅱ.①宋⋯②姜⋯　Ⅲ.①地方高校 - 人才培养 - 研究 - 中国　Ⅳ.①G649.2

中国版本图书馆 CIP 数据核字（2014）第 215054 号

出 版 人	赵剑英
责任编辑	宫京蕾
责任校对	秦　艳
责任印制	何　艳

出　　版	中国社会科学出版社
社　　址	北京鼓楼西大街甲 158 号
邮　　编	100720
网　　址	http://www.csspw.cn
发 行 部	010 - 84083685
门 市 部	010 - 84029450
经　　销	新华书店及其他书店

印刷装订	北京市兴怀印刷厂
版　　次	2014 年 9 月第 1 版
印　　次	2014 年 9 月第 1 次印刷

开　　本	710×1000　1/16
印　　张	21
插　　页	2
字　　数	335 千字
定　　价	68.00 元

凡购买中国社会科学出版社图书，如有质量问题请与本社联系调换
电话：010 - 84083683
版权所有　侵权必究

地方高校专业与岗位对接教育实践研究

编委会

主　编　宋争辉　姜献群

编　委　（按姓氏笔画排序）
　　　　王长宇　刘　凯　朱德林
　　　　杨小蕊　吴旭君　宋争辉
　　　　胡焕武　姜献群

前　言

今年3月26日，国务院常务会议通过了《关于加快发展现代职业教育的决定》，对我国高等教育实施战略性调整。重点引导我国600多所地方本科院校向应用技术型高校转型，大力推动专业设置与产业需求、课程内容与职业标准、教学过程与生产过程"三对接"，积极推进学历证书和职业资格证书"双证书"制度，做到学以致用。

目前，在欧美发达国家已逐步形成了较为完善的高等教育与企业对接人才培养模式及其运行机制。20世纪80年代后期，我国高职院校先后推行了"校企合作共建实训基地"、"订单式培养"等适合我国国情的职业能力培养模式，收到了一定的效果。南阳师范学院于2006年开始，在全国率先开展大学生专业技能与岗位对接教育，探索出适合我国地方普通本科院校开展大学生职业能力培养的新模式，已在全国得到推广并得到社会的普遍赞誉。

为进一步完善地方普通高等院校大学生职业能力培养理论和实践体系，经过河南省高等学校哲学社会科学创新团队（研究方向：大学生专业技能与岗位技能对接培养模式，编号：2013－CXTD－09）课题组成员两年多的共同努力，编写出《地方高校专业与岗位对接教育实践研究》一书，该书在对普通高校大学生职业能力现状和岗位需求调查的基础上，从国际化视野出发，从审视我国大学生结构性就业矛盾入手，以问题解决为宗旨，以大学生职业能力培养为主线，阐述了我国专业与岗位对接人才培养的教育理论、教育模式、师资队伍建设、课程开发、质量评价、保障体系等方面的理论基础和实践方法，是以就业为导向开展应用型人才培养的创新性研究成果。

本书共十章,第一章由杨小蕊编写,第二、三、五、六章由姜献群编写,第四章由吴旭君编写,第七章由宋争辉、胡焕武编写,第八章由朱德林编写,第九章由宋争辉、刘凯编写,第十章由王长宇编写,全书由宋争辉、姜献群统一审稿。在此向参与编写工作的有关人员致谢。同时,尽管付出了艰辛,书中肯定会存在一些不足,恳请读者赐教。

宋争辉　姜献群

2014 年 4 月

目 录

前 言 …………………………………………………………（1）

第一章 大学生就业问题与对策 …………………………（1）
一 中国大学生就业现状 ………………………………（1）
二 大学生就业存在的主要问题 ………………………（2）
三 解决普通高校毕业生就业问题的对策 ……………（7）

第二章 大学生职业能力 …………………………………（16）
一 职业内涵概述 ………………………………………（16）
二 职业分类的概念及知识 ……………………………（20）
三 大学生职业能力概述 ………………………………（29）
四 中国大学生职业能力现状与分析 …………………（42）
五 提高大学生职业能力的途径 ………………………（45）

第三章 中国大学生职业能力教育现状 …………………（47）
一 中国大学生职业能力教育的特点 …………………（47）
二 职业能力教育与大学生个体的职业发展 …………（51）
三 新形势下中国大学生职业指导策略 ………………（56）
四 中国普通高等院校大学生就业教育主要手段 ……（61）
五 中国高校大学生职业能力教育存在的问题与对策 …（65）

第四章 发达国家大学生职业能力教育 …………………（74）
一 发达国家大学生职业能力教育现状 ………………（74）

二　发达国家大学生职业能力教育的特点和启示 …………（97）

第五章　大学生职业能力课程开发 …………………………（103）
　　一　职业能力课程的基本含义 ………………………………（103）
　　二　职业能力课程开发的基本理念 …………………………（107）
　　三　职业能力课程开发的原则与方法 ………………………（112）
　　四　职业能力课程的开发流程 ………………………………（120）
　　附录 ……………………………………………………………（133）

第六章　大学生职业能力教育模式 …………………………（145）
　　一　教育模式与大学生职业能力培养 ………………………（146）
　　二　国内外大学生职业能力教育模式概述 …………………（150）
　　三　专业技能岗位对接——大学生职业能力教育模式创新 …（159）

第七章　大学生职业能力教育师资队伍建设 ………………（185）
　　一　大学生职业能力教育师资队伍内涵及职业特征 ………（185）
　　二　中国大学生职业能力教育师资队伍建设状况 …………（188）
　　三　大学生职业能力教育师资队伍建设比较研究 …………（193）
　　四　大学生职业能力教育师资队伍建设的对策 ……………（203）

第八章　大学生职业能力教育实践基地建设 ………………（220）
　　一　大学生职业能力教育实践基地的功能与重要性 ………（220）
　　二　大学生职业能力教育实践基地建设的现状和瓶颈 ……（227）
　　三　大学生职业能力教育实践基地的建设原则与模式 ……（232）
　　四　构建多元化的大学生职业能力教育实践基地体系 ……（244）
　　附录　南阳师范学院大学生职业能力教育实践基地的建设
　　　　　经验 ……………………………………………………（247）

第九章　大学生职业能力教育质量保障 ……………………（256）
　　一　大学生职业能力教育质量与质量保障 …………………（256）
　　二　大学生职业能力教育质量保障的理论基础 ……………（261）

三　国内外大学生职业能力教育质量保障的探索……………（266）
　　四　大学生职业能力教育质量保障的对策…………………（281）

第十章　大学生职业能力教育质量评价………………………（285）
　　一　大学生职业能力教育质量评价…………………………（285）
　　二　大学生职业能力教育质量评价的理论基础……………（289）
　　三　国外代表性职业能力教育质量评价……………………（296）
　　四　大学生职业能力教育质量评价体系的构建……………（306）
　　五　提高大学生职业能力教育质量的对策…………………（323）

第一章

大学生就业问题与对策

我国高校扩招以来，给越来越多的学生提供了接受高等教育的机会，然而，随着高校学生人数不断增长，高校毕业生就业已成为我国社会亟待解决的现实问题。如何有效地缓解毕业生就业难的问题，已成为各级政府、学校、家庭以及毕业生所共同关注的焦点。大学生能否实现高质量就业，能否找到适合自己发展的工作岗位，既关系到社会稳定和经济发展，也关系到我国高等教育的健康发展。因此，提高大学毕业生就业能力具有重大的现实意义。

一　中国大学生就业现状

（一）总量矛盾与结构性矛盾并存

据统计，2006年全国普通高校毕业生人数是413万，到2013年，全国普通高校毕业生达699万人（表1-1），7年时间，毕业生人数共增加了286万人。教育部副部长杜玉波在2013年全国普通高校毕业生就业工作推进会上表示，今年全国普通高校毕业生规模为历史新高，由于我国宏观就业形势面临经济放缓、就业总量持续增加和结构性矛盾突出三重压力，针对高校毕业生的有效用人需求呈下降趋势。当前高校毕业生就业形势复杂严峻，就业工作已进入关键时期。此外，就业难和招工难并存的现象更加趋于常态化，且有从沿海向内地蔓延的趋势。

表1-1 2006—2013年全国毕业生人数及就业率统计表 （万人、%）

年份	毕业生人数	首次就业率	年终就业率
2006	413	73.3	92
2007	495	72.6	91
2008	559	71.8	86
2009	611	70.9	87
2010	630	71.5	90
2011	660	77.8	91
2012	680	77.5	91
2013	699	77.4	未公布

（二）课程设置与市场需求脱节

企业用人的时候，既要选择相关专业的人才，也要选择高潜质的人才。目前高校教育在学科建设、专业设置、培养方案、教学方法、师资力量等方面还很难体现"以大学生就业能力提升为导向"的指导思想。特别是地方普通高等院校，在学科建设和专业设置上多从自身学科发展的逻辑出发，很难从真正意义上考虑市场实际需求，而且一味开设当前的热门专业，导致大学学科专业设置严重趋同，盲目追求综合化成为风气，其人才培养的最终结果必然是供不符求，产生结构性失衡。再加上高校一些课程设置滞后，办学模式千篇一律，人才培养重知识轻技能，与社会需求脱节，导致学生在校期间所学知识与企业要求存在一定差距；另一种滞后表现为大学的专业和课程设置没有能够以市场需求为导向进行规划，有较大盲目性，学校不能及时根据学生就业情况对专业和课程设置进行调整，造成培养的学生应用能力差，缺乏职业胜任力。

二 大学生就业存在的主要问题

近年来，高校毕业生的就业方式逐步趋于市场化，毕业生自主选择与市场需求相结合的双向选择模式成为主要的就业方式。由于毕业生的知识结构、择业观念与用人单位的要求严重不匹配，高校毕业生就业仍存在诸多问题。这些问题主要集中在两个方面：一是高校毕业生人数逐年增加，与紧缺的就业机会之间的摩擦性矛盾相对突出；二是"低层次就业"和"结构性失业"现象相对突出。

究其原因，主要将焦点置于毕业生本人的心理素质、择业观念、价值观念和自我定位，以及高校就业指导部门的工作方式等内容上。诚然，"树立远大理想、客观评价自我、提高心理承受能力、提高高校就业指导水平、改革招生方式、转变观念"等建议都不乏可取之处，但更为宏观的分析将更有利于全面剖析当前就业形势紧张的原因。从客观上来说，对高层次人才有着大量的需求，同时又存在着高校毕业生就业难的问题。这就说明两个根本问题：一是主劳动力市场职位稀缺，二是高等教育结构急需调整。对外在客观因素进行分析，可以发现以下几方面原因导致了高校毕业生的就业问题：

（一）主劳动力市场劳动职位缺乏

按照一定的标准，如工作性质、劳动行业、薪资水平、工作地点等，可以对劳动者从事的工作进行不同性质的划分。由多灵格（Doeringer, P.）等人提出的"劳动力市场分割理论"认为，劳动力市场被一系列制度和规则分割成许多小的劳动力市场，整个劳动力市场又可以划分为性质不同的两部分：主劳动力市场（the primary segment）和次劳动力市场（the secondary segment）。主劳动力市场具有工资高、工作稳定、工作条件好、失业率低、劳动者技术水平高、福利待遇好、个人升迁发展的机会多等特点；而次劳动力市场则工资低、工作不稳定、工作条件差、劳动变换频率也高，工作者在劳动力市场地位是非常脆弱的，获得的转岗机会较少，参与培训的机会少于主劳动力市场上的工作者。

随着我国这些年来高等教育由精英教育向大众教育的转变，普通高校连年扩招，在使劳动者整体素质普遍提高的同时，大学毕业生人数剧增和不确定的经济环境，使得新毕业大学生在传统大学毕业生职位就业比例逐渐减少，引起劳动力就业市场的竞争越来越激烈，导致毕业生在主劳动力市场就业机会的减少，加之毕业生不愿意到次劳动力市场就业，加速了毕业生在主劳动力市场失业率的上升。造成我国高校毕业生就业难的首要问题是主劳动力市场劳动职位严重稀缺，而造成的"结构性失业"。正是由于我国存在着广泛的劳动力市场分割，致使高校毕业生在进行就业选择时，面临种种壁垒和抉择。如果不能很好地解决这个问题，不仅将会出现大量的教育浪费和人才浪费情况，而且可能会引起严重的社会问题。

（二）高等教育人才培养目标错位

我国原有的高等教育结构体系基本上是在 20 世纪 50 年代末 60 年代初期形成的。与这个时期相匹配的高校毕业生的分配制度是政府统筹分配的原则。在那段时间内大学生就业形势非常乐观，用一句话来形容就是"皇帝的女儿不愁嫁"。当前我国高等教育已经从精英教育走向了大众教育，但高校普遍还是把研究型院校作为发展战略，一味追求大而全、高而尖的精英教育思想依然是高等院校的主流意识。"为人类的知识殿堂作出创造性的贡献"固然是大学的基本职责，但是本科教育不能脱离社会经济发展的实际需要，毕竟大多数本科生毕业后将面临就业。我国在转型期间急需大量中、高层次的技能型、应用型人才，经常会出现花高薪却找不到合适的高技能人才现象。因此，高校在对大学生培养上应该考虑分类发展的思路，对一部分有愿望在科研上发展的研究型学生注重其研究能力和研究方法的培养，而对大多数未来面临就业压力的应用型学生则应有意识地去加强其就业能力的培养。可以认为，提升大学生就业能力应当成为我国高等教育大众化发展阶段的重要目标，这一目标要贯穿于本科生培养模式的每一环节。

（三）重知识轻技能

目前众多高校都实行学分制，即学生修完规定学分就可顺利毕业，因此，不少高校学生以通过考试为主要目的，课程考试合格就意味着该课程的结束。这种现象弊端很多，比如多数高校在上课、考试、评分等环节均由授课教师一人完成，若提高考试难度并严格要求学生，可能导致不及格人数增加，不仅影响该课程的教学评估，也会引发后续工作量的增加，因此，高校教师倾向于让学生较易过关。

1. 对学生实践环节重视程度不够

很多高校受限于师资力量或与企业的接触渠道，往往减少实践环节的课程，忽视了实践环节对深化课堂知识和提高个人素质的重要意义。

而大量企业从降低成本出发，削减甚至取消新进员工的各项培训，希望毕业生到岗后即可顺利上手，因此，学校与企业对学生实践培养的不同立场在很大程度上影响了毕业生的就业。

2. 忽视对学生心理素质和社会适应能力的培养

很多学生从学校走向社会，从单一的人际关系变成复杂的社会关系，一时不能适应，以致产生"逃回"校园的念头。一些学生刚到企业时因为无法与同事友好共处，结果导致人际关系紧张、心理压抑乃至自我孤立。而高校在大学生心理教育方面更多侧重于入学阶段的心理适应上，对就业前的心理指导关注不够，使学生缺少必要的心理指导。

（四）传统就业观的束缚

我国几千年封建历史"学而优则仕"的"官本位"观念，以及大部分家庭将多年的积蓄投资子女上大学所抱的希望就是子女大学毕业后能找一份好工作，也使我国大学毕业生择业行为偏离常态，趋向集中。无论是大学毕业生还是其家长，都认为只有当国家干部，进白领阶层，进大城市、大机关、进事业单位、端铁饭碗才算就业；只有能留档案、能落户口的才算就业；只有显性就业才算就业。许多大学毕业生把眼睛盯在大城市、大单位、高收入、高地位的工作单位。其就业观依然表现出传统性。可见大学生就业难，很大程度上是因为他们的就业观念并没有得到根本的转变，就业期望值偏高，理想与现实存在较大差距。表现在毕业生对自己估计过高，眼高手低，这山望着那山高；对薪水、福利待遇要求过高，不顾自身的条件，导致用人单位不敢接收；片面追求大城市，不愿去一些小城市发展；对单位选择过高，看重国家机关、大单位等，对一些小企业不感兴趣，致使高不成低不就。大学生要成功就业必须丢掉"精英"意识，放下架子，低姿态进入社会，在普通的工作岗位上寻找发展的机会。

就业，亦称"劳动就业"，是指有劳动能力的人从事某种社会劳动并取得报酬或经营收入。依照国际劳工统计的通用标准和中国劳动制度及统计办法，凡在生产资料全民所有制、集体所有制经济形式中劳动和工作的职工、农业劳动者，在城乡从事个体经营的劳动者以及在其他经济形式中从事劳动的劳动者都是就业人口，或称就业者。对于大学毕生来说，只要具备就业的条件，无论是在全民所有制单位、集体所有制单位、外资企业、私营企业工作，还是从事个体经营；无论其工作地点在农村、城镇、城市、国内，还是国外；无论其工作是固定性职业，还是临时性职业；无论其是在现有的岗位上工作，还是在自己创造的新的岗位上工作，都属于就业。大学生必须改变"一次就业定终生"的传统观念，认识到职业是可以变化的，就业就是一个动态的过程，就业了，也可能失业，一个人很难在一个单位工作一辈子，树立动态的就业观。"先就业，后择业；先生存，后发展"，克服一些不切实际的想法，革除那些陈旧的观念，使自己从那些条条框框中解脱出来，把目光由原来的国家机关、重点单位转向那些民营企业、私营企业等，就业地区由那些经济发展地区转向西部地区和经济欠发达地区，那些地方更能发挥自己的聪明才智。大学生们要认清就业形势，主动学习和掌握就业技巧，提高择业能力，对自己要有正确的认识，合理地确定就业期望值。只有这样，才能摆正自己的位置，在就业竞争中处于主动地位。

（五）忽视人才市场需求

随着市场经济不断发展，单位的用人需求也更加市场化，企业各有各的用人原则，但总体而言都是根据各自企业的需求选择合适的人才。

企业需要具有健全人格的人。一是能客观认识和评价自我，正确认识、评价自身优缺点，坦率接受自身不足并对生活持乐观向上的态度；二是具有自主性，独立性强，有正确的人生观与价值观；三是具有较强的适应性及抗压、抗挫折能力，有应对各种环境的适应能力及心理承受能力；四是具备对环境的适应能力，建立令人满意的人际关系。

企业需要有一定的职业精神、敬业奉献的人。我国人才职业化程度偏低已是一个不争的事实，造成这个问题的原因除了宏观上我国各类职业尚未形成专业化程度较高的职业标准之外，更重要的是从业人员尤其是年轻人的职业意识、职业精神不强，主要表现为不讲规则、不讲诚信、自律意识差、对工作缺乏激情等。

企业需要具备较强的综合素质和较为全面的知识结构的人。具体表现为：具备一定的口头和书面表达能力，能较快接受和吸收新知识，有较强的自学能力和动手能力，有比较全面的知识结构和独立解决问题的能力。

　　有较好的专业知识。之所以将专业知识能力放在最后，是因为长期的实践表明，员工的专业知识可以在实践中锻炼和培养，但人格不健全、缺乏敬业精神的员工却是企业发展的大碍。

三　解决普通高校毕业生就业问题的对策

　　2013年，全国普通高校毕业生699万人，比2008年增加140万人，增幅为25.2%。而2012年毕业大学生实际就业率为77.5%，也就是说，超过150万的高校毕业生不能顺利就业。2014年，我国高校毕业生总量达到727万，是近年来的最高值。2015年，我国高校毕业生总量将再创历史新高，因此，高校毕业生就业问题越发凸显出来。随着社会主义市场经济体制转型的不断加快和高等教育体制改革的逐步深化，高校毕业生就业已成为社会关注、学校关心和大学生最为关切的焦点问题。高校毕业生的就业问题，不仅关系到千家万户的切身利益，更关系到国家的经济建设和社会稳定，关系到社会主义和谐社会的构建。

（一）建立现代就业阵地，构建学校和就业单位之间的桥梁

　　在高等教育大众化背景下，高校要紧跟时代发展变化，及时转变教育教学理念，坚持以就业市场需求为导向，以提升大学生就业竞争力为重要目标。首先是调整人才培养目标。培养目标要面向现实社会需求，服务于当前的社会生产生活实际，以便培养出具有适应能力的不同层次的专业人才。其次，各高校要密切关注市场动态，了解各自学校的专业设置是否符合社会需求，是供大于求还是供不应求，据此及时调整专业设置。鉴于高校人才培养具有周期性这一特点，各高校要密切关注经济动态，密切关注市场、社会对人才需求的变化，对未来的产业结构和岗位需求应有一个科学的预测，要按照就业岗位需求进行修炼，不断增强大学毕业生自身的岗位能力。

　　由于课程体系设置和教学方法直接决定着大学生的知识结构和专业技能的掌握程度，并最终影响大学生的竞争力，因此，各高校要加强各自的课程体系建设，改变教学内容偏旧、专业过窄、教学方法单一，造

成学生适应性差的问题。为此，要拓宽专业口径，使学生具有较宽泛的专业适应性；要更新教学内容，密切关注专业和学科动态，避免知识转化为现实生产力比率较低的现象；要充分利用信息技术手段，运用启发式、研讨式、案例式等教学方法，开发学生的创新能力，提高他们分析问题和解决问题的能力；此外，还要强化人文学科和学生能力修养课的开设力度，开拓大学生的视野，塑造健全的人格。与此同时，还要加强实践教学和实习基地建设，建立现代就业阵地，构建学校和就业单位之间的桥梁，为学生提供更多的实习机会，使学生能够积累相关的工作经验。

1. 进行专业统计和预测，提高信息流通和引导，减少选择盲目性

劳动力市场分割产生的很重要的一个原因就是信息不流通，主要劳动力市场的供求信息不能很好地被教育机构和受教育者得知，其较好的收入、工作条件、发展机会、对教育的资助将会影响专业的设置和受教育者的选择，致使较少的需求引发大量的供应和积压，产生巨大的隐性浪费。通过专业统计和预测，可以在全社会范围内统计、预测和发布各行业和专业的供给需求信息，提高信息流通和引导，使得教育机构和国家投资投向未饱和和待发展的领域，使报考高校的学生了解其所选择专业的社会需求状况，结合自身实际情况，在较少的机会、激烈的竞争和较多的机会和合理的预期之间进行理性选择，避免盲目羡慕高薪行业而在毕业时遭遇就业困境，提高全民教育效益，促进经济健康发展。

2. 降低劳动力市场壁垒，拓展就业渠道

劳动力市场分割的另一个重要原因就是劳动力市场壁垒，如企业的规章制度、城市身份等不完全体现劳动力价值的软性因素。由于历史原因，我国在相当长一段时间内集中力量办大事，沿海地区建设试验区等，壮大健全了我国的工业体系和城市体系，但是同时也带来了东西差距、城乡差距、国有民营企业差距和政府、事业和企业差距。这些差距直接造成了劳动力市场分割和壁垒，不同城市间的人才流动、不同企事业单位的待遇和发展、不同地区的就业机会很大程度并不能客观反映劳动力市场供应情况，而是由政策、规定等一些软约束来进行调节。这些软约束在完全市场经济条件下很难由外力进行改善，但是在我们市场经

济主导的、有计划发展的中国特色社会主义建设过程中，确实可以通过一些宏观引导和管理，在促进发展的基础上，有意识分散主要劳动力市场，减少和弱化壁垒，增加次要劳动力市场更多的就业吸引力，促进次要劳动力市场向主要劳动力市场转化，使劳动力市场的价格和报酬更多地反映劳动力市场需求情况，从而对劳动力培养和发展产生良好的风向标作用。如将部分好医院、好学校、好企业建立在交通发达的小城市，促进小城市的主要劳动力市场发展；弱化户籍对购房、子女上学、保险、退休金等和劳动力生活直接相关事项的联系和绑定；加强经济情况良好乡镇的软硬件建设，增强当地就业吸引力，促进乡镇的企业建设，完善就业保障，吸引本地优秀生源回乡工作。通过有效分散和增加主要劳动力市场、提升次要劳动力市场，可以减轻大中城市的就业压力和人才浪费情况，可以更多地增加就业渠道，充分利用当地生源的混合优势，使教育和人才的效用得到很好的体现，同时促进国家经济和实力的发展。

　　同时，大学毕业生就业力的提升，企业将是最大受益者，因为高校在对企业人才供给的质量方面有所提升，企业应该更加积极地参与人才培养过程、更加主动地融入就业政策体系，这也是企业人力资源管理水平提升的重要标志。企业可以从用人单位的角度加强与政府、高校的合作，并着重做好以下几个方面：一是全程参与学校课程体系制定，协助学校评价其课程设置与教学内容是否符合产业发展与毕业生就业需求；二是为学生提供实习工作机会，帮助其产生真正有意义的实践工作经验，并把实习学生作为重要的人力资源储备，纳入企业整体人力资源战略规划。不同行业必须设计不同的实习方式，例如在一些高科技和先进制造企业中，不容易提供短期的实地见习，企业应该主动走进高校，充分利用高校教学资源，合作建立实习实训项目，推行仿真化的职场体验课程，把毕业生从"原材料"变成"备用件"；三是配合政府和高校开展大学生就业相关调查，为人才供需预测和政府制定就业政策提供基础信息来源。有了企业的参与和配合，大学生就业力的提高便更容易与实际需求相结合，从而也就有了更为扎实的落脚点。

（二）开展大学生专业技能与岗位对接研究[①]

当前我国民营经济占经济总量的比例越来越高，其对就业的拉动作用也越来越明显，从而为高校毕业生提供了大量就业岗位，在一定程度上缓解了就业压力。可以说，民营经济已经成为吸纳高校毕业生和青年就业的主渠道之一。这一方面源于民营企业的招聘越来越规范，且以其灵活的就业机制和快速的发展趋势为毕业生提供了广阔的发展空间；另一方面也反映了面对高等教育大众化背景下严峻的就业形势，毕业生的就业心理在逐步调整，改变了传统的捧"铁饭碗"的就业观念，对到民营企业就业的认可度在不断提高。企业对毕业生要求最多或最看重的是个人潜力，包括学习能力、环境适应能力、人际交往能力、创新能力等，而并不过分看重学习成绩，包括计算机等级考试成绩、英语四六级成绩，即使是对英语水平有明确要求的用人单位，也大多看重其实际应用能力，而不是考试分数，所有这些反映了用人单位在招聘时更加务实。

从近几年大学毕业生就业去向来看，到党政机关、科研院所、国有企业等单位就业的比例继续降低，而到民营企业、私营企业就业的比例不断上升。毕业生普遍认为，缺乏工作经验和实践能力是制约有效就业的最大障碍，因此，大学生一定要努力培养自己的实践能力，积极参加各种社会实践活动和就业见习，将所学的专业知识转化为职业技能，充分挖掘自己的潜力，不断提高自身的环境适应能力。

就业准备不足是应届毕业生求职时存在的一个共性问题。对于多数学生来说，在求职过程中不能够迅速完成从学生到职业人、社会人的角色转换。职业能力不足是制约毕业生成功就业的一大障碍。突出表现为知识结构不健全，专业知识不系统、不扎实，综合技能水平不高（尤其是科研能力、创新能力和解决实际问题的能力低）。究其原因在于，多数学生在大学期间，对市场变化、社会变化关心度较低，注意力和精力都放在应付考试上。在这种应试教育模式下，学生没有把自己的兴趣、

[①] 宋争辉：《构建大学生专业与岗位技能对接教学模式的探索》，《教育研究》2012 年第 5 期。

爱好和所学专业很好地结合起来，导致知识结构单一，以至于普遍缺乏创新能力、实践能力和社会适应能力。此外，毕业生普遍缺乏清晰的自我认识和职业生涯规划，多数大学生没有"职业生涯"概念，对自我的认识不足，不清楚自己的优势和劣势，在参加人才交流会时，也多有一种"赶集"的感觉，没目标、没准备。同时，一些就业指导工作者的专业知识和能力不足，对毕业生的个性化咨询及指导欠缺，同用人单位的沟通不够。就业指导方式与内容显得单一。一些高校只注重就业政策、就业信息和就业技巧方面的指导，缺乏对学生的职业心理测评以及职业生涯设计的指导，服务对象也多限于应届毕业生，忽视在整个教学过程中对其他在校生的职业前期指导。事实上，就业指导不仅要为学生的择业提供帮助，积极拓宽就业渠道，确保学生充分就业，而且更要为学生的职业发展和生涯规划提供指导。

因此，学校要在提升大学生的就业竞争力上下工夫，开展大学生专业技能与岗位对接研究。包括如何培养师资队伍、如何编写教材、如何开展对接培训等，加强校企合作，为大学生尤其是大三大四的学生提供更多的实习岗位，使学生获得更多锻炼自己的机会。经常邀请企业领导或骨干对大学生进行职业技能培训，提升大学生的就业竞争力。

（三）健全机制，推进毕业生就业工作的对策

大学生就业问题是一个庞大的系统工程。提升大学生的就业力并不是一方面的力量所能完成的，需要政府给予政策支持，需要高校制定合适的培养计划，需要企业提供工作岗位以及反馈建议，需要社会给予关注和扶持，凝聚多方的合力才能够成功构建有利于提高大学生就业力的政策体系。各高校应从学校自身的特点和发展方向出发，在教学层面上，努力营造一种有利于学生未来发展和学校发展的良好氛围，为学校的和谐可持续发展增添更多的砝码。

1. 构建以就业力为导向的人才培养模式

首先，将就业教育贯穿整个大学阶段。大学生就业力的提高绝不是在毕业年级通过几次就业指导课就可以解决的问题，应该从同学们一入学便开始进行就业力的培养和提高。在给低年级的同学上课时，教师应该在教学方法和课程内容中融入表达沟通、团队合作、问题解决等核心

就业力的培养，尽量将理论知识与实际操作相结合，帮助学生理解理论如何运用于产业实务。在给高年级同学上课时，可尝试在课程设置中引入用人单位意见，适度引入产业界师资协助教学。

其次，高校要创造促进就业力提高的良好条件。学校要鼓励教师校外兼职，这样可以最直接地了解社会的需求，并在课堂授课时传输给学生。学校要强化就业辅导工作，提升就业指导中心功能，开展信息交流、个性化职业辅导、职场体验、人格及职业性向测评、毕业生就业调查等全方位就业指导服务。此外，学校要致力于促进大学生实习的制度化与规范化，加强学校与用人单位的合作，为学生提供更多更深入的实习工作机会，以就业体验提升就业能力。

最后，学校制定激励机制。建立促使教学单位及教师重视就业力培养的激励机制，把毕业生就业表现纳入教学单位绩效评价。在正确引导学生转变就业观念（包括就业自主、就业竞争、就业流动、就业发展等观念）的基础上，通过邀请企业人力资源经理开办讲座和就业咨询提升学生就业的基础能力，包括人际沟通能力、应聘能力、就业心态、适应能力等。

2. 建立基于需求的人才培养体系

关键是强化专业能力，掌握实践技能，提高大学生社会适应能力和就业竞争力。这就要求学生一定要掌握好专业知识，专业知识是大学毕业生整个知识结构的核心部分，是每一类人才知识结构的特色所在。面对用人单位对各类专业人才的需求，面对自身就业后需要动用所有的经验和智慧全力以赴的情况，大学生必须脚踏实地掌握好专业知识。同时，还要努力提高专业实践能力。专业实践能力与行业职业活动紧密相关，这也是大学里培养大学生从事专业性较强工作的能力的一个基本特征。无专业实践能力，就不能很好地胜任相应行业的工作。所以，高校要进一步加强以教学实践、专业实习为主要内容的实践教学，组织专业教师参加、指导社会实践，特别是发挥毕业设计环节的实践作用。通过一些实践课程进一步锻炼学生的动手操作能力，更好地练就更扎实的专业技能，从而提升学生的就业竞争力。还要将这些实践课程列入培养计划，作为每一届学生的常规教学的一部分。另外，随着社会需求的不断进步和发展变化，实践项目和培训内容也会紧跟时代的步伐，也会不断地更新和务实。

建立知名企业实训基地，塑造学生专业成才。通过与知名企业合作，建立知名企业实训基地，优化基地结构，建立与校、院（系）、班相对应、多层次、相对稳定的实践基地体系。引导大学生积极投身于实践基地培训，促进校企办学，提高大学生的专业实践能力和社会适应能力。并且要组织好学生参加学校、市级、省级、国家级各类学科竞赛。在组织学生的学科竞赛中，引导学生树立正确的专业学习思想，通过各种途径和方法，在一定程度上激发学生专业学习兴趣和创新热情；可以调动学生的专业兴趣和积极性，引导学生成立学习兴趣小组，激发学生形成良好的学习氛围。以国家、省级、市级、校级，各类专业学科竞赛为载体，营造积极向上的竞争氛围，在很大范围内可以塑造学生的专业成才。

发挥学校科研优势，引领科学研究，提高大学生科研能力。在日常教育教学中，提高大学生的科研能力有利于带动学生的专业学习，促进学生知识、能力的协调发展。因此，可以以大学生科研立项为龙头，鼓励学生投身到科研活动中去，发挥"四两拨千斤"的调控效应，逐步孕育常态化的学习研究氛围，从而带动广大学生强化专业知识、注重知识能力的协调发展。通过团学活动，培养大学生形成一个以精通本专业知识为主，融合与本专业直接或间接相关知识的综合性知识结构。在综合知识结构基础上，进一步加强各种实践活动、动手能力和实验技能的培养，使大学生逐步形成综合性创造能力，把理论知识转化为实际应用价值，提高解决实际问题的能力，提高大学生就业、创业素质。

（四）发挥政府在毕业生就业工作的促进作用

经济发展是解决就业问题的根本措施，政府要积极引导产业结构的调整，大力发展第三产业，以不断提高经济增长的就业弹性，努力创造更多的就业岗位。同时，要实施积极的就业政策促进大学生就业，通过制定就业发展战略和相关法规，完善就业服务体系，引导全社会转变就业观念，为那些能够为毕业生提供就业的企业提供更多的机会和宽松的环境。政府近年来出台的许多促进大学生就业的政策，在大学生平稳有序就业过程中发挥了积极的作用，这也是高校毕业生历来保持了较高就业率的重要原因。在制定政策时，要全面考虑政策的可行性和公平性，确保制定科学合理的政策措施。同时，要加大对政策执行的监控力度，确保政策的落实。教育及相关部门要继续引导各高校根据人才市场需求深化教育教学改革，不断提高人才培养质量，加强对高校毕业生就业工作的监督和指导。高等教育要在稳定招生规模的基础上，从"量"的扩张逐步转向"质"的提升，尽快建立起规范的就业指导中心，切实为毕业生就业提供良好的指导。此外，要继续与外部社会各种相关机构密切配合，完善大学生就业市场，形成良好的就业环境，建立健全合理规范的用人制度，为大学生就业提供良好的市场环境和制度保障。

大学生就业政策指的是政府实施的以促进大学生就业为目标的人才供需干预措施，主要包括发展高等教育、提供职业培训和劳动中介服务、保障就业公平、引导就业意向、优化人才供需结构等。如今缓解大学生就业难已经成为政府的重要工作，例如，仅2008年底至2009年3月底，由国务院和各部委颁布的促进大学生就业的相关政策已超过11项。如到基层就业的毕业生可以享受国家代替偿还学费和国家助学贷款的奖励政策。并且，就业政策与岗位配套出台，新增加的科研机构科研助理岗位预计可吸纳毕业生10万人。农村教师特岗计划，从过去的3年5万多人增加到一年20万人。服务外包企业未来5年内，将新增毕业生就业100万人。这些就业政策为促进大学生就业起到了重要的作用。但是，目前政府促进大学生就业的政策大多是为即将毕业的学生提供岗位，少有针对大学生在校学习时提高就业能力的支持政策，而要有效解决大学生就业问题，根本出路在于提升正式教育中的就业力培养。

1. 扩大高校办学自主权

政府真正赋予高校自主核定办学规模、制定招生方案、设置和调整学科专业，自主制订教学计划、选编教材、组织实施教学活动的权利，这样才能使高校的课程学程、培养方案等能够弹性调整以适应经济社会发展及产业升级的人才需求。

2. 加大财政支持力度，建立大学就业力教育基金，鼓励和引导高校改革教育教学模式

一是资助高校，对高校提出的提升就业力的教学改革方案进行支持，对推行就业力教育成绩显著的高校进行奖励，并推广其成功经验；

二是对相关的学术研究提供支持；三是给企业予以补贴，以调动企业参与积极性。例如国家推出的高校毕业生就业见习计划，对未就业毕业生提供就业见习岗位，并予以财政补贴，此举对于提升未就业毕业生的就业力，具有积极意义。

3. 制定就业力测评标准，建立信息库，为制定就业力的政策提供量化的依据

建立如"大学生就业力技能标准与测评法"、"大学生职业性向标准量表与参照常模"等就业力基础测评工具，以明确大学生毕业时应达到的基本能力素质要求；建立国家级"大学生就业及职业发展数据库"，并强化对产业发展所需就业力的预测与调查，跟踪评估大学毕业生基本能力和专业技能的需求变化。以这些信息为依据，高校便能够及时有效地调整学科设置、课程内容和教学方式，大学生也能够合理规划自身职业发展方向。特别是高校毕业生应当充分发挥技术优势、知识优势和国家政策扶持优势，在校期间就可有意识地收集行业信息，积累有效资源，提升创业能力，有效降低创业过程的风险，提升创业的成功率和工作岗位的供应信息量，我国劳动力市场分割在一定程度上加大了高校毕业生就业的压力和困境，但是，正是这些压力和困境又在促使我们积极想办法转变目前的状态和解决面临的问题，通过有效的宏观调控、积极的政策扶持，政府、社会、高校和毕业生各个层次的共同努力和转变，转危为安，弱化我国劳动力市场分割的局面，增加更多的就业机会，促进经济的稳定增长。

第二章

大学生职业能力

职业能力是人们从事其职业活动的多种能力的综合。本章从职业能力的相关概念入手,分析职业能力的层次结构、核心能力、通用能力以及职业素质的要点。然后重点介绍目前我国大学生职业能力现状与市场需求现状。

一 职业内涵概述

(一)职业概念

职业是指在业人员所从事的有偿工作的种类。职业是人们在社会中所从事的相对稳定和具有合法收入的活动,既是人们为社会做贡献,实现人生价值的舞台,也是人们谋生的手段。有稳定、合法的收入,是职业这种特定的劳动区别于其他社会活动的主要特点。[1]

职业存在于社会分工之中,在不同工作性质的岗位上,人们的社会角色迥异,所从事的工作在目标、内容、方式和场所上存在很大的差别。一定的社会分工或社会角色的持续实现,就形成了职业。

人们一般习惯使用"工种""岗位"等概念,实质上就是将职业按不同需要或要求进行的具体划分。一般一个职业包括一个或几个工种,一个工种又包括一个或几个岗位。因此,职业与工种、岗位之间是一个包含和被包含的关系,其间有着密切的内在联系。例如:"焊工"职业

---

[1] 柳君芳:《职业指导的概念与基本内涵》,《北京成人教育》2000年第1期。

就包含"电焊工""气焊工"等 12 个工种。

工种是根据劳动管理的需要,按照生产劳动的性质、工艺技术的特征或者服务活动的特点而划分的工作种类。目前,大多数工种是以企业的专业分工和劳动组织的基本情况为依据,从企业生产技术和劳动管理的普遍水平出发,为适应合理组织劳动分工的需要,根据工作岗位的稳定程度和工作量的饱满程度,结合技术发展和劳动组织改善等方面的因素进行划分的。

岗位是企业根据生产的实际需要而设置的工作位置。企业根据劳动岗位的特点对上岗人员提出的综合要求形成岗位规范,它构成企业劳动管理的基础。

(二)职业要素

职业主要由以下几个要素构成:

1. 职业名称:职业的符号特征,它一般是由社会通用称谓来命名。
2. 职业主体:从事一定社会分工活动的劳动者,必须具有承担该职业活动所需要的资格和能力。
3. 职业客体:职业活动的工作对象、内容、劳动方式和场所等。
4. 职业报酬:通过职业活动所取得的各种报酬。
5. 职业技术:劳动者在从事职业活动中所运用的自然技术、社会技术与思维技术的总和。它体现在人们从事职业活动所使用工具、材料、工艺方法的发展和应用,也包括尚未形成系统的经验。

职业的要素体现了职业是社会与个人、整体与个体的联结点,社会整体依靠每一个个体通过职业活动来推动和实现发展目标,个体则通过职业活动对整体做出贡献,并索取一定的报酬以维持生活。整个社会因众多的职业分工和从业者的工作而构成人类共同生活的基本结构。

(三)职业意义

从职业主体看,职业对于个人的发展也是十分重要的,它不仅是人谋生的需要,同时也是贡献社会、实现自我的途径,对于每个从业者而言,职业的意义在于:

1. 职业首先是谋生的手段

"民以食为天",个人通过职业活动实现生存的需要,获得个人最基本的安全感。在谋生的过程中，个人通过职业活动为社会创造着无尽的财富，为人类的繁衍提供保障。

2. 职业使人获得社会地位

职业依人们参加社会劳动的性质和形式，形成了不同的社会集团，即不同的社会层次。它区分人们在社会劳动分工中的具体劳动方式及承担的具体工作类型。一方面，由于各种职业主体的劳动方式、经济收入的不同，形成了不同的职业层次；另一方面，又由于政治、经济、文化、历史等方面的差异，形成了特定的等级、地位与身份。

3. 职业为实现自我价值提供了空间

人生价值的实现，无论从哪方面看，都离不开职业活动。职业规定了一个人的工作岗位及其奋斗目标，个人只有以工作岗位为起点，才能实现与社会整体的融合。一个人将丰富的知识、熟练的技能出色地运用于职业活动时，就会创造出一定的效益来回报社会，从而实现自己的人生价值。通过职业活动，一方面满足了个人对社会、集体与单位的归属感，并提供了个人为社会做贡献的平台；另一方面也满足了个人对归属、爱、尊敬与被尊敬的需要。

（四）职业特性

职业特性反映了职业主体在长期的实践活动中所形成的与其他形式的劳动相区别的本质属性。

1. 社会性

职业充分体现了社会分工，是社会生产力发展的产物，每一种职业都体现了社会分工的细化，体现了对社会生产和社会进步的积极作用。社会成员在一定的社会职业岗位上为社会整体做贡献，社会整体也以全体成员的劳动成果作为积累而获得持续的发展和进步。[①] 职业的社会特性反映出不同的职业承担着不同的社会责任，不同职业人应当了解自己承担的职业角色，完成自己的使命，这一点应是职业指导人员努力宣传的，同时职业指导人员应当在更大程度、更大范围上了解不同职业的特性。

---

① 尹忠泽：《大学生职业生涯规划》，吉林大学出版社2007年版，第2—3页。

2. 经济性

职业活动是以获得谋生的经济来源为目的的。劳动者在承担职业岗位职责并完成工作任务的过程中要索取报酬，获得收入。一方面这是社会、企业及用人部门对劳动者付出劳动的回报和代价；另一方面，劳动者以此维持家庭生活，这是保持整个社会稳定的基础。人们了解职业的经济特性，目的是更客观地审视所要从事的职业，但这不等于这种特性就完全决定一个人的职业选择。

3. 技术性

从某种意义上说，职业的技术特性标示了职业的专业色彩。尽管每一种职业所表现出来的技术性要求程度不同，有的甚至具有较大的差异性，但它们都是职业得以存在的基本表现形式。因此，自职业诞生之初，社会上就不存在没有技术的职业。任何一个职业岗位，都有相应的职责要求，不仅能胜任职责要求的，而且也要达到上岗的技术水准。比如，所有岗位对学历证书、职业资格证书、专业技术考核证书、上岗培训合格证书、专业工作年限等，都有具体的规定，只有达到起点要求才能上岗。针对大学生职业指导而言，上述技术特性的讨论至少反映了两个重要的问题：一是作为每一位求职者或劳动者都应当十分清楚，他所从事或准备从事的职业对他提出了什么要求；二是他是否能够胜任，怎样才能具备胜任的资格。

4. 稳定性

任何一种职业都要经历一个从酝酿到形成，从发展到完善再到消亡的变化过程。一般来说，构成职业生存的社会条件变化是比较缓慢的。职业的生命周期具有相对的稳定性。但是，这种稳定性是相对的，随着现代社会经济、科技、文化的快速发展，特别是科学技术的日新月异，促使原有职业活动产生变化。如果这种变化只是在量的层面上，说明这个职业为社会所提供的功能仍然存在，如果这种变化反映在质的层面上，则意味着这个职业已经没有存在的价值，完成了它的历史使命，或被新生职业所取代。高校培养大学生职业能力，要及时把握职业变迁的两端，一端是新职业的诞生，另一端是老职业的消亡。当然也不能忽视职业在稳定期内所产生的一些重要的变化，这方面的信息对求职者和高校的专业建设而言，是非常宝贵的。

5. 群体性

职业的存在常常和一定的从业人数密切相关。凡是达不到一定数量从业人员的劳动，都不能称其为职业。群体性并不仅仅表现为一定的从业人员数量，更重要的是一定数量的从业人员所从事的不同工序、工艺流程表现出的协作关系，以及由此而产生的人际关系。从业者由于处于同一企业、同一车间或同一部门，因此，他们总会形成语言、习惯、利益、目的等方面的共同特征，从而使群体成员不断产生群体认同感。个人对相关职业特征的了解和认同，能够促进其更有效地实现就业和进一步的职业生涯发展。因此，高校要引导大学生对不同职业群体的相关特征的了解，能够更有效地开展职业指导工作。例如，引导大学生融入目标职业群体或帮助他认识具有参照性的群体成员，不仅能够帮助求职者获得对该职业的更具体的直观认识，还能够帮助求职者提高自己获得职业信息的能力。

6. 规范性

职业的规范性有两个含义：一方面，职业主体所从事的职业活动必须符合国家法律规定和社会伦理道德准则。在我国，某些人所从事的活动尽管具有前述各种职业特征，例如，有组织的非法生产加工、非法传销、贩毒活动等，但是这些带有职业特征的活动目的和内容不符合国家的法律规定，或有悖于社会伦理道德的准则要求，因而这些社会群体活动并不属于正当职业范畴。另一方面，从业者本身应遵守的法律法规，如某些职业的从业者应持证上岗，某些职业的从业者在操作过程中须遵守特定的法律法规等。毫无疑问，了解和恪守职业规范对个人职业生涯的发展非常重要。高校应帮助大学生尽早建立职业规范意识，了解相关的职业规范或法律法规。

二　职业分类的概念及知识

（一）职业分类的概念及作用

所谓职业分类，是采用一定的标准和方法，依据一定的分类原则，对从业人员所从事的各种专门化的社会职业进行全面、系统的划分与归类。它是一个国家形成产业结构概念和进行产业结构、产业组织及产业政策研究的基础，它对于社会各个行业的发展有着十分重要的意义。任何一个国家的职业分类都影响并制约着其国民经济各部门管理活动的成效。

职业分类的发展也是职业自身发展的需要。一个国家职业体系结构的形成，为人们了解社会职业领域的总体状况提供了基础，同时职业分类的形成也增强了人们的职业意识，促使从业者不断提高职业素质。社会经济的发展促使那些与现有职业相比更具有竞争力或更能满足社会需要的新的职业类别或领域产生，形成新的职业群，根据劳动和社会保障部批准并发布的数据，我国每年要新增10个左右的职业。

（二）职业分类的基本依据和方法

职业分类的基本依据是工作性质的同一性。职业分类包括职业的划分与归类，按照工作性质的同一性进行职业分类，一方面是根据职业活动工作特征的差异程度进行职业的划分；另一方面是根据职业活动工作特征的相同程度进行职业的归类。

任何一个国家的职业分类都是建立在一个分类结构体系之上的，针对体系中的每个层次，依据不同的原则和方法，才能实现总体结构的职业划分与归类。根据国际职业分类的通行做法，职业分类一般划分为大类、中类、小类和细类四个层次。大类层次的职业分类是依据工作性质的同一性，并考虑相应的能力水平进行的；中类层次的职业分类是在大类范围内，根据工作的任务与分工的同一性进行的；小类层次的职业分类是在中类的范围内，按照工作的环境、功能及其相互关系的同一性进行的；细类层次的职业分类即为职业的划分与归类，它是在小类的基础上，按照工作分析法，根据工艺技术、对象、操作流程和方法的同一性进行的。

（三）中国现行职业分类

1. 有关成果

改革开放以后，我国先后制定了国家标准《职业分类和代码》、《中华人民共和国工种分类目录》，并根据社会经济发展的需要，修订了国家标准《职业分类和代码》，在此基础上，组织制定了《中华人民共和国职业分类大典》。我国的台湾及澳门地区自20世纪60年代以来，也根据各自不同时期的经济发展，建立了符合本地区实际需要的职业分类体系。整体上看，以国家或地区标准《职业分类和代码》、《中华人民共和国工种分类目录》、《中华人民共和国职业分类大典》及《台湾地区职业分类典》为代表，较为全面地反映了我国现代职业分类的实践发展进程。

2. 中国职业分类的结构

我国职业分类的总体结构分为大类、中类、小类和细类（职业）四个层次，依次体现由粗到细的职业类别。细类作为我国职业分类结构中最基本的类别，即职业。根据我国国民经济发展现状，借鉴国际标准职业分类体系，我国职业划分为八个大类。第一大类为"国家机关、党群组织、企事业单位负责人"；第二大类为"各类专业技术人员"；第三大类为"办事人员及有关人员"；第四大类为"商业及服务业人员"；第五大类为"农林牧渔水利业生产人员"；第六大类为"生产、运输人员及有关人员"；第七大类为"军人"；第八大类为"不便分类的其他人员"。

3. 职业分类具体原则

国家职业分类分为大类、中类、小类和细类（职业），依各层次的特点确定划分的具体原则。

（1）大类划分的原则。大类是职业分类结构中的最高层次。大类的划分是以工作性质的同一性为主要依据，并考虑我国管理体制、产业结构的现状与发展等因素，将我国全部社会职业大致分为管理型、技术型、事务型、技能型等职业类别。第七大类和第八大类不再进行下一层次的划分。

（2）中类的划分原则。中类是大类的子类，中类的划分是对大类职业体系的分解。中类的划分是根据职业涉及的知识领域、使用的工具和设备、加工和运用的技术以及提供的产品和服务种类的同一性进行的。

（3）小类的划分原则。小类是中类的子类，一般指工作范围。小类的划分是按劳动者的工作环境、条件、技术性质的同一性进行的。一般情况下，第一大类的小类，是以工作领域、职责范围和业务同一性进行划分的；第二大类的小类，是以工作或研究领域、专业的同一性进行划分的；第三、第四大类的小类，是以所办理的事务属性同一性和所从事服务的项目同一性进行划分的；第五、第六大类的小类，是以所从事工作的操作程序规范的同一性、工艺技术的同一性、操作对象的同一性以及生产产品的同一性等进行划分的。

（4）细类（职业）划分的原则。细类是国家职业分类最基本的类别，即职业。一个职业包含一组性质相同、具有通用的职业知识和职业技能的工作。细类的划分一般采用工作分析法，即将工艺技术、对象相同、操作流程和方法相似的若干工作种类或岗位归并为一个细类（职业）。细类（职业）的划分，在遵从工作性质同一性的基本原则基础上，根据不同职业类别的特性采用特定原则：第一大类的细类（职业）主要是按照工作的复杂程度和所承担的职责的大小划分；第二大类的细类（职业）主要是按照所从事工作的专业性与专门性划分；第三、第四大类的细类（职业）主要是按照工作任务、内容的同一性或提供服务的类别、服务对象的同一性划分；第五、第六大类的细类（职业）主要是按照工艺技术的同一性、使用工具设备的同一性，使用主要原材料的同一性，产品用途和服务的同一性，并按此先后顺序划分。

（5）《中华人民共和国职业分类大典》。进入20世纪90年代以后，社会主义市场经济的建立促使我国的社会经济和科学技术发展迅猛，经济领域发生的重大变革对人力资源的管理提出了新的要求。对此，国家提出要制定各种职业的资格标准和录用标准，实行学历文凭和职业资格两种证书制度。为了适应我国社会发展的需要，1995年原劳动部、国家统计局、国家技术监督局联合成立了"国家职业分类大典和职业资格工作委员会"，组织国家有关部门开始编制新中国第一部国家职业分类大典——《中华人民共和国职业分类大典》，以此作为劳动力管理的社会化、科学化和规范化的重要依据。

国家职业分类大典的基本内容是通过8个大类简明、统一的格式来表述的，每一大类的内容包括大类编码、大类名称、大类描述、所含中类的编码和名称；每一中类的内容包括中类编码、中类名称、中类描述、所含小类的编码和名称；每一小类的内容包括小类编码、小类名称、小类描述和所含细类编码和名称；每一细类（职业）的内容包括职业编码、职业名称、职业定义、职业描述及归入本职业的工种名称与编码等。目前，国家职业分类大典所确定的 8 个大类中包含 66 个中类、413 个小类和 1838 个职业。从 2004 年起，国家将根据社会经济发展需要，建立新职业定期发布制度，并不断补充与修订国家职业分类体系，目前职业总数达到 2000 多个。①

4．产业和行业

产业是国民经济活动最基本的类型。根据国家统计局 1985 年的划分标准，我国产业分为三大产业，即第一产业、第二产业、第三产业。

第一产业包括农业、林业、牧业、渔业、水利业。广义上讲，农业包括采集、种植、狩猎、捕鱼、畜牧在内。农业部门的职业包括农林牧渔劳动者、管理人员、专业技术人员、技术工人等。

第二产业包括工业和建筑业。按照产品的经济用途，可以将整个工业分为两大类：生产生产资料的工业和生产消费资料的工业。前者称"重工业"，包括机械、冶金、电力、煤炭、石油、燃料、化工等工业；后者称"轻工业"，包括纺织、造纸、食品、皮革等工业。根据工业的供求关系以及按照劳动对象的性质不同，重工业又可以分为采掘工业和加工工业。轻工业也可以划分为以农产品为原料的轻工业，以及以非农产品为原料的轻工业，如：日用化工品、化学纤维、陶瓷等工业在国民经济中起着主导作用。随着生产的发展和科学技术的进步，一方面使工业部门越分越细，新的工业部门不断出现，例如：电子工业从机械工业中分离出来，高分子合成工业从石油、化学工业中分离出来；另一方面，也使工业部门之间的生产联系和交换关系更加复杂起来。工业生产部门之间必须保持一定的比例关系，才能使整个工业协调、高速地发展。

第三产业是指广义的服务业，包括四大部分。（1）流通部门，如商业、饮食业、交通运输业、邮政电信通信业、物资供销和仓储业等；（2）服务部门，如金融、保险、房地产业、公用事业、居民服务业、旅游业和咨询服务业等；（3）科教文卫体育部门，如教育、文化、广播电视事业，科学研究事业，卫生、体育和社会福利事业等；（4）机

---

① 中国就业培训技术中心：《职业课程》，北京师范大学出版集团 2010 年版，第 118 页。

关团体，如国家机关、党群组织和社会团体等。

第一产业和第二产业都是物质生产部门，第三产业是流通和服务部门，它的发展是建立在第一、第二产业劳动生产率提高基础之上的，受第一、第二产业发展水平的制约。社会的生存、发展依赖于这三大产业保持合理的结构，第一产业是基础产业，关系到人类生存的基本需要，以及国家的稳定；第二产业的发展水平是国家工业化与现代化程度的重要标志；第三产业虽然不直接从事物质生产，但它可以促进整个社会和经济的发展。

行业是指从事相同性质的经济活动的所有单位的集合。行业是采用经济活动的同质性原则划分的，即每一个行业类别都按照同一种经济活动的性质划分。我国于 1984 年颁布的《国民经济行业分类和代码》，把我国国民经济分为 13 个门类，1994 年进行了修订，2002 年颁布了新的《国民经济行业分类》国家标准。

（四）当代职业变迁及其发展趋势

1. 影响职业变化发展的因素

职业的变化和发展主要是由以下因素驱动的：（1）社会及管理的变革；（2）技术变革；（3）经济发展；（4）产业及行业的演变。以上因素既同时存在又互相影响，导致和形成了明显的职业变迁和发展，表现为传统职业的消失或更新，现代职业的形成和发展。

20 世纪末期，我国社会经济发展进入了转折性的历史时期。新型的社会主义市场经济体制的建立为我国经济的发展注入了新的活力与生机。许多计划经济时代的职业处于变革之中，如传统的人事管理职业更新为现代的人力资源管理职业；再如，由于人事制度的改革，就业由传统的政府安排转变为自主择业和就业，随着劳动力市场的出现，产生了职业指导师、职业信息分析师、劳动保障协管员等新兴职业。

随着先进科学技术的广泛应用，企业生产工艺不断创新，形成了以 IT 产业为代表的高科技产业，还出现了专业技术人员的职业细化，它标志着我国职业类别又有了新的发展与变迁。[①] 随着 IT 技术的发展，出现

---

① 张黎宁：《职业变化视角下职教发展策略的思考》，《厦门教育学院学报》2010 年第 1 期。

了许多新的职业,如网络工程师、网管员等。

伴随着经济的发展,我国服务业也得到快速发展,从而形成了新的社会分工和新的职业,如送水工、宠物护理师、色彩顾问、会展员等。

伴随着传统产业更新以及科学技术的发展,现代服务业快速诞生,新的社会分工和职业生产者不断涌现,促使我国的职业领域不断拓宽。数控机械制造、现代生物、电子商务与现代金融业的兴起,职业劳动者队伍迅速扩大,形成了不同职业类别的劳动大军。具有代表性的是被称为"灰领"的高技能操作工人,如数控机床操作技师、高级技师。

2. 职业变化发展态势

(1) 全球职业变化发展态势

第一,新职业的不断产生。无论在生产部门还是服务部门中,新型的职业活动和职业都不断地涌现出来。这可以从不同职业领域的变化中找到依据。

在生产领域。尽管第一产业、第二产业的职业数量在减少,从业人员总量和比例也在减少,但由于在这两个产业中生产的知识和技术密集程度的提高,还是出现了一些新的职业和职业群。典型的有第一产业中的基因和转基因工程师、遗传工程师、细胞工程师、生态农业技师和技工、生化实验技师和技工、节水灌溉技师和技工。第二产业中的加工中心工程师和技师、环境监测工程师、计算机辅助设计(CAD)工程师和技师、计算机辅助制造(CAM)技师和技工、纳米材料生产技师和技工,以及航空航天材料技师和技工等。

在服务领域。由于生产活动方式的变化,以及生活活动内容的增加,新产生的职业数量远远大于生产部门。这些新职业主要集中在信息服务业、管理咨询业和社会服务业三个主要方面。

信息产业是发展最快的产业。与信息产业相关的职业也是发展速度最快的职业群。据经济合作与发展组织统计,"信息职业"已占各种新生职业总和的40%以上。另据美国的统计,美国从事信息和知识生产,分配与传递的人数已超过全部从业人员的半数。信息和通信技术的急剧扩张,导致了对计算机工程师、计算机系统分析师、计算机基础科学和各个领域的应用专家和操作技术人员的最大需求。有些专家认为信息产业有可能从第三产业领域中独立出来,成为第四产业。

由于管理和咨询活动对于经济、生产、社会生活甚至个人生活的影响越来越大，管理咨询业已成为第三产业领域另一个发展最快的职业群组。在这个职业群组的发展中，专业管理人员和专业咨询服务人员的功能划分更加细化，在社会组织中的责任、地位和声望日益提高。金融分析师、投资咨询师、心理咨询师、人力资源管理师、保险评估师、保险精算师、税务代理师、理财代理师等现在都已成为最新的热门职业。

社会服务业是第三产业飞跃性发展的缩影。在第三产业领域，提高居民生活质量，满足居民消费需求的服务性职业也有了突破性的发展。家政服务、旅游、康乐、健身、医疗以及其他生活服务领域都有许多新职业涌现出来。家政服务助理、养老护理师、育婴师、形象设计师、健身教练、室内装饰设计师等职业的出现，反映了人们对生活质量的要求越来越高，服务性消费需求越来越丰富化。

第二，老职业的衰落和消退。衰落和消退的职业主要集中在第一、第二产业。在结构调整中，第三产业也有部分职业消退。像铅字排字工、票证管理员等职业正逐步消失；汽车进入家庭，使司机这个职业开始局限于大型运输车辆的驾驶；伐木工也开始变成植树工。这种职业的衰落和消退往往与技术或产品的更新使某种职业失去市场有关，有时也发生在由于制度和政策的限制，禁止使用某种材料或工艺，致使某些职业难以为继。例如，农业的高度集约化曾使千百万农民改变职业，这一过程仍在继续。在英国的工业转型过程中，曾经作为产业革命标志的煤矿工人和纺织工人几乎消失殆尽。随着数控机床的普及，传统的通用机床操作工正在迅速减少。在第三产业，传统的机械打字员、铅字排字工等也正在迅速消失。由于对氟相关产品的限制，各类加氟技工都面临改行的选择。

第三，职业的调整和变化。三个产业部门中，都有许多传统职业在新的条件下发生了较大的调整和变化。在第一产业中，传统的农民转化成为农机师、农艺师或者专业性更强的从事无土无害栽培工作的现代农艺师，传统的海洋捕捞人员也在向海水产品种养和深度加工工程师、技师转化。在第二产业，传统的手工绘图员正转化为使用计算机的电子绘图员。采煤、采油等技术向高科技化的转变，产生了新型的煤炭液化气化职业，以及海洋石油开采等职业。在第三产业中，变化发展更迅速。

过去的理发员转化为形象设计师,销售库管人员转化为物流配送师等。事实上,几乎所有的职业都会随着生产技术的进步而发生一些调整和变化。

(2) 中国职业变化发展态势

首先,职业分类越来越细,越来越专业。比如,银行职员这个职业有了更进一步的划分,更加专业化,出现了资金交易员、资金结算人员、清算人员等一些过去没有的职业。其次,职业的标准化程度提高,越来越与国际职业发展接轨。比如,我们把以前的供销员改为市场营销员;企业和公司负责人也不再笼统地称为厂长或经理,而演变出不同层级的职业,比如董事长、总经理(总裁)、CEO、总监、部门经理、项目经理、企业文化师、企业信息师、企业策划师等。① 从发展态势看,我国未来职业变迁将出现以下的发展态势:

第一,由单一基础向跨专业、复合型转化。从目前招工、就业的情况分析,职业岗位的要求和劳动方式逐步由简单向复杂方面转化,过去单一技能就能胜任的工作,随着现在职业内涵的发展扩大,往往需要相关专业的许多知识与技能和更多的需要跨专业和复合型人才。例如,许多职业的从业人员都要求具备一定的英语能力和计算机技能。

第二,由封闭型向开放型转化。随着改革开放的深入,职业岗位工作的范围和面向的服务对象越来越广泛,接收信息的渠道也必须加大,人们相互之间的交往和协作大大加强,所以要求人们具有开放的观念和心态,彻底摆脱封闭的状态。另外,开放型体现在职业岗位工作的性质上,也增加了一些以人与人之间联络、沟通、信息咨询和交易为表现形式的内容。例如,许多职业都需要借助互联网从事职业活动。

第三,由传统工艺型向信息化、智能型转化。传统工艺型职业在科技含量上相对滞后,在技术更新速度方面比较缓慢,有时跟不上时代前进的步伐,关键在于增加职业岗位科技含量;改善劳动组织和生产手段,提高劳动生产率;能熟练应用信息管理方法的智能型操作人员,是今后职业岗位更新,工作内容更新需要的新型人才。例如,传统的仓库管理工作,由于需要及时提供库存信息而向物流师方向发展。

---

① 郝幸田:《回望中国职业变迁》,《企业文明》2008 年第 4 期。

第四，由继承型向知识创新型转化。知识经济的到来，要求社会成员不断树立创新意识，在自己的职业岗位上进行创造性劳动。今后，只有创造型人才才能更好地胜任岗位职责。例如，舞台灯光设计师、个人形象设计师等职业。如今这些工作中大部分都具有创造性。

第五，服务性职业向知识技能化发展。社会生产力的提高解放了劳动力，人们越来越多地需要社会服务行业为他们排忧解难、提供方便。第三产业在劳动者数量增加的同时，对从业人员质量的要求也在不断提高，产生了知识型服务性职业，而且是吸纳社会劳动力的主要渠道，如传统的职业介绍演变为职业指导或猎头服务。实际上是原先的简单提供信息或中介活动发展为利用知识提供信息咨询服务。

劳动力市场预测专家认为，未来的新职业会越来越多地出现在服务部门。特别是与健康、通信和计算机相关的行业。

三　大学生职业能力概述

（一）职业胜任

职业胜任是指"达到胜任职业的状态"[①]，即从事职业的人能够按要求完成职业活动而实现职业功能的状况，即指从业者的个人素质达到职业要求的一种状态。美国心理学家麦克米兰提出了胜任特征这一概念，将胜任特征定义为能够区别在特定的工作岗位和组织环境中的绩效水平的个人特征。胜任特征主要包括以下四个方面：

1. 专业知识

专业知识一般回答关于职业信息的六个方面的问题（6W）：做什么（What）、为什么做（Why）、谁来做（Who）、何时做（When）、在哪里做（Where）、为谁做（Whom）和如何做（How），从业者的专业知识技能是判断其能否胜任职业的重要方面。

2. 职业技能

一个人能够胜任所从事的职业，还必须掌握相应的职业技能。职业

---

① 李莎：《论大学生职业胜任模型的构建》，《辽宁行政学院学报》2011 年第 12 期。

技能回答在职业活动中或实际操作中会不会做？能做到什么程度？从业者掌握了职业技能并达到相应的要求也就具备了从事该职业的实际本领。

3. 个人特质

个人特质是指个人在处世为人时表现出自己的独特的行为方式，包括气质、性格、特长和行为风格等方面的内容。当个人特质和职业活动联系起来时，个人特质适合于所从事的职业并对于职业胜任有积极影响时，个人特质就成为胜任特征的一个重要方面。

4. 动力因素

动力因素包括需要、兴趣、动机和价值观。之所以把这些因素称之为动力因素，是因为这些因素是个人从事某一职业活动内在的动力，是一种深层次的、较为持久的驱动力，对于个人是否胜任职业活动有着极大的影响。

职业胜任是和工作绩效密切关联的，可以用于判断和预测工作绩效。职业胜任的测评能够区分出优秀的从业人员和普通的从业人员以及不适合人员。

（二）职业能力

职业能力有多种解释，有的地方也叫作就业力或可雇佣性。就业能力的概念源自 20 世纪初，国际劳工组织（ILO）对它的表述是"个体获得和保持工作，在工作中进步以及应对工作生活中出现的变化的能力"[1]。

从心理学角度看，职业能力是劳动者顺利完成职业活动从而实现职业功能的个体心理特征。文献中关于能力的最早论述，是柏拉图在公元前 380 年前提出的"能力是对某事物胜任的素质，能够完成某事的能力和技能"。

进一步理解，职业能力的能力不是心理学上的能力（ability）概念，而是一种综合性质的能力，包括了知识（knowledge）——与本职工作

---

[1] 于永华：《培养大学生职业能力的理论与实践探索》，《高校教育管理》2012 年第 1 期。

相关的知识领域、态度（attitude）——情感的领域、经验（experience）——活动的领域和反馈（feed-back）——评价、评估的领域。

综上所述，职业能力是指人们运用知识与经验、技能与技巧，按照特定职业所规定的职责、任务和活动方式，完成职业活动的综合能力。

1. 职业能力的特征

不同角度对职业能力有不同的解读。

(1) 性质定义（本质论）

性质定义——心理学角度，体现个性心理特征。直接影响职业活动效率和职业活动顺利进行的个性心理特征。"本质论"认为职业能力是一种个性心理特征，它影响着职业活动的效率。这个定义很抽象，不便于指导具体的职业能力分析工作。

(2) 条件定义（条件论）

条件定义——是指完成一定职业任务所需的知识、技能、态度、经验。源于 CBE 理论，有利于进行职业分析，使职业能力描述具体化。"条件论"对于一个具体的职业岗位，把它所需要的知识、技能、态度、经验列表，就成了职业能力的框架。"条件论"的缺点在于没有结构和层次感，不便于组织教学。

(3) 结构定义（结构论）

结构定义——强调职业能力构成要素的综合性，即综合职业能力，包括专业能力、方法能力和社会能力，后两者在职业生涯中起到关键作用，又称为"关键能力"。"结构论"的实质是把知识、技能、经验，按照核心能力（方法能力、社会能力）、专业能力（行业通用能力、职业特定能力）、岗位能力（岗位特有能力、企业特殊能力）进行了分类。"条件论"是一个无序的集合，而"结构论"使得职业能力有序化、结构化。"结构论"的缺点是没有体现职业能力形成的过程。

(4) 过程定义（形成论）

职业能力的形成和发展，必须参与特定的职业活动或模拟职业情境，通过已有知识和技能的内化，使相关的一般能力得到特殊的发展和整合，形成较为稳定的综合能力。"形成论"强调了职业能力形成的条件是特定的职业活动或模拟职业情境，因为仅仅把静态的结构化的职业能力描述出来，而没有具体的职业情境，学生还是不能获得职业能力。

"形成论"是目前很流行的"行为导向"的课程理论的哲学基础。

可见，职业能力是胜任一定职业任务的主观条件之一，它直接影响着职业活动效率；职业能力是各种职业活动中所需的多角度、多层面能力的整合；是劳动者多种基本能力在特定职业领域的应用和升华；是劳动者所具有的能力在特定的生产、技术、管理和服务等职业活动中的具体表现。从职业能力的"本质论"到"条件论"，再到"结构论"和"形成论"，是我们对职业能力认识不断深化的过程。这样的认识过程，使我们能更准确地把握职业能力的内涵，使得职业能力从一个抽象的描述，到具体的描述；从无结构的具象罗列，到有结构的序化排列；从静态的结构化描述，到动态的形成过程描述；总之，职业能力从一个抽象的、静态的概念，变成了一个具体的、动态的概念，变成了可以教学、可以传授的具体内容。

2. 职业能力层次结构

为了推进我国的职业教育和职业资格证书制度的深入开展，1998年，国家劳动和社会保障部组织的一项专题研究，结合我国职业培训和职业资格证书制度的性质和特点，首次将人的职业能力分为职业特定技能、行业通用技能和核心能力三个层次。

（1）职业特定能力

职业特定能力反映职业能力的特性，是针对某一个特定的具体职业的，在国家职业大典中，对应于"细类"。

（2）核心能力

核心能力和其他一切能力都不同，是其他能力形成和发生作用的条件，所以，核心能力应当处在最底层，最宽厚，它是支柱，是依托，是承载其他能力的基础。对于职业能力分类而言，德国职业教育界将个人职业能力划分为关键能力（又称核心能力）和专业能力。职业核心能力（又称为关键能力）是指超越具体职业的那种非专业能力或跨专业能力，由德国教育家梅尔腾斯提出，后被各国广泛使用。2008年第四次APEC教育部长会议发表的联合声明中指出职业技术教育之所以变得越来越重要，是"因为劳动者必须不断适应新技术变革，而且一生中将多次更换职业"。正因为核心能力具有普遍的适应性和广泛的可迁移性，其影响辐射到整个行业通用能力、职业特定能力领域。核心能力对人的职业发展，人生成功影响极其深远。大学生具备职业核心能力，能提升他们的就业竞争能力，并为职业生涯发展奠定基础。

从职业能力的技术层面来分析，每一个职业在工作现场直接表现出来的都是特定能力，因而它是显性的；在技术和专业上支持这个特定能力的是通用能力，在职业活动中我们一般看不到它的表现；而核心能力则是上述能力形成和应用的条件，所以，核心能力应当处在最底层，最宽厚，它是支柱，是依托，是承载其他能力的基础，相比而言它是隐性的。

从职业能力模块的角度来分析，在职业能力结构中三个层次的职业能力模块不是自成体系，而是内含在每一个职业活动之中，也就是说，每个职业的能力模块的组成，其主要成分首先是自身特定的能力模块，其次是可与其他职业通用的基本能力模块，最后就是与所有职业基本要求相一致的核心能力模块，见图2－1。

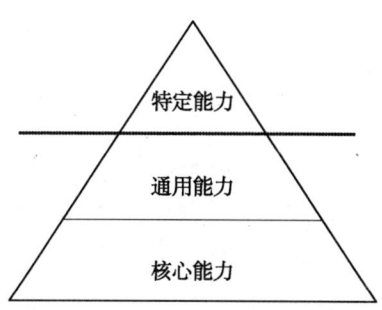

图2－1　能力分层体系示意图

在这些职业能力的集合中，与其他职业无交集的部分是职业特定能力模块，同类职业之间的交集是通用能力模块，所有职业之间的交集是核心能力模块。核心能力是处在这个结构核心层次上的一个最大的交集，它的种类最少，适应面最广，这充分反映了核心能力跨职业的属性，如图2－2所示。

职业核心能力是通用性最强的技能，是人们在职业生涯基本日常生活中必需的，并能体现在具体职业活动中最基本的技能。尽管各国都在进行核心能力的研究，但在核心能力的内涵、种类、范围、影响等一系列基础性问题上还没有完全统一的意见。对于核心能力的分析与分解，还有许多不同模型。

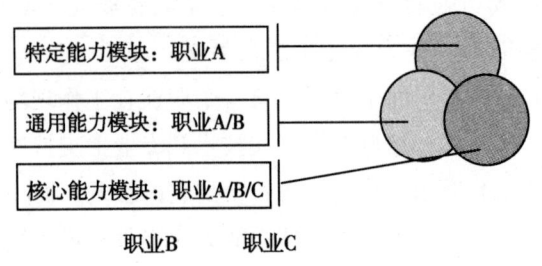

图 2-2　能力分层体系模块关系示意图

(3) 中国的核心能力标准

核心能力（又称"关键能力"）反映人类劳动能力的共性，具有广泛的、跨职业的普遍运用性和可迁移性，在国家职业大典中，对应于"大类"要求。

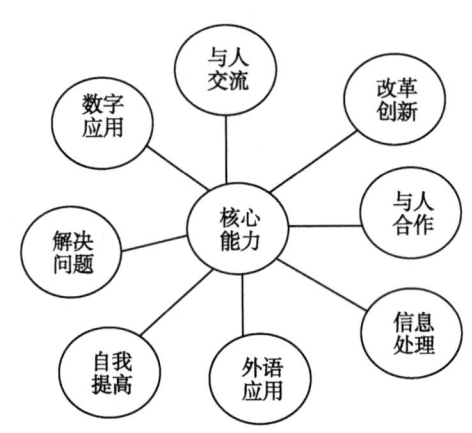

图 2-3　职业核心能力

根据我国实际情况和职业技能开发的需要，结合国际先进经验，人力资源和社会保障部提出了我国核心能力的标准，包括与人交流、数字应用、信息处理、外语应用、解决问题、自我提高、与人合作和改革创新八种，可以细化为两类，如表 2-1 所示。

表 2-1　部分国家学者对核心能力的分类

中国	德国	英国	澳大利亚	美国
				运用资源的能力

续表

中国	德国	英国	澳大利亚	美国
与人交流能力		交流能力	表达想法与分享信息的能力	基本技能（阅读、计算、表达、倾听）
	明确主题的能力		规划与组织活动的能力	
与人合作能力	团体或社会能力	与他人合作的能力	团队合作的能力	处理人际关系的能力
数字应用能力		数字应用的能力		
解决问题能力	独立性与参与能力	解决问题的能力	解决问题的能力	思考的能力
信息处理能力		信息技术应用能力	收集、分析、组织信息的能力	使用信息的能力
	系统与方法能力		应用科技的能力	运用技术的能力
自我提高能力	反省能力	学习与业绩自我提高的能力		理解体系能力
外语应用能力			理解不同文化的能力	
改革创新能力				
				个人品质（责任感、自尊、交往、正直、自我管理等）

——社会能力包括：交际能力、合作能力、自我提高能力，外语应用能力。

——方法能力包括：解决问题的能力、创新能力、信息处理能力、演算能力。

①与人交流

它是指在与人交往活动中，通过交谈讨论，当众讲演、阅读并获取信息，以及书面表达等方式，来表达观点、获取和分享信息资源的能力，是日常生活以及从事各种职业必备的社会和方法能力。与人交流能力以汉语为媒体，在听、说、读、写技能的基础上，通过对评议文字的运用以促进与人合作和完成工作任务为目的。

②数字应用

它是指根据实际工作任务的需要，通过对数字的采集与解读，计算及分析，并在计算结果的基础上发现问题并作出一定评价与结论的能力，是日常生活以及从事各种职业必备的方法能力。数字应用能力以数字信息为媒介，通过对数字的把握和数字运算的方式，来说明和解决实际工作中的问题。

③信息处理

它是根据职业活动的需要，运用各种方式和技术，收集、开发和展示信息资源的能力，是日常生活以及从事各种职业必备的方法能力。信息处理能力以文字、数据和音像等多种媒体为基础，以文件处理、计算机、网络通信等技术为手段，以适应工作任务的需要和实际问题的解决为目的。

④与人合作

它是指根据工作活动的需要，协商合作目标，相互配合工作并调整合作方式不断发展合作关系的能力，它是从事各种职业必备的社会能力。与人合作能力是在个人与他人、个人与群体的条件下，通过与人交流的方式，并结合其他有关方式或手段，以促进工作任务的完成和实际问题的解决为目的。

⑤解决问题

它是指能够准确地把握事物的本质，有效地利用资源，通过提出解决问题的意见，制定并实施解决问题的方案并适时进行调整和改进，使问题得到解决的能力。它是从事各种职业活动都需要的一种社会能力。解决问题的能力所采用的技术和方法没有特别的限定，以最终解决实际问题为目的。

⑥自我学习

它是指在工作活动中，能根据工作岗位和个人发展的需要，确定学习目标和计划，灵活运用各种有效的学习方法，并善于调整学习目标和计划，不断提高自我综合素质的能力。它是从事各种职业必备的一种方法能力。自我学习能力以终身学习为主要特点，以各种学习方法和良好的学习习惯为手段，以学会学习为最终目标。

⑦改革创新

它是指在工作活动中，为改变事物现状，以创新思维和技法为主要手段，通过提出改进或革新的方案，勇于实践并能调整和评估创新方案，以推动事物不断发展的能力。它是从事各种职业特别需要的一种方法能力。创新能力需要有积极创新的精神和专门的创新技法,同时又不限定任何可采用的技术和方法,创新能力的运用范畴没有极限,以不断推动事物的发展为宗旨。

⑧外语应用

在实际工作和交往活动中以外国语言为工具与人交流的能力。

(4) 通用能力

关于行业通用能力分析的模型,国内有关机构和学者做了许多尝试,举例说明如下:

①企业管理人员的通用能力

目前我国企业管理领域已经有了众多的国家职业标准,如企业营销师、会计师、统计师、人力资源管理师、企业信息管理师、电子商务师等。各类的企业管理人员,按照级别划分,可以划分为一般(基层)管理人员、中级、高级管理人员;按照职业(岗位)划分,可以分为营销、人事、财务、物流、信息、情报、生产、行政、服务等各种管理人员。这些不同级别、不同岗位的企业管理人员,除了职业特殊能力以外,同样具有能力要求上的一致性,即所有企业管理人员都应具备的通用能力。劳动和社会保障部职业技能鉴定中心组织专家参照国外先进标准,制定了我国第一个企业适用的通用管理能力标准。该标准把企业通用管理能力归纳为自我发展的管理能力、团队建设的管理能力、资源使用的管理能力、运营绩效的管理能力四个模块,并且划分为基础级和综合级两个级别。

为了便于分析比较,现将企业管理人员的行业通用能力分析列于表2-2。

表2-2　　　劳动和社会保障部提出的企业通用管理能力结构

通用管理能力模块	单项能力
自我发展的管理能力	自我管理能力
	与人交往和沟通能力
	商业组织的战略意识
团队建设的管理能力	分析团队成员的能力
	组织团队学习的能力
	实现团队目标的能力
	激励团队行为的能力

续表

通用管理能力模块	单项能力
资源使用的管理能力	财务管理的能力
	环境管理的能力
	资源配置的能力
	人员管理的能力
运营绩效的管理能力	决策能力
	项目管理的能力
	质量与服务的管理能力
	变革与创新的管理能力

尽管有关专家指出，该模型中的行业通用能力与职业核心能力在内容上有部分交叉、重合，例如核心能力中的"改革创新"、"自我提高"、"与人合作"与通用能力中的"自我发展"、"运营绩效"等模块的内容出现了明显的重合，还有专家提出"改革创新"是人的能力结构中的高端能力，应该列为高级职业经理人的职业特定能力。

②护理人员的通用能力

教育部办公厅和卫生部办公厅2003年12月联合颁布的关于《三年制高等职业教育护理专业领域技能型紧缺人才培养指导方案》，该方案对护士职业的岗位能力进行了战略分析，明确提出护士应具备的一般能力（通用能力）为沟通交流的能力，健康评估的能力，进行健康教育和卫生保健指导的能力，一定的英语应用能力和较熟练的计算机基本操作能力；护士职业的特定能力为掌握规范的护理基本操作技术，对护理对象实施整体护理的能力，对常见病、多发病病情和用药反应的观察能力，对急危重症病人进行应急处理和配合抢救的能力，具备社区护理、老年护理等专业方向的护理能力。

③公务员的通用能力

人事部印发的《国家公务员通用能力标准框架（试行）》要求中提及的九项通用能力包括：政治鉴别能力；依法行政能力；公共服务能力；调查研究能力；学习能力；沟通协调能力；创新能力；应对突发事件能力；心理调适能力。

从上述不同行业的通用能力分析的例子可以看出，通用能力和核心能力总是存在不同程度的内容重合，所以，也有学者提出，目前关于职业能力的三个层次分类过于繁杂，无论从理论研究还是从实际应用过程来看，都不太适用和不可取。因而提出了改进意见，建议把职业能力分为通用能力和特定能力两个层次。

（5）三种职业能力的相互关系

图 2-1 表明，核心能力是存在于一切职业中，从事任何工作都需要的能力。正像纷繁复杂的特质世界，在其最深层次上仅由原子核内的少数几种基本粒子组成一样，人类在社会活动中表现出来的多姿多彩的能力，在最深层次上也仅是由几种核心能力构成的。我们在日常生活中看到的特定能力，其实只是浮出海面的冰山一角，而通用能力和核心能力则是海面下的冰山主体。相对于特定能力和通用能力，核心能力往往是人们职业生涯中更重要的、最基本的能力，对人的影响和意义更为深远。

特定能力是表现在每一个具体的职业、工种、岗位和工作上的能力。特定能力主要体现在《国家职业分类大典》划分的 1838 个职业中。长期以来，我们的学历文凭教育，以及职业资格培训，主要就集中在培养人的这种职业特定能力上。相对来说，特定能力是一个窄口径范围。

通用能力是表现在每一个行业，或者一组存在共性的相近工作领域的能力。它们的数量尽管少于特定能力，但适用范围却要宽得多。为了使培养的人才具有更广泛的适应性，现在，针对大学生培养教育，也越来越把视线放到这个相对宽口径的范围中。

核心能力是数量最少，但适用性最强的基本能力，是每个人在职业生涯中，甚至日常生活中必备的最重要能力，它们具有普遍的适用性和广泛的可迁移性，其影响辐射到整个行业通用能力和职业特定能力领域，对人的终身发展和终身成就影响极其深远。开发和培育人的核心能力，将为我们提供最广泛的从业机会和终身发展基础。

根据我国劳动和社会保障部职业技能鉴定中心组织制定的试行标准，核心能力分为八个大项：与人交流、数学应用、自我学习、信息处理、与人合作、解决问题、改革创新和外语应用。显然，在核心能力培养中，每一个培训机构，每一个接受培训的人，都完全可以根据各自不同的人的能力分为三层：职业特定能力，行业通用能力，核心能力。每个具体的职业、工种、岗位和工作，都会对应着一些特定能力。特定能力从总量上是最多的，但适应范围又是最窄的。对每个行业来说，又存在着一定数量的通用能力，从数量上看，它们比特定能力少得多，但它们的适应范围要宽些，涵盖了整个行业活动领域。而就整体上讲，存在着每个人都需要的，从事任何职业或工作都离不开的能力，这就是核心能力。

3. 职业能力外在表现

职业能力外在表现为劳动者执行规范、解决问题、完成任务的能力。

（1）执行规范：指劳动者掌握职业活动所必备的知识和技能的范围和程度。"规范"对职业课程开发具有引导作用，它以劳动者具有知识技能为评价标准。

（2）解决问题：指劳动者在职业活动中运用知识和技能创造性地适应环境和处理问题的能力。解决问题能力是以劳动者在工作场所持续地运用技能的情况为评价标准的。

（3）完成任务：指劳动者完成工作过程后的产出情况，它是以劳动者的实际工作业绩为评价标准。

4. 职业能力倾向

（1）职业能力倾向的概念

与职业能力不同，职业能力倾向是一种潜在的能力，是特殊的能力。它与经过学习训练而获得才能是有区别的，它本身是一种尚未接受教育和训练前就存在的潜能。而职业能力倾向主要是指与个体成功地从事某种工作有关的能力因素，是一些对于不同职业的成功，在不同程度上有所贡献的心理因素。

（2）职业能力倾向的测验

职业能力倾向测验是一种测量人们从事某种职业或活动的潜在能力的评价工具，它具有诊断和预测的功能，可以判断一个人的优势与成功发展的可能性，从而为职业发展提供科学依据。职业能力倾向主要有以下几种：

①特殊性倾向测验

机械倾向性测验：主要测量个人对机械原理的理解和判断空间形象

的速度，准确性及手眼协调的运动能力。该测验应用最广，测试的对象是机械工、修理工、工程师等。

文书能力测验：是专门了解个人打字、速记、处理文书和联系工作能力的测验，适合于科室和文职人员的能力测验。

心理运动能力测验：主要测验生产过程中许多工作所需要的肌肉协调，手指灵巧和手与眼睛精确协调等技能。

视觉测验：对视力的多种特征进行测验。

②多重能力倾向测验

主要用于测量与某些活动有关的一系列心理潜能，能同时测定各种能力倾向。多项能力与职业倾向测验，选取了和社会大多数职业活动有密切关系的六个维度进行测评。

语言理解和组织能力：考察对语言表达的基本理解，对语言规则、语义、语言习惯的熟练掌握程度。

概念类比能力：考察对概念关系的理解，对逻辑的理解和类比的能力。

数学能力：考察对数量关系的理解和掌握，对各种运算规则的熟练运用和各种数学概念的敏感力。

抽象推理能力：考察对事物变换所反映出的内在规律的敏感性和对事物的抽象概念概括的逻辑分析能力。

空间推理能力：考察对图形进行表象加工、旋转的能力，尤其考察人们通常所指的空间认知形象思维的能力。

机械理解力：考察对一般自然常识、物理现象的认识水平，考察对基本的物理规律和机械规则的敏感性和掌握程度。

常见的职业能力倾向与典型工作范例如表2-3所示。

表2-3　　　　常见的职业能力倾向与典型工作范例

能力倾向	描述	工作范例
语言理解	运用语言文字进行表达、交流和思考的能力	客户代表：向客户介绍公司的产品
数量关系	对事物之间的数量关系作出分析、理解和判断的能力，对数字的敏感性	会计：对公司收入、支出、成本等进行计算
逻辑推理	根据已有的信息发现和理解事物之间的关系，作出分析和判断的能力	市场总监：对本公司与竞争对手营销方案的分析与判断

续表

能力倾向	描述	工作范例
知觉速度	对各种视觉符号（包括数字、特殊符号、字母和文字等）的快速而准确的觉察、比较、转换、加工能力	校对员：文字校对
空间知觉	理解事物的空间关系，当空间位置变化时能想象出物体的形状	室内设计师：办公区的设计和规划
综合分析	对各种形式的信息进行准确理解和综合分析与加工的能力	办公室主任：综合各部门上交的文件，撰写成报告交给领导
动作协调	使用眼和手协调完成任务的能力	司机：驾驶汽车
手指灵活性	使用手完成精细动作的能力	生产线上的工人：焊接精密的电路板

四　中国大学生职业能力现状与分析

随着我国高等教育由大众化向普及化转变，大学生就业成为一个越来越突出的社会问题。大学生就业难是多方面的因素综合影响的结果，但大学生职业能力、经验不足是重要原因之一。以就业为导向的高等教育培养模式改革，需要首先考虑用人单位的需求情况。

（一）用人单位对大学生职业素养需求情况与分析

1. 道德品质

良好的道德品质无论对于个人还是企业来说都是必不可少的。具有良好道德品质的人可以博得企业的信赖，承担起企业重任。在访谈中，很多企业抱怨说，近些年来大学生违约现象严重，招聘回来的大学生经常眼高手低，不讲诚信。因此，越来越多的企业在招聘时将道德品质作为最重要的方面。

2. 学习能力

个人的学习能力，不仅包含它的知识总量，即个人学习内容的宽广程度；也包含它的知识质量，即学习者的综合素质、学习效率和学习品质；还包含它的学习流量，即学习的速度及吸纳和扩充知识的能力；更重要的是看它的知识增量，即学习成果的创新程度以及学习者把知识转化为价值的程度。

3. 团队精神

越来越多的企业在人才选拔的过程中更加看重团队精神。因为，团队精神能推动团队的运作和发展。在团队精神的作用下，团队成员产生了互相关心、互相帮助的交互行为，显示出关心团队的主人翁责任感，并努力自觉地维护团队的集体荣誉，自觉地以团队的整体声誉为重来约束自己的行为，从而使团队精神成为企业全面发展的动力。

4. 执行能力

所谓执行能力就是按照既定的要求，在排除一切艰难险阻的情况下保证完成任务的能力。执行能力正是把目标转换成现实的关键部分。也是连接既定计划与成功目标的关键桥梁。执行能力的强弱因人而异，同样一件事情不同的人去做，往往会产生不同的结果。执行能力包括管理者的管理能力与员工的工作能力。这两种能力都会影响企业的执行力。其中管理者的管理能力是尤为关键的，因为他不仅对事务具有决定权，而且还能在很大程度上决定员工的执行能力。

5. 专业素养

专业素养不仅是指对专业的掌握程度，也包括运用专业知识解决问题的能力。一个有着扎实的专业基础的毕业生肯定能够迅速地融入企业的生产中去，这对求贤若渴的企业来说是最好不过的事情。专业素养好的人，在工作中遇到问题能迎刃而解，无论对自己还是对企业来说都是一件好事，而专业素养较差的人，可能就会影响问题的及时解决。

6. 心理素质

现代经济社会的竞争是激烈、残酷的，而这势必给每一个企业、每一个员工造成强大的压力。企业是否能顶着压力前行，是否能在竞争中脱颖而出，不仅看员工的技术水平和工作能力，还要看其是否具备良好的心理素质。刚刚毕业的大学生，阅历浅、社会经验不足、独立生活能力不强，种种矛盾扑面而来，而在这一过程中，心理素质尤为重要。

7. 人际沟通

交际是一种艺术，也是一种普遍的社会现象。它实际上就是与他人相处的能力，它的目的是在于建立良好的人际关系，拓展自己的生存空间，也是使团队能够更高效的工作，减少彼此之间误会的有效手段。在现代的社会里，人们的工作、学习、生活表现出紧密的群体网特征，任何人都不可能脱离了群体而有所作为，我们需要通过自己的人际交往能力来与别人进行合作。

8. 工作态度

一个人的工作态度折射着人生态度，而人生态度决定一个人一生的成就。工作态度是对工作所持有的评价与行为倾向，包括工作的认真度、责任度、努力程度等。工作态度作为工作的内在心理动力，影响对工作的知觉与判断、促进学习、提高工作的忍耐力等。对工作兢兢业业，恪守己任，严格要求自己，以积极的态度去工作，不仅成就了自己，也会带动和感染周围的人，使团队一同向前发展。

9. 完善的现代知识结构

现代的社会是激烈竞争的社会，谁拥有知识的制高点，谁就拥有了对所在行业的市场的控制权。而在当今这个知识经济时代，任何一个行业都不是用单一的知识能够维持的。而知识结构越是丰富，对未来的掌握也就越全面，也就更容易在自己的行业或者说在其他的行业里独领风骚，去赢得顾客，赢得市场，赢得未来。企业要求员工基础厚、专业精、横向知识广博，各类知识体现系统性和动态性。

10. 创新精神

创新能力是研究能力的发展。创新不仅仅体现在对知识的创新上，从广义上讲，也体现在对体制的创新。在市场经济体制下，谁拥有创新能力和开拓精神，谁就能够在激烈的竞争中获胜。缺少创新能力和应变素质的人，将永远处于不利地位。知识的创新是社会不断进步的原动力，更是企业生生不衰的秘诀所在，而对体制的创新能把这种知识发挥得淋漓尽致。

大学生应立志于把自己打造成一个掌握专业知识、品德高尚、善于沟通的有志青年。通过对自己职业素质的培养，能实现从学校人向单位人、社会人、职业人的角色转变，把社会的职业需求和个人的职业理想、职业素质有机结合。

（二）中国大学生职业能力现状

豆丁网2011年面向软件行业协会的调查结果显示：2011年，67%的企业未能完成企业本身的招聘计划；关于未完成招聘的原因，92%的企业认为，从根本上讲部分大学生职业素养与职业能力不能满足公司的需要，部分大学生所学与企业需求之间存在一定程度上的衔接问题；公司认为，当前大学生综合素养方面最薄弱的环节依次是敬业精神（85%）、责任心（75%）、团队精神（67%）、学习和创新能力（67%）、问题解决逻辑思维能力（40%）；目前 IT 人才选拔合格率才 20%，多数被淘汰，原因依次是专业素养（知识）不够（58%）、综合素质不够（22%）、岗位技能不够（20%）；公司对各类软件人才职业资格证书认同程度较高（85%）；面向毕业 2—3 年的毕业生，入职前对从事职业的职业素养和职业能力要求了解程度较少（80%）；对当前高校培养 IT 人才职业素养和职业能力方面，认为不充分的占 67%。

在同一高等教育模式的情况下，豆丁网的调查，既反映了高校 IT 人才培养的个性，也反映出我国普通高等教育的共性问题。在大学生职业能力上表现为：一是特定能力和通用职业能力不强，难以满足用人单位专业要求。特定能力和通用职业能力薄弱是制约大学生就业的一个重要因素。高校的专业课程开设缺少特色，专业设置和教学计划与实践脱节，缺乏实际的社会从业经验，导致大部分大学生特定能力和通用职业能力不能很快适应职业需求；二是核心职业能力薄弱，综合素质有待提高。沟通交流能力、团体合作能力、信息处理能力、数字运用能力、解决问题能力、自我学习能力、改革创新能力、外语应用能力等这些核心能力的欠缺直接影响了大学生就业的成功。

五　提高大学生职业能力的途径

提升大学生的就业竞争力需要从培养职业特种能力、职业核心技能、职业通用能力三个方面入手，重点培养以岗位为特征的特种职业技能，以行业为特征的通用职业技能，以职业为特征的核心职业能力。

（一）提高岗位能力

以就业为导向，深化教学改革，人才培养与市场需求接轨。加强市场调研，及时了解单位需求，调整专业设置、改革人才培养方案，不断提高适时性和适用性，努力做到课程设置、教材、教学内容与市场接轨，符合岗位需求，在学生中开展跨专业多形式、高水平的技能培训，提高学生的专业素养，使学生虽无工作经验，但有一技之长。

（二）提高大学生的职业通用能力

根据教育部办公厅《大学生职业发展与就业指导课程教学要求》的界定，通用职业技能主要包括：表达沟通、人际交往、分析判断、问题解决、创新能力、团队合作、组织管理、客户服务等方面的能力。依照分类指导的原则，按照行业的需求，按需施教，开展通用技能的训练。高校以职业生涯规划为载体，提升大学生职业规划意识，使大学生能充分地认识自我，了解社会、准确定位、制定策略，科学合理地设计自己的职涯，明确自己的努力方向。职业规划的任务就是帮助大学生明确职业（岗位）定位，然后重点培养学生的通用职业能力，提高自身的职业成熟度。

（三）提高大学生的职业核心能力

国家劳动和社会保障部借鉴国内外经验，将劳动者的职业核心力细化为8种，即：自我学习能力、信息处理能力、数字应用能力、创新能力、与人交流能力、与人合作能力、解决问题能力、外语应用能力。考虑到大学生群体的特殊性，重点培养大学生的交流表达、数字运算、信息处理、外语应用、解决问题、自我提高、与人合作和革新创新8种能力。

（四）在针对性培训中培养大学生的职业能力

特定能力、通用能力、核心能力三者之间密切联系，缺一不可。大学生职业能力培养最终要体现在岗位技能水平上来，因此，应以岗位特定能力为主线，拓展通用能力和核心能力，通过针对性的专项培训来提高大学生的岗位适应能力，以提高其就业能力。

第三章

中国大学生职业能力教育现状

目前，我国已建立了较为完备的职业技能教育体系，包括初等职业教育、中等职业教育、高等职业教育和职业培训为主体的职业教育体系。

初等职业教育是在初级中学阶段开展的职业教育，培养有一技之长的劳动者；中等职业教育是在高中教育阶段进行的职业教育，也包括一部分高中后职业培训，培养中、初级技术人员、管理人员、幼儿园教师等；高等职业教育主要通过高等职业学校进行专业能力和职业技能训练，培养应用型、工艺型、复合型的高技能人才；职业培训是为提高劳动者技术业务知识和职业技能水平开展的一种教育活动，职业培训机构包括成人技术培训学校、各级各类职业学校和就业训练中心等。培训的内容主要是资格认证培训、学徒制培训、就业培训（包括第一次就业培训和再就业培训）、在职人员岗位培训、农村劳动力转移培训、农民实用技术培训等。这向我们揭示了大学职业能力教育的核心就是提升大学生的内隐素质和外显的技能，让学生有正确的求职动机、公正的自我评价、契合中华民族价值观的职业价值观，培养学生从事一种工作的能力[①]。2009年开始，我国开始从应届大学毕业生中招收全日制专业硕士，培养目标是社会紧缺的应用型和工程研究型人才。

一 中国大学生职业能力教育的特点

大学生职业能力教育既有普通高等教育的特点，又有职业教育的特

---

① 侯箴：《大学毕业生职业能力教育评价》，《职业技术》2006年第10期。

点，具体来说，具有职业性、技术性、实用性、生产性、市场性、时代性等特点。

（一）职业性

职业性是指职业教育是专业教育，或专门教育，是培养某一职业领域专业人才的教育。这个特点主要是相对于普通基础教育而言的，基础教育没有专业性，而具有基础性，是为各行各业人才培养打基础。同时，虽然普通高等教育具有专业特点，但它的专业又不同于职业教育，它主要侧重培养具有学术性、理论性和基础性的人才。只有职业教育，不论是初等、中等或高等职业教育，都是培养一线的技术人员、管理人员、技术工人、新型农民以及其他劳动者，与一线职业的对口性很强，偏重理论的应用、实践技能和实际工作能力的培养。

（二）技术性

技术转化为现实生产力需要通过职业教育内化到劳动者身上，才能发挥出它的功能。技术的发展会影响到职业教育发展的结构、层次、规模、课程和方法。技术革命导致职业教育的演变和发展，也导致普通高等教育教育模式和人才培养模式的改革和发展，同时职业教育、普通高等教育应该紧跟技术的不断进步，通过校企合作、工学结合、专业与岗位对接的基本途径，促进教育方式、课程内容、培养方式的改革，促进大学生对新技术和新工艺的掌握，提高就业能力。知识、技能已经成为职业教育课程的主要内容。

（三）实用性

实用性就是指大学生职业能力教育要强调实际训练，突出技能、技术教育，为经济社会发展培养高级应用型人才。

1. 教学内容突出实践性

大学生职业能力教育实践性本质特征主要表现为：大学生职业能力教育不同于其他普通高等教育，在教学内容选择上不能过分强调专业的学术性、系统性、完整性和理论性。基础理论以掌握高校专业骨干课程为原则，重视专业技能的培养和专业课程中的实操技能元素，把专业技能和对应岗位群所需要的技能对接起来。同样，高等院校大学生专业岗位对接培养扬弃了其他教育类型中学生听得多、看得多、重理论、实践少的教学方法，而采用实践为重、为先的方法，在体验中建构自己的知识和技能体系。

2. 教学方法上突出实践性

从理论到实践，再由实践到理论的认识规律告诉我们，要在螺旋式上升过程中提升学生技能水平，最终达到岗位技能的基本标准。在具体教学中采用先让学生动手体验，然后归纳总结，再体验升华，实现技能达标。事实证明，这是一种突出实践教学的方法，符合我国高等教育规律的新的培养模式，深受高校师生的欢迎。

3. 教学过程突出实践性

职业能力培养人才的一般规律，就是要突出职业教育的"实用"、"实训"、"应用"等特点。要通过建立实训基地，加大实训力度，不断培养企业各层次应用型人才。例如，美国、德国等发达国家的职业能力培养都特别重视提高实践教学的比重，把培养学生的技术应用能力、动手能力作为教学的中心环节。美国社区学院学生的实习、实验和实践时间一般占总学分的三分之一左右，基本上每周都有一项实习。德国提出：在课堂上流汗的不应是教师，而是学生。在其职业教育"双元制"教学体系中，实践课和理论知识课比例为1:1，有的学校甚至已调整为1.3:0.7。

总之，大学生职业能力培养必须使教学与生产实践紧密结合，必须考虑实践教学方案和实训岗位的融合，加大实践能力培养，要多给学生创造条件接触直接获取岗位经验为主的企业生产环境，通过校内模拟训练和校外现场实习等一系列实践性教学环节，使学生了解、熟悉并掌握企业的生产规律、工艺、设备和技术等，贴近企业对岗位技能的要求，最终能够满足岗位的需求。

（四）生产性

生产性就是指实践教学与具体生产、生活具有很高程度的拟合度，给学生以良好的训练，甚至强调让学生进入工作世界，顶岗实习或模拟岗位训练，经受实践锻炼，以便更好地为生产服务。现阶段我国职业教育应以培养学生的整合能力为终极目标定位，对于复杂环境下的工程设计人员以及特定行业的服务人员应重视其一般职业素质基础上的整合能力的培养[①]。

大学生所具有的技能、技术应该是其毕业后社会上同行业中仍急需的技能、技术。这就要求技能训练必须及时关注生产技术、生产工艺等的变迁及更新，及时在培养目标、课程开发及专业设置等方面作出积极的反应。特别是目前社会快速发展，技术发展日新月异。如果不重视新技术、新技能的更新，学生在校学习的技能、技术很快就会落伍。因此，职业技能教育在教学内容等方面要比较明显的突出新知识、新技术及新工艺。要尽可能为实训基地、实操现场配备最先进的设备，使学生在校期间可以学会和使用本行业较先进的技术。

需要注意的是，我国大学生职业能力教育的实践教学多是建立在校内实训基地或情景模拟基础之上。而校内实训基地或情景模拟不可能像工厂、企业那样利用宽敞的厂房和流水线，进行真正的生产，因此，要十分注重生产内涵和流程上的仿真性。

（五）市场性

职业能力教育发展除符合教育规律之外，还应遵循市场规律。职业能力教育是教育体系的一部分，又直接关系着大学生的就业方向，这就决定了职业技能教育必须按照教育规律和市场规律办事。如果职业能力教育只是按照教育规律而不考虑人才市场的需求，那么培养出来的学生就业的"质与量"就难以保证；如果只是按照人才市场需求办学，不尊重教育规律，就难以培养出高质量的人才。因此，大学生职业能力培养既要按照教育规律又必须按照市场规律运作，体现职业能力教育的市场性。

一方面，职业能力教育办学指导思想要确立"以就业为导向"的办学运作模式，市场的需求就是学校专业建设的依据，企业对岗位或岗位群的具体要求就是职业课程和教学内容的要求，教学目标是与职业岗位

[①] 施福新：《高职学生职业能力培养的理论、现实与价值取向》，《职教论坛》2011年第34期。

要求零距离对接。因此,职业能力教育应十分重视相关专业领域的最新技术进展,并及时调整课程结构和教学内容,实现教学内容及时反映专业领域的新知识、新技能、新工艺、新方法,使教学内容与经济发展相适应,与技术进步相同步。

另一方面,职业技能教育就是就业技能教育,职业技能教育的培养目标、办学定位、课程设计、专业设计、教学过程,其目的和宗旨都是为就业服务,职业技能教育的就业目标更明确、更具体,更有针对性。

(六) 时代性

大学生职业技能教育是培养生产、技术、管理、服务一线的高级应用型人才的教育,这就要求职业教育必须及时关注生产技术、生产工艺等的更新发展,及时在培养目标、课程开发及专业设置等方面作出积极的反应,这无疑使职业技能教育具备鲜明的时代特色。因此,职业技能教育在教学内容等方面要比较明显地突出新知识、新技术及新工艺。同时,要积极采用新的教学方法和教学手段,使大学生职业能力教育更加适合教育需要、教学需要和学生需要。体现出技术的时代性和教育的时代性。

二 职业能力教育与大学生个体的职业发展

大学生职业技能教育涵盖特定职业能力、行业通用职业能力和核心职业能力。开展大学生职业技能教育能够有效地促进大学生的全面发展、个性化发展、价值观实现和个人的职业生涯发展,是提升大学生的就业力的主要途径之一。

(一) 职业能力教育促进个体的全面发展

教育是培养人的社会活动,教育的功能就是要通过教育活动,使人的智力、体力和社会生存能力得到全面发展。职业技能教育不是单纯的知识和技术教育,而是一种培养全面人才的教育。教育的终极目标是人的全面发展,实现自我价值。现实目标是培养合格的职业工作者,就是"以教育为方法,以职业为中介,在促进社会经济发展的同时,实现个体生命发展的全面性和可持续性教育",只有教育与职业的和谐统一,才能使人趋于全面发展。也就是说,职业能力教育是实现人全面发展的基本途径之一。

(二) 职业技能教育促进人的个性化发展

教育的价值在于发展个性[①]。由于各种职业岗位之间的差异和个人之间的个性差异是客观存在的,并不是每个人都同样的适应某种职业岗位,在个人与职业之间存在着"人职匹配"关系,不同的个体对于不同的职业有着不同的意义。人的发展和需求渴望接受教育,职业技能教育应以满足人的个性化发展和需求为使命。职业教育挖掘人的个体潜能主要是通过不同的专业或工种、不同的教育内容与形式来实现,在职业教育领域不仅承认个性的差异性,更倡导尊重人的个性。职业技能教育的理念强调人与人之间的个性差异和性格特征,以人为本位,以个体为本位,为不同的人提供广阔的职业选择和职业发展的空间。

首先,职业可以满足人们展示个性化和发展个性化的需要,人的个性差异有生理与心理上的原因,更主要的是由后天教育、社会环境、职业环境所形成的。人们可以通过对职业的选择发挥自己的特长,满足自己的兴趣、爱好,实现自己的理想。人的一生大部分时间都是在职业生涯中度过的。

其次,职业技能教育的专业或工种、岗位设置以社会的职业分工为基础,较为具体地反映了社会不同职业岗位对人才素质的不同要求。职业教育按专业或工种实施教育,为不同个性类型的个体提供发展的选择性,有利于扬长避短。

再次,职业技能教育可以通过定向教育与培训,开发个人潜能,发展学生的特殊兴趣与能力,促进和发展学生的职业技能,充分发挥人的个性特长,使之顺势成长。

最后,由于人的可塑性很大,兴趣、能力、性格是可以培养的,价值观是可以改变的,职业教育能够通过有目的、有计划的系统训练,弥补学生在某种职业上能力的不足,有助于人的多方面发展和职业的流动

---

① 胡克英:《教育与个性发展》,《教育研究与实验》1989年第2期。

与转换。

这是职业技能教育在人的个性发展方面的特殊功能，职业教育使每个受教育者都有充分的选择和发展的平台，充分体现个性化与人性化。

（三）职业技能教育促使个体的自我价值实现

人们在生命历程中都有实现自我价值的需求，而自我潜力的发掘、自我价值的提升与实现的主要途径就是通过教育。个人的价值不通过社会职业活动是不可能表现出来的，通过职业教育所提供的服务，达到择业的成功和职业上的成就，实现个体价值与社会价值的需要。

职业技能教育的根本意义在于能使不同类型个体的价值得以自我实现。职业教育可以根据每个个体的习性与爱好，使其具有一技之长，使不同的人通过不同的工作内容实现自我价值。大学生可以根据所学专业、社会需求和自我的需要，利用职业教育所提供的灵活的条件和广泛的选择余地从事学习、接受教育、提高自己。

职业技能教育促进个体价值的实现。首先，体现在职业成就方面。职业技能教育是通向就业的必由之路，以帮助个体就业、立业为宗旨，通过职业技能教育可以提高个体职业能力并提升其职业地位，并使其形成正确的职业观，达到更高层次的自我实现。其次，体现在职业使人获得归属感与满足感。职业使人获得对社会、对集体、对行业、对单位的归属感，提供一个最经常的社交场所，满足人对归属和爱的需要。最后，职业活动可以使人获得报酬，为自身生活提供物质保障。择业的成功和职业上的成就，能够满足人们实现个人社会价值的需要，满足受到社会尊重的愿望。

（四）职业技能教育促进个体就业的功能

就业，是一定年龄阶段内的人们所从事的为获取报酬或经营收入所进行的活动。包含有三个方面的内容：就业条件，指一定的年龄；收入条件，指获得一定的劳动报酬或经营收入；时间条件，即每周工作时间的长度。职业技能教育能使人掌握某一特定的职业或行业或某类职业中所需的实用技能和技巧、专门知识和技术，获得就业准入资格。只有具备从事某种职业的资格，才能在社会生活中立足。职业教育这种满足个体基于生存目的的需要,就是职业教育的就业功能。

现代企业需要的是高素质的技能型人才。现代企业的发展需要身心健康,具有一定抗压和抗挫折能力,敬业、善于合作的综合素质较高的实干型的优秀人才,没有良好的身体素质和心理素质,没有良好的解决问题的能力,就很可能难以胜任[①]。个体要成为一个职业人,要融入职业社会,就必须承认和适应这种职业的规定性。社会分工,奠定了不同的职业基础,也决定了不同职业的素质要求。可以说,发展职业教育的根本目的是促进就业、发展经济、维护社会稳定,培养学生的就业能力、职业能力是职业技能教育的基本任务。职业技能教育的显著功能是,把普通劳动力培养成为具有特定职业能力的合格劳动力,把非技术的劳动力培训成为技术型的劳动力,把笨拙的劳动力训练成为熟练、高效率的劳动力,把劳动力已具备的技能经过对接培训,转化成社会急需的职业岗位技能。

首先,大学生职业技能教育的性质属于以就业为导向的教育,促进学生就业是职业技能教育的基本目标,就业率和就业质量是衡量职业技能教育成功与否的重要标志。职业技能教育是产学结合、与企业合作办学的模式,这是基于以就业为导向的一种教育模式,这种模式下,与企业合作让学生在职场中学习技能、知识、职业价值观等,最终指向促进学生就业。采用"订单式"培养,企业把人才培养纳入自身的发展计划之中,高校依托企业有的放矢地进行培养,形成合理的产学链,促进了高等教育的优化发展,为大学生就业提供了有效的途径。为此,技能训练课程更应针对学生所从事的岗位要求,组织开展有效的训练和实践活动,提高学生的实际工作能力和水平[②]。

其次,职业技能教育培养学生就业能力。个人通过职业实现生存的需要,解决好就业问题是个人最大的安全需要。解决好就业问题,关键的是培养学生良好的就业能力。就业能力是指从事某种职业所需要的能力。一个人想要顺利地找到工作,在工作中作出成绩,就必须具备一定的就业能力。

[①] 李黎:《高职生职业素质与职业能力教育探析》,《职教论坛》2009年第33期。
[②] 刘洁:《浅谈当代大学生职业技能教育的重要性》,《湖北函授大学学报》2007年第2期。

就业能力包括一般就业能力和特定就业能力。一般就业能力是指：① 一个人的态度、世界观、价值观、习惯；② 与工作有关的一些能力，主要是指处理与周围的人和工作环境的关系的能力，如怎样进行工作，如何与人相处等；③ 自我管理能力，如决策能力、对现实的理解能力、对现实资源的利用能力、时间管理能力，以及有关自我方面的一些知识、对学校所学课程与工作中具体运用之间的关系的理解能力。特殊就业能力是指某个职业所需的特殊技能和环境所需的某种特殊技能，如一个会计必须具备较好的数学功底，护士需要某种特殊的护理技能，美术工作者必须具备色调感、浓度感、线条感和形象感等。

一般就业能力和特定能力在职业活动中都很重要。要成功地从事某种职业，常常需要一般就业能力和特定就业能力的有机结合。大力发展大学生职业技能教育，是培养学生就业能力非常有效的一种教育模式。

（五）职业教育促进人的生涯发展

职业生涯是指一个人一生连续从事和负担的职业、职务、职位的过程，是人一生中最重要的历程，是追求自我、实现自我的重要人生阶段，对人生价值起着决定性作用。职业生涯专指个体职业发展的历程，美国职业指导专家舒伯（Super）把人的职业发展过程分为五个阶段：1. 成长阶段（出生—14岁），是一个以幻想、兴趣为中心，对自己所理解的职业进行选择与说不准阶段；2. 探索阶段（15—24岁），逐步对自身的兴趣、能力以及对职业的社会价值、就业机会进行考虑，开始进入劳动力市场或开始从事某种职业；3. 确立阶段（25—44岁），对选定的职业进行尝试，变换工作到逐步稳定；4. 维持阶段（45—64岁），劳动者在工作中已经取得了一定成绩，需要努力工作，维持现状，提升自己的社会地位；5. 衰退阶段（65岁以后），职业生涯接近尾声或退出工作领域。

根据职业发展理论，职业发展在个人生活中是一个连续的、长期的发展过程。职业技能教育既要贯穿职业生涯全过程，又要分阶段有重点地开展职业技能训练。在大学生就业之前，要以职业岗位群的基本技能为标准，对大学生开展岗位职业技能教育，使大学生在毕业之前，掌握与本专业相关的岗位基本技能，培养学生的特定职业能力、行业通用职业能力和核心职业能力，使大学生在校期间就具备良好的职业态度和职业能力，提高其职业成熟度。做到"虽无工作经验，但有一技之长"，弥补大学生在技能上的欠缺，有效提高其就业心理资本和技能资本[①]。

三 新形势下中国大学生职业指导策略

党的十八届三中全会通过的《中共中央关于全面深化改革若干重大问题的决定》指出：加快现代职业教育体系建设，深化产教融合、校企合作，培养高素质劳动者和技能型人才。创新高校人才培养机制，促进高校办出特色争创一流。这为我国高校今后一个时期的工作指明了方向。高校对大学生提供更具针对性和实效性的职业指导，是实现大学生充分就业的重要环节之一。专业与岗位对接视阈下的普通高校职业指导，就是建立在大学专业和就业岗位群对接基础上的就业帮助，是对当前普通高校职业指导服务体系的丰富和完善，也是进一步促进大学生充分就业的举措之一。

（一）当前普通高校就业指导工作的着眼点

全国高等学校学生信息咨询和就业指导中心于2011年6月对2011届大学毕业生就业状况的调查显示：影响毕业生成功就业因素的前三位是：专业符合社会需求（61.6%）、具有社会实践经历（51.0%）、学校知名度（41.5%）。从解决主要矛盾入手，学校促进就业工作应该从以下几方面入手，不断完善就业指导体系。

1. 职业指导理论与中国社会发展紧密结合

目前，高校职业指导所依据的理论大部分来自美国。其主要特征是：（1）价值观是从个人主义出发；（2）学科基础是职业心理学；（3）研究样本西方社会化；（4）职业指导理论偏多，但各有局限性。价值观的差异是造成中西方职业规划理论不能很好匹配的主要原因。美国学者曾对中国等东亚7国和美国民意进行调查，结果发现东亚民众的

---

① 宋争辉：《大学生职业寻获中心心理资本的生成与获得》，《郑州大学学报》（哲学社会科学版）2012年第5期。

社会价值排序与美国人的社会价值排序存有巨大的差别：美国人强调个人权利，而东亚民众更强调人与人的关系所形成的秩序。东亚和美国民众社会价值认同中的优先顺序为：东亚：（1）社会秩序；（2）和谐；（3）政府问责制；（4）接受新思想；（5）言论自由；（6）尊重权威。美国：（1）言论自由；（2）个人权利；（3）个人自由；（4）公开辩论；（5）生存；（6）政府问责制。

价值观在职业规划中是十分重要的元素。我国大学生在就业抉择过程中，首要看行业的发展空间，其次看自己专业的发挥程度，较为关注社会对自身职业生涯的影响。而美国人先强调自我价值的实现，然后再看社会的需求。这种认知上的差异性必然导致职业指导思路上的不同。对人职匹配理论的深度理解也有所不同，前者偏重个人适应工作岗位，后者偏重找适合自己的岗位。因此，在普通高校职业指导中，应重视专业和就业岗位因素对大学生就业以及职业发展的影响。

2. 职业指导方法与中国传统文化紧密结合

中国传统文化强调官本位主义，强调师道尊严。大学生来询者会无意识地将职业指导师当作导师，当作可以信赖和依靠的专家，期望从他们那里得到直接的决策或具体规划。如果过分强调尊重来访者，对来访者提出的问题不予以明确指导，常常使他们对职业咨询产生失望情绪，影响咨询效果。职业咨询中让来询者自我抉择的原则，是和中国大学生内在的文化诉求相冲突的，不考虑中西方个体行为与性情倾向的差异，生硬照搬"让来询者说出来"，则会严重影响指导效果。

中国传统文化中职业等级观根深蒂固，"学而优则仕"的思想在大学生中尚有余存，因而出现"公务员国考第一考"的现象。相对中国传统文化，西方的职业平等意识较强，行业的收入差距也比较小。而西方职业咨询技术是建立在职业平等的基础上的。因此在大学生职业指导过程中应紧密结合中国传统文化，强化"岗位"在职业指导中的地位和作用，适度淡化职业概念，逐步与国际接轨。

3. 职业指导与政府宏观调控政策密切结合

欧美国家实施完全市场化制度时间较长，发展相对成熟。我国市场经济发展相对滞后且不断需要进行政府宏观调控。一些积极促进就业的政策陆续出台，人力市场受政府宏观调控的影响较大，需要我们在职指导的过程中给予高度重视，及时发挥政策对大学生就业的引导作用，突出社会需求情况。如我国出台的"农村义务教育特岗教师计划"、选调生计划、大学生村官计划、三支一扶等，为大学生就业提供鼓励性政策以及今后职业发展的优惠政策。除中央政府外，许多地方政府也出台了许多就业行政法规，这些大都是针对某些岗位而出台的。因此，这些都需要我们在职业咨询中加以考虑和引导，与政府宏观调控政策密切结合。

4. 职业指导与大学生社会资源密切结合

据2011年大学生就业调查结果，毕业生就业的有效途径依次是：校园招聘会、专业人才网站、社会人才招聘、良好的家庭人际关系。一方面是由于毕业生在就业信息上存在不对称现象，存在着信息通道的差异性，学校招聘、专业网站、社会招聘和来自学生父母、亲属的信息和就业推荐对大学生的就业影响很大，尤其是学生毕业离校以后，家庭因素更为突出。同时某些招聘单位还对职工子女在就业上给予一定优先照顾。同时地域因素、家庭经济条件因素等对大学生职业价值观也存在影响，这种社会因素是中国传统文化的特殊因素，与原有职业规划理论产生的社会基础不同，在我国大学生职业规划中，应本着实事求是的原则加以完善。

（二）构建专业与岗位对接的就业指导体系

1. 完善职业指导理论

吸收欧美职业指导理论并加以合理内化，形成具有我国自身特色的职业指导理论，需要从我国大学生的生理、心理以及传统文化、社会经济、国家体制等实际出发，探索大学生职业目标、职业抉择机制以及职业发展路径。充分考虑中国国情、经济和传统的职业理念，摸索出一套对我国大学生职业指导可行且实用的实践模式。包括高校职业咨询机构的建设、专业队伍和资格审查、职业道德、督导制度、学术制度、质量评价等。在专业与岗位对接视阈中，职业咨询的理论应以岗位为基础来设计咨询步骤，将"人职匹配"的理论延伸到"人岗适合"。从岗位兴趣、性格、价值观、岗位能力、政府政策、个人资源六个维度来开展就业指导，能够进一步提高针对性、增强实效性。

2. 完善公益性大学生职业指导模式

在欧美发达国家，绝大多数职业咨询是一种商业行为，实施商业化的流程和运作。而我国高校对大学生职业指导是义务提供的服务，可以简化程序，突出重点。比较适合我国高校大学生职业咨询的流程有两个层面：一个是自助性职业指导，其流程是：觉知—网上测评—自助性指导—团体咨询。具体来说：通过职业生涯报告会以及职业指导课程学习，让学生认识到职业规划的重要性，而后组织学生参加网上职业测评，根据职业测评的结果，分类进行团体咨询辅导，以解决大多数学生的职业规划问题。另一个是个性化职业指导，其流程是：个体预约—面谈—达成共识—制订行动计划。就是针对第一个层面不能解决的个性化问题，由学生进行个性化咨询预约，学生与职业咨询师面谈，解决职业规划问题，达成共识。

需要指出的是，对大学生职业指导来说，职业定位应是性质相近的一类岗位群，职业发展路径应是专业和岗位密切联系的路径。这样既可以解决当前高校学生多，职业指导教师少的矛盾，也可以提高职业指导的效率和效果。

3. 建立教师主导式的咨询机制

大学生普遍尊重师长、信赖师长。从学生学业、就业出发，按照自我认知、职业认知、人职匹配和人岗适合的原则，帮助学生进行职业岗位定位，指出大学生今后的努力方向和需要的职场体验。从大学学业开始，定期总结，合理调整，逐步提升大学生职业成熟度。做到大一有职业规划、大二有职业意识、大三有职业技能、大四有就业岗位。根据大学生就业指导全员化的原则，参与指导的教师除了就业指导老师，还包括专业课教师、公共课教师、岗位实习指导教师、企业工程师等[①]。

（三）制定普通高校职业指导人员职业标准和岗位职责

国家人力资源和社会保障部已出台了《国家职业指导人员职业标准》，提出了职业指导人员的基本条件和工作要求。目前教育部对高校

---

① 姜献群：《校企对接条件下职业指导工作的新变化》，《南阳师范学院学报》2012年第2期。

职业指导人员的准入条件还没有具体的规范。高校可以借鉴人社部的标准，建立适合我国国情的职业咨询制度及适合我国高校校情的职业指导程序与方法，也使职业指导人员的专业和咨询岗位匹配起来。

根据"归口管理和分类指导"的原则，使高校职业指导人员的培、管、用三者有效结合，以提高培训的针对性和实效性。社会公共就业服务机构职业指导人员应由人力资源管理部门培养、培训、管理和使用；大中专院校职业指导人员和就业指导课程教师应由教育行政部门培养、培训、管理和使用。两大部门都要开发出全国范围的职业标准，建立国家资格框架，对关键技能的重要性进行认定，强化政府的职责，促进终身教育的发展①。

（四）专业与岗位对接视阈下职业指导工作的实施

国家劳动和社会保障部组织的一项专题研究，将人的职业能力分为职业特定技能、行业通用技能和核心能力三个方面，彼此区分但互有交叉。大学生专业教育和就业岗位指导应紧紧围绕上述三个层面的能力进行培养，以达到与岗位需求相适应的目的。职业指导工作是贯穿于大学生入校到毕业后的一项工作，重在引导、引领和督导大学生职业发展。大学生专业教育，应着重培养大学生职业特定技能和岗位特定技能，这是区别于其他课程的重要标志，是大学生学有专长的重要环节。学校的公共课以及学生课外活动等应着重培养大学生的行业通用技能。如：英语教育、计算机教育重在培养学生的行业通用能力。"大学生就业指导与职业发展"课程以及社会实践课重在培养大学生的职业核心能力。如：与人合作交流能力、创新能力、信息处理能力、自我学习能力等。

由于三种职业能力之间有交叉关系，同时各学科中也有交叉和共同的培养任务，如：解决问题能力、创新能力、自我学习能力、数字应用能力等，需要共同协作以培养学生的综合能力，适应职业岗位群的需要。在实际工作中，按能力种类划分大学课程培养任务时，必须针对特定的岗位才能真正甄别和划分出三种能力范畴，以确定各门课程各自的相对分工。

---

① 姜献群：《大学生职业咨询技术本土化改造研究》，《职业》2013年第3期。

四 中国普通高等院校大学生就业教育主要手段

大学生就业竞争力,是指大学生作为竞争主体运用所学的专业知识技能、所积累的人文科学素养与竞争对手博弈,争取、适应意愿就业岗位、满足社会需求时所表现出的综合能力,包括就业岗位获得能力和岗位适应能力。前者是后者的结果和表现,后者是前者的前提和实质。就业竞争力包括职业规划的能力、专业知识应用的能力和可迁移技能等。

伴随我国大学生就业由指令性分配到人才市场调剂的改变,提高大学生就业竞争力已成为普通高等院校的重要任务,以"就业为导向"开展高校教育教学改革是普通高校今后的发展趋势。大学生就业指导与服务是一个复杂的系统化工程,经过近十年的探索,已有不少比较成熟的经验,主要有以下几个方面:

(一)对大学生开展全程化的就业技能教育

普通高校开展就业指导,应实施全程化、多元化的就业指导,针对不同年级大学生身心与职业发展特点,内容应各有侧重。教育部办公厅《关于印发〈大学生职业发展与就业指导课程教学要求〉的通知》(教高厅〔2007〕7号),对《就业指导课程》的内容、功能、教学方法、评估方法做了明确的规定。根据上述原则,南阳师范学院实施"四阶段就业指导法"的探索,并取得了一定的成效,是我国普通高校按照大学生就业工作"全程化、全员化、信息化、专业化"的成功尝试[1]。

第一阶段:一年级学生有职业目标——开展职业规划训练:在大学生对自己的专业知识有所了解的基础上,开展职业意识训练和职业规划训练。首先,要组织学生学习职业生涯规划理论部分的核心内容,包括五方面的内容:1. 职业规划基本理论:帕森斯的特质—因素论、霍兰德的类型论、舒伯的生涯发展理论。2. 认识自我的方法:认识自我职业兴趣、价值观、能力、性格等。3. 了解职业属性:了解本专业就业

---

[1] 姜献群:《师范院校实施全程化就业指导的实践探索》,《出国与就业》(就业版)2010年第24期。

岗位的特点和特殊要求。4. 职业抉择方法：常用的职业抉择的类型——利用《职业抉择平衡单》抉择。5. 生涯规划与生涯管理的方法：生涯规划的步骤、生涯管理的基本方法。其次，要使每个学生都撰写《职业规划设计书》。并对撰写《职业规划设计书》的内容提出明确的要求：1. 职业规划设计完整。内容要求真实、完整，分析透彻，主要包括自我认知、职业认知、职业定位、实施路径、评估与调整五个方面。2. 职业规划设计的可行性。目标确定和路径设计要符合自身和外部环境实际，不主观臆想，要合理规划，操作性强。3. 职业规划设计的合理性。要求思维缜密，科学合理，分析有深度，要有一定的分阶段目标，尤其是近期（大学至毕业后五年）目标规划，分析要具有说服力。4. 职业规划设计的创新性。创意新颖，能充分体现个性而不落俗套，能充分展现大学生朝气蓬勃的精神风貌。5. 职业规划设计的逻辑性。规划逻辑清晰、组织合理，准确把握职业规划设计的核心和关键。最后，做好个人生涯管理。教育学生要严格履行职业规划的内容，一步一步地落实到行动中。一年一评估，并根据实际情况可以进行适当的调整。

第二阶段：二年级学生有职业意识——开展职业意识训练：根据个人职业规划的目标职位，有针对性地开展职业意识训练，主要包括通识性职业意识训练和岗位工作意识训练，通识性职业意识训练主要包括：1. 责任意识训练；2. 服务意识训练；3. 规范意识训练；4. 质量意识训练；5. 团队合作意识训练；6. 沟通能力训练等。岗位工作意识训练是根据个人职业规划的目标岗位而开展的个性化岗位意识训练，需要进行个性化辅导。职业意识训练采用课堂讲授与专门训练相结合，通过体验式教学，使学生建构正确的职业意识。

第三阶段：三年级学生有职业技能——开展职业技能培训：按照学生自己规划的职业目标，引导学生参加学校已开发的大学生专业技能岗位对接培训班，或者社会上的职业资格培训班，使学生掌握必要的职业技能，实现课程体系与职业技能的良性对接，并获得相应的《国家职业资格证书》，增强毕业生就业竞争力。

第四阶段：四年级学生有就业技能——开展就业实习实践：实习是学生近距离接触社会、体验职场的良机，也是大学生运用已掌握的知识和技能，通过实战形成职场理性认识并发展职业成熟度的重要过程。实习开始之前,要使学生掌握以下理论,以指导实习工作:1. 基本理论:明尼苏达工作适应论;克朗伯兹社会学习理论。2. 职业分类:职业信息探索策略与方法;劳动力市场的现状与发展趋势。3. 求职策略:获取潜在职位的方法;撰写求职简历与求职信;面试技巧。4. 就业政策:职业准入政策;劳动权益保护;大学生就业政策。同时,抓好实习关键点。岗位实习注意的要点有:专业知识和技能应用途径和方法;可迁移技能(团队精神、沟通能力等)、应用手段与方法;提高岗位工作适应能力的途径;岗位实习总结与反思能力;履行职业道德的重要性等。

(二) 高校以就业为导向实施教学改革

高校以完善人才培养方案为突破口,增加实践课、技能课学时,强化对大学生职业技能、实践技能的培养。在组织形式上,实施高职高专创新人才进入普通本科院校继续深造,普通高校学生考取职业资格证书。这样,把职业教育和普通教育分别加以定位,进而让两者互通有无,共同对大学生的职业能力的发展产生效用。具体说来,即让普通高校与职业学校(主要以应用性和职业技能为培养目标)的培养目标产生实质上的密切联系和优势互补。就学生培养而言,普通高校应定位于学术型和理论型人才培养,而职业学校则定位在应用型和技术型人才培养。职业学校将那些拥有创造性和研发能力的人才输送到普通高校继续培养,确保在职业教育中出现的理论型人才得到同等学习机会,体现教育的公平性;另外,通过职业资格准入制度,让那些普通高校中毕业的应用型人才在职业学校里进行一定时间的培训学习,使理论与实际相结合并达到企业与社会的行业标准。

(三) 实施校企合作培养大学生职业能力

按照校企合作的紧密程度和校企双方的主导性来进行分类,主要有三类[①]:

1. **校企依存性合作**

就是指学校隶属于特定行业或者特定的实体,学校依赖于行业或实

---

① 姚勇:《地方普通本科院校校企对接人才培养模型的研究》,《南阳师范学院学报》2012年第7期。

体而存在和发展。主要特征是企业为本，校企一体，学校作为企业的劳动力生产部门。其优势在于学校培养的人才能够直接到特定行业或者特定的实体就业，能够最大限度地满足企业的需要。劣势在于学校发展受到实体的制约，学校办学自主性、灵活性不足；学校人才培养的模式受到特定实体的规定，人才口径偏窄。如军工院校、部分行业所属院校等。

2. 校企依托性合作

学校和企业利用各自优势，通过协议共建实训基地或共同参与学生实训教学活动的校企合作形式。如：订单式培养、共建实训实习基地等形式。主要特征是学校和企业相互独立，在培养学生岗位技能的过程中实现合作。根据双向选择，部分学生经过实习可以直接留在企业就业。此种合作的优势在于学校、企业保持各自的独立性，在实习实训的合作培养过程中，实现专业技能与岗位技能的对接。不足之处在于普通高校不同于职业技术院校，由于部分学生需要考研、考公务员、不急于就业或希望到基地以外就业等就业方向的不确定性，在基地实训的积极性、主动性方面受到影响。但就目前教育体制和人才培养来说，仍是较为理想的合作模式。大多数职业技术院校和部分普通高校已经采用或借鉴此种校企合作方式。

3. 校企联谊性合作

学校和企业建立的优先输送、优先招聘毕业生的合作关系。主要特征是学校和企业相互独立地培养、选拔人才，双方没有严格的约束机制。优点是校企双方自主性强，学生就业渠道较为广泛，企业有较为广泛的挑选余地，企业的人才需求情况也可以及时反馈给学校。不足之处在于学校很难兼顾企业的特殊需求，只能进行通识性培养；校企合作可能时断时续。如高校的校友会、校企联盟等，其职能就是促进校企联谊性合作。

上述三种合作模式，校企依存合作是以企业为本位的合作。校企依托性合作是以学校为本位的合作，校企联谊合作是以学校企业双本位合作。从重合度来说，校企依存合作彼此是子集关系，校企依托性合作彼此是交集关系，校企联谊合作彼此是相切关系，各有优劣。作为校企对接的良好模式，必须能够满足学校长远发展的需要，满足人才成长的需要，满足企业用人的需要。为此，校企合作不仅是形式上的合作，更应该是大学生职业能力培养内涵上的衔接和多维度对接。

我国现阶段大学生就业教育采用以学校为中心，整合用人单位和社会服务力量，采用"信息化、专业化"的手段，通过"全程化服务模式"，充分调动学校教职工的力量，用"全员化"的力量，全面推动大学生就业工作。

五 中国高校大学生职业能力教育存在的问题与对策

人才培养模式是帮助学生构建知识、能力、素质结构的有效途径，它集中体现学校的办学思路和人才培养目标定位，规定着课程体系的构建和教学模式的取向。随着高等教育由精英化向大众化转变，我国高等教育的外部环境已产生巨大变化，社会对人才提出了许多新的要求，传统的高校人才培养模式已越来越成为大学生就业竞争力提升的重要障碍。

（一）高校大学生职业能力培养模式存在的主要问题

现行普通高校人才培养模式的不足，集中表现在以下几个方面：

1. 办学定位不准

人才培养目标与社会需求脱节。近年来，我国高等教育经历了快速发展的过程，招生规模大幅增加，但高校在办学定位上存在一定问题，如许多地方高校一味追求大而全，盲目效仿"985"、"211"大学，把建设研究型、综合性大学作为学校发展的终极目标。大多数高校是按照学科、专业划分的学历教育，采用专业＋学科形式教学模式。大多数地方高校应把学校定位于培养高级应用型人才，这一点虽然已越来越成为地方普通本科院校的共识，问题在于实施这一共识还有较大差距。我国地方高校普遍是由几所高校合并组建而成，合并前的高校层次不齐，类型各异，但在这种"大一统"思想的主导下，有的高校甚至刚从专科升为本科就开始积极申办研究生教育，盲目追求多层次的全面教育，把追求综合性、研究型作为学校发展目标，争抢科研项目，攀比论文数量，忽视教学效果和学生综合能力的提升。

2. 学科专业设置不合理

课程内容陈旧。由于我国地方高校一般都是由师专、高专、教院、中专等合并升格而成，其发展方式还是粗放式的，在学科专业设置上普遍存在追求多学科、综合性现象。近年来，地方高校在办学规模不断扩大的同时，在盲目追求综合性大学思想的主导下，许多高校本着多专业、多学科门类这一目标，不顾学校实情和社会需求，盲目上新专业，如：英语、计算机、法律等大量雷同的专业，每年大量雷同专业的毕业生集中涌向就业市场，造成人才供需严重不均衡，由此产生的毕业生结构性失业已成为大学生就业难的主要诱因，给社会、家庭以及学生本人造成巨大的压力。部分地方高校在设置新专业时盲目争办热门专业，使得整个高等教育专业的分布不合理，低水平重复建设严重；新专业设置以后，又忽视了新设专业的培养目标，教学质量低下，培养出的学生适应能力较差。麦可思公司发布的"2010年度大学就业能力排行榜"显示，在失业人数最多的10个本科专业中，有9个为近年来的热门专业。

3. 教学模式单一

重理论轻实践现象普遍。由于受到传统教学模式影响，许多地方高校过分注重理论知识的灌输，教学内容千篇一律，教学方法和教学手段单一，这种填鸭式的教学方式已越来越不能满足大学生提高职场能力的需求。由于多数教师的工作经历是从学校到学校，很少有机会深入企事业单位亲身参与实践活动，他们对职场到底需要什么样的人才缺乏必要的认知和了解，造成实践教学的先天不足。实训基地是顺利开展实践教学的基础和必备条件，但由于地方高校普遍面临着建设资金短缺的问题，实践教学经费投入不足致使实践教学基地建设步履艰难。因此，地方高校应主动与地方政府、企事业单位取得联系，充分利用校内外两种不同的教育资源和教育环境，大力开展校企合作，把学生的理论知识学习、基本技能训练与企业的工作实际紧密结合起来，为生产、服务一线培养实用人才。

（二）高校人才培养模式改革的途径

实施人才培养模式改革是学校适应高等教育发展和经济社会发展需求而作出的理性选择，是切实提高教学质量和人才培养质量的必要手段和重要途径。近年来，湖北省襄樊学院探索和实施了"两年基础，一年专业，一年实践"的"211"人才培养模式改革，努力培养大学生的创新精神和实践能力，不断提高大学生就业竞争力。优化课程体系结构。学校以社会需求为导向，以培养具有创新精神的应用型高级专门人才为目标，兼顾学生成长需要和长远发展，科学定位专业人才培养目标，合理设计培养规格，精心选择培养方式，创新人才培养途径。学校以社会需求为导向，构建了系统的专业评价体系，以满足一线人才需要为前提，调整学科专业结构，优化专业设置，构建了具有区域特色的学科群。经过多年探索，学校确定了"总体规划、分步实施、突出重点、协调发展"的专业建设思路，不断调整、改造传统专业，扶持新建应用型专业，进一步优化专业结构。学校先后新增设了符合地区支柱产业和主导产业急需的专业，如车辆工程、食品科学与工程等。改革课程教学内容和教学方法。学校大力提升课程教学与市场需求的对接能力，设置了专业技能训练、实验教学、素质拓展以及综合训练等实践教学模块，将实践教学环节的学时提升到总学时的35%以上；学校深入研究社会对本科应用型人才知识、能力、素质结构的要求以及行业、学科发展的需要，剔除课程定位不准确的重复的教学内容，增加实践性教学内容；将行业与产业发展形成的新知识、新成果、新技术引入教学内容，使教学内容与人才培养目标协调一致。改革创新实验实践教学内容，建立基础实验、综合性实验、创新性实验、研究性实验等多种实验构成的实验教学体系；开展实习实训和社会实践活动，有效利用生产实习、社会实践等各种形式，加强应用能力的培养。按照"校际联合、校企联合、优势互补、共建双赢"的思路，学校大力推进实践基地建设，建立了功能完善的大学生技术教育基地，并成为国家级人才培养模式创新实验区。学校重点建设了270多个稳定的校内外教学基地，与多家地方企业开展校企合作。学校建立了市、区、校3级大学生创业基地，为大学生创业搭建实践平台。

改革课程考核与学业评价方式。课程考核与学业评价既是对学生学习能力与成效的评价，也是对教师教学水平和效果的评价，具有双重导向。为适应并推进"211"人才培养模式改革，学校课程考核与学业评价应以知识、能力、素质全面发展为导向，以能力考核为重点，构建全面、科学的课程考核与学业评价体系，根据课程类型、课程教学目的和课程教学内容，采取灵活的形式进行动态的复合评价。尤其应加强学习过程考核、能力考核、实验实践类课程考核和第二课堂考核，并加大其在学业评价中的权重，以课程考核内容、形式和学业评价标准的变革，促进教师的教学改革，激发学生学习热情，促进学生能力提升，实现应用型人才培养目标。

近年来，学校毕业生的综合素质和创新实践能力得到较大提高，社会适应能力和动手能力明显增强，毕业生已越来越受到用人单位的欢迎。学校毕业生就业率近年来一直超过 93%，学生满意率和用人单位满意率均在 90% 以上。

推进师资队伍建设。学校加大高层次、高学历、高能力人才的引进力度，把建设一支素质较高、业务精湛、适应人才培养要求的教师队伍作为学校基础性工程来抓。"引进 + 培育"相结合，培育为主，引进为辅，着重转变教师本科教育教学观念，提高现有教师理论、实践教学能力与水平，形成一支与"211"人才培养模式相适应的理论教学队伍、实践教学队伍、校外指导老师队伍。在注重学术型、研究型教师队伍建设的同时，加大了"技术型"教师的培养和引进工作力度，学校目前已经拥有近 300 人的"技术型"教师，一支"学术型"与"技术型"教师有机结合、比例合理，专兼职教师优势互补、体制灵活的教师队伍已初步形成。学校坚持科学研究与地方经济社会发展相结合，注重成果转化，为地方经济社会发展做出一定贡献。学校教师在襄阳及三国文化研究、鄂北区域经济社会发展研究、应用技术开发研究等方面取得丰硕成果，为促进地方经济社会又好又快发展做出了应有贡献。

（三）大学生职业能力培养对策

大学生职业能力教育是一个涵盖多项元素的教育系统，包括学校元素和社会元素。当前我国大学生职业能力教育主要是学校和企业共同参与人才的培养和培训过程，为使职业技能教育各种关系更加清晰，采用构建矩阵模型的方法来加以说明。

1. 职业能力培养矩阵模型的建立

大学生职业能力教育主要是通过学校、教学院系、就业指导中心、企业四个层面来完成，以这四个层面单元依次构成矩阵的列。同时每一个层面的工作任务可以归纳为四种，依次构成矩阵的行。构成校企对接的矩阵模型，详情见表 3-1。

表 3-1　　　　　　　　职业能力培养矩阵模型

学校定位	学程设计	课程建设	教学保障
专业方向	培养方案	课程教学	师资质量
择业指导	实习方案	实习指导	需求信息
人岗适应	实习程序	实习体验	实习保障

2. 矩阵模型的特点

（1）建立起校企对接人才培养矩阵，使培养模式的各环节、各部门工作元素系统联系

如纵向关系表明：学校、教学院系、就业指导中心、企业要四位一体，共同努力推进校企对接。横向关系表明的是一个执行系统，由该层面的单位来完成。对角线关系中的学校定位—培养方案—实习指导—实习保障是以学校为中心的校企对接核心元素，教学保障—课程教学—实习方案—人岗适应是以企业为中心的校企对接核心元素。

（2）学校、企业部门之间既有明确的任务分工，也必然要求相互协作

只有各个元素之间均衡提升，才能保证校企对接的实效性，从而为校企对接的质量评价提供了依据。

（3）便于实施多元化的项目管理

模型中任何一位元素均非全能，仅能在某些领域中，相对地比其他成员更为重要些。透过矩阵式设计来强化管理，让不同领域中相对专业的成员彼此互补，以充分发挥每个人不同的专长，避开各自的弱点，进而让职业技能教育的整体运作效能达到最佳化。

3. 职业技能教育学校层面工作要素分析

（1）办学定位

地方普通院校应以地方经济和社会发展为中心，学校要适时调整专业结构，建立具有地方性、应用性为特色的高等院校，建立起学校与社会、学校与企业的紧密关系。

（2）完善课程建设，使最新的技术、成果进入课程中

当前世界科技突飞猛进，社会进步日新月异。高校课程建设必须紧跟时代的步伐，把最新的科学成果贯穿在课程教学中，这样才能使教—学—用三者紧密联系。根据目前高等院校的教学实际，对大学生开展专业技能岗位对接培训是一个很好的途径，可以使大学生在高年级即可学到社会急需的岗位技能，实现人—岗技能对接。

（3）优化学程设计。优化理论性、传统性学程，增加实践性、创新性学程

依照高级应用型人才培养目标的要求，要增加实践课，优化理论课。在学程安排上，为校企对接提供有利条件。从目前企业需求来看，需要就业实习的时间应在6—12个月。学校在学程设计时，应给予充分的考虑。

（4）完善教学保障系统建设，适应以就业为导向的高教改革

专业教师应该由学术型向技术型、综合型转变，学校要重视"双师型"教师培养和成长，鼓励教师走出学校，积极参加企业技术研发、企业生产、企业产品营销等活动，加深对企业技术、运营规律的认识，为教师的岗位技能迁移创造条件。鼓励专业教师取得各种职业资格证书。改善实验实习条件，使实习、实验条件更加贴近真实的工作情景。完善实习就业基地建设，构筑一体化的"培养—实习—就业"体系，使学校教育阵地不断前移，教学中心不断向经济建设靠近。

4. 大学生职业能力教育中院系层面工作要素分析

（1）凝练专业方向

根据经济社会发展和社会对人才需求的变化，依据学校的办学定位，院系的教学资源，以专业和社会需求为导向，通过更新课程、更新内容使专业方向和社会需求相适应。

（2）不断完善培养方案

在培养方案制定的过程中，既要体现专业学科体系，更要注重专业和职业的对接，理论和实践的对接。根据目前地方院校人才培养方案的情况，应增加实践课、技能课内容的学分，向企业需求倾斜。

（3）课程教学与督导

校企对接培养模式中的教学与督导，应借鉴职业课程教学的特点，

应由掌握理论为中心向"理论+技能"为中心过渡,注意整合案例教学、情景模拟、角色互换等教学方法,由"学术至上"向"应用至上"过渡,为校企对接奠定坚实的基础。

(4) 师资培养

师资是校企对接培养模式的关键环节,一方面教师要有扎实的专业功底和职业技能水平,另一方面还要熟悉教育理论和职业技能训练的方法。需要"双师型"教师,高校可以从两个角度去培养,一是学术型教师参加职业技能训练和职业教育方法培训,成长为"双师型"教师;二是企业技术人员参加高教理论与专业深造,过渡成为"双师型"教师。当然,专业硕士是今后校企对接培养模式下教师的又一选择。

5. 大学生职业能力教育就业指导中心层面工作要素分析

(1) 就业指导

大学生职业能力教育模式中,对大学生就业指导将更加详细和具体,既要宏观指导又要微观服务。不仅帮助学生进行职业规划,还要帮助学生认识更微观的行业规则、岗位职责、企业文化等,职业指导向企业认知、岗位认知拓展。

(2) 实习方案

实习不仅是教学的重要环节,也是实现专业技能向岗位职业技能升华的关键节点。在实习过程中,以工作适应论为基础,突出专业技能向职业技能的迁移;可迁移技能向职业素养的转化,以及职场适应在实习过程中的作用,是校企对接的关键点。

(3) 实习指导

实习指导是校企双方共同完成的教学环节,从教师、教学内容、教学方法、考评办法等入手。实习过程中的师资,应由校企双方共同制定选聘条件,包括政治素养、业绩情况、教学经历、工作阅历等。在实习内容上,应按照职业课程的特点,依照岗位—岗位技能—岗位核心技能—岗位核心技能点为主线来呈现课程内容。通过总操作程序—操作步骤—达标标准—注意事项—相关知识来展开实习教学活动。采用体验式教学,在指导教师的引导下,催化理论向技能的转化,达到实习的目的。在考评上,要明细评价标准,依实习岗位应具备的基本要求作为实习情况的评价标准,对实习学生进行定性定量和发展性评价。

(4) 需求信息

开展大学生职业能力教育,学校就业指导中心应在新生入学开始,定期向学生提供与专业相关的岗位需求信息,帮助学生了解本专业就业现状和前景以及相关的岗位应聘条件,为学生及早做好相关准备提供必要的信息,为提高学生职业成熟度提供服务。

6. 大学生职业能力教育过程中企业层面工作要素分析

(1) 以人岗匹配为原则

从根本上说,高校人才培养的最终目标是为社会服务,为企业输送人才。校企合作下,企业要依照用人的普遍原则,对学生进行教育和训练,主要包括职业技能、可迁移技能、特殊技能、求职技能、职业适应等。让学生真正体验职业规划和职业发展的核心要素,也为企业遴选出合适人才。

(2) 完善实习程序设计

实习程序设计要体现岗位技能的要求,要和学生的专业知识和专业技能相联系,在理论指导下开展针对性的实践活动。根据技能训练的特点进行实习时间和实习强度的安排,以达到最佳效果。实习时间可以是一次性的,也可以分阶段多次进行。实习强度可以是短时间大强度刺激,也可是较长期中等强度的刺激等。

(3) 强化实习体验过程

根据明尼苏达工作适应论的要求,个人和组织之间应建立起相互适应的关系。个人必须满足组织在技能等外在的需求,而组织也同时满足个人待遇等内在的需求,同时实习过程也要满足校企双方的共同需求。校企合作应基于人才培养规律、基于大学生职业发展来进行对接培养。目前普遍的校企合作尚未达到此种层面,只是在学生实习—就业等层面上进行,只是为实习企业安排实习员工和选择毕业生服务,普遍忽视了实习体验的全程化训练,实习过程是不系统和缺乏完整性的。

(4) 实习保障系统的建立

校企对接条件下的实习,从大学生知识向技能转化的过程上说,是校本位的教学;但从职业技能训练的过程上说,是企业本位的训练。二者对接应该是多方位和深层次的对接,学校应该为实习活动提供基本的技术支持,以满足实习前的基本需求。如:自我管理技能、可迁移技能、专业技能等。企业要为学生实习提供必要的生活、安全、实习条件，按照组织管理要求，对实习生进行管理和考核。

7. 模型的适应条件

从大学生职业能力教育模型建构过程可以看出，应用该模型必须要满足以下三个条件：

（1）学校管理层梯级结构完整

学校具有三级管理模式，学校、就业中心（教务处）、教学院系三级管理机构职责明确，符合学校常规的职责分工。

（2）企业岗位（实训基地）与学校专业趋向紧密联系

从专业结构上说，专业应和企业的岗位群之间联系紧密，岗位性质符合大学生职业规划的要求。岗位群是该专业大学生就业的主要流向，以保证实训工作的针对性和实效性，利于实习—就业一体化工作的开展。

（3）各个功能元素具有完整性

一方面，模型所涉及的 16 个功能元素必须完整，缺一不可。另一方面，各个功能元素的功能发挥程度决定着校企对接程度。如果各个元素在体系中发挥程度达 100%，校企对接程度高，效果为最好。反之为差。

本书将通过下面七章来详细阐述大学生职业能力培养的功能元素。

第四章

发达国家大学生职业能力教育

20世纪90年代,联合国教科文组织在其著名的研究报告《学会生存——世界教育的今天和明天》中指出,人们正面临的一个重要事实是"教育成果与社会需要之间产生了矛盾",教育体系"所授予的资格和技术不能满足社会的要求时,这些社会便拒绝接受这些毕业生",造成了"社会拒绝使用学校的毕业生"的现象,提醒社会各界关注这种发展不平衡的后果[①]。该报告为21世纪的教育提出了一个极具震撼力的口号——学会生存。这个口号一经问世便得到了广泛的认同,成为各国教育关心的热点问题,促使各国教育界开始关注和实施终身教育、职业教育等,并日益重视普通大学生职业能力的培养。

一 发达国家大学生职业能力教育现状

(一) 英国大学生职业能力教育

1979年,英国继续教育处制定了一份文件《选择的基础》,第一次对英国职业教育中的关键能力作出了明确规定。这份文件把关键能力概括为11项,即读写能力、计算能力、制图能力、问题解决能力、研究能力、处理事务的能力、独立能力、动手能力、个性和道德的素养、物理环境和技术环境。1992年,英国国家职业资格委员会在进行国家职业资格考核中把关键能力分为两类:一类为强制性能力,其中包括通

---

① 联合国教科文组织国际教育发展委员会:《学会生存——教育世界的今天和明天》,教育科学出版社1996版,第37页。

信能力、计算能力、信息技术；另一类为选择性能力，其中包括问题解决能力、个人能力、现代外语能力。① 英国普通高校普遍注重提高大学生的创业能力，强调对学生职业能力的培养。

1. 英国大学生核心职业能力培养模式：PDP②

个人发展规划（personal development portfolio，PDP）是培养大学生核心职业能力的一种行之有效的方式。基于英国政府对职业技能的新的诠释，2000年英国高等教育质量保障机构将核心职业能力确定为高等职业教育基本质量标准之一；2003年核心职业能力作为大学生毕业必须掌握的能力在英国各个大学推广和执行。英国的高等教育质量保障机构将个人发展规划界定为：一个全面、系统地反映个体为了获得核心职业能力而选择的一系列学习、思考和实践的过程以及反馈效果和评估过程。它作为一种主要工具被运用于大学生的自我管理，记录大学生职业能力培养的情况。

PDP系统的基础是自我识别模块，目的是认知具有重要价值的能力。自我识别模块通过比较、逻辑分析、问卷调查、诊断等方法，通过创建自我识别文档、参加小组讨论、导师制等形式，系统分析学生所面临的个人生命周期、环境、性格、行为、技能等问题，从而帮助学生提高自我认知能力，逐渐勾勒出自身特征、优点和弱势，为实现个人发展目标打下坚实基础。英国大学生从注册起就开始个人发展规划。通过建立一个系统的证据文件库，记录从入学到毕业不同阶段的能力目标、需求目标、自我认知、所要完成的课程、实训、各类活动，以及通过各类兼职或自愿服务所获得的经验等。学生通过一系列的文件库，反复、定期检测自己的完成进度、取得的进步和存在的偏差，一步步实现个人规划。当学生将PDP作为自我管理的方法，成为学习和工作的习惯后，PDP将会形成一个良性循环，使学生终身受益。

PDP的具体实施办法如下：（1）建文档。各类文件的建立都是动态的，可以随时加入或修改。（2）由学生所在系部组织和实施。每个系部有专门的PDP部门，下设PDP专业负责人。学生在入学第一年就按

---

① 吴雪萍：《国际职业技术教育研究》，浙江大学出版社2004年版，第11页。
② 郑红梅：《个人发展规划（PDP）：英国大学核心职业能力培养模式初探》，《职业技术教育》2006年第19期。

照专业分成 PDP 同级别学习小组,通常 5—6 个人为一组,每个小组配备一个 PDP 导师。(3) 图书馆、学生服务部、职业服务部、学生咨询部、学生会等学校部门形成 PDP 系统强有力的支持体系,为学生 PDP 的建立提供资源、实习岗位、咨询和与学生需求相匹配的活动和机会等。(4) 完成每个阶段任务之前学生必须填写一张评估表格交给导师,导师在评估学生任务完成情况时不仅给出分数和等级,还会写上反馈意见及与学生单独会面时间,进行口头指导和 PDP 进程分析。具体实施步骤见表 4-1,实施流程见图 4-1。

表 4-1　　　　　　　　　　PDP 实施步骤

PDP 实施步骤一	归纳和回顾(在 PDP 专门指导之前完成)
	列出本学年你希望获得的能力:
	如何在学习专业课程的时候获得你希望获得的能力:
	如何在培养兴趣的时候获得你希望获得的能力:
	列举职业能力中你已经拥有的能力:
	列举你认为最难的能力:
PDP 实施步骤二	回顾(在 PDP 专门指导之后。第一次 PDP 会议之前完成)
	怎样使专业课程、工作、独立生活等内容相互协调一致?
	大学里最喜欢做什么?最不喜欢什么?
	我通过什么方法解决以上的问题?(寻求劝告和意见、探访导师、上网、联系学生咨询部和其他学生组织等)
	我现在正在熟练运用的能力?——举例
PDP 实施步骤三	(在第二阶段 PDP 会议前完成):
	内容:1. 你的学习日记和记录;2. 完成的各项任务的反馈;3. 从 PDP 小组成员获得的反馈;4. 目前为止对所学到的内容进行全面回顾
	评估:1. 到目前为止自己已经获得的能力的评价。2. 是否与计划一致,有差距吗?是什么?3. 如何完成富有挑战的任务?4. 取得了令自己惊讶的能力吗?是什么?5. 促进和阻碍自己学习的因素
	行动:1. 学习专业课程;2. 探访导师;3. 去图书馆;4. 访问学习网站;5. 咨询学生顾问机构;6. 联系学生会;7. 获得各类资格证书和经验;8. 其他

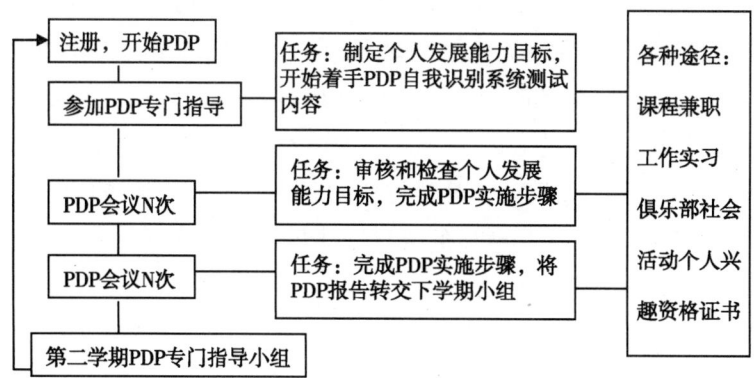

图 4-1 PDP 实施流程

2. 高校和企业共同培养学生的创业能力

在培养大学生创业精神的过程中，西欧各国形成了政府和高校为主导，社会为辅助的大学生创业精神培养体制，英国在这方面颇具代表性。英国政府是英国大学生创业的发起者和主要推动方，它主要通过制定创业计划、组织创业项目、成立创业基金等方式来鼓励大学生踊跃创业。进入 21 世纪后，英国高校的大学生创业教育迅速发展，呈现出整合的图景——创业学与各个专业课程的跨学科整合、课堂教学与课外创业活动的整合、创业教育与各种创业支援的整合、创业教育与学生社团的整合、创业教育与地方创业事件的整合，形成了创业政策宏观环境为支撑、创业支援为服务、创业教学研究为保障、创业课程和创业活动为主体的创业教育模式。1987 年，英国政府发起"高等教育创业"计划，这是英国大学生创业教育政策的开端。[①] 此后，英国政府又出台了一系列促进大学生创业的政策措施，启动大学生创业项目，组织大学生创业课堂和学习开办公司。很多企业积极吸收在校大学生参与项目，既促进企业发展，又提高学生职业能力。著名的壳牌技术创业项目（Shell Technology Enterprise Programme，Shell STEP）就是典型的例子。

壳牌技术创业项目是英国壳牌公司 1986 年发起的一项社会投资项目，主要是安排大学生在暑假期间参加大概为期 8 周的实习，为企业做

---

① 郭丽君、刘强、卢向阳：《中外大学生创业教育政策的比较分析》，《高教探索》2008 年第 1 期。

一些委托项目。当时作为一项地方性计划，壳牌公司和杜尔姆大学当年合作安置 20 名大学生在英格兰东北部的中小企业内实习。试点计划取得成功后，壳牌公司将该计划在全国范围内推广，1992 年项目开始得到贸工部的支持。在过去的 20 年里，已经在全英中小企业中安置了 2 万多个实习岗位。Shell Step 对参加实习的学生没有严格的限制，但必须是在英国高等教育机构注册的全日制课程二年级或还有一年毕业的本科生（不包括海外学生）。壳牌公司成立了 1 个项目组（project team）在全英范围内做总体协调，在地方层面，一般由 1 个安置机构（全英有 72 家安置机构）来负责安排具体的实习工作，如培训与创业委员会、当地创业委员会、"商业连接"、企业处和创业基金会等，每一个当地安置机构都和项目组签订一份合同，承诺至少提供 10 个实习岗位。项目的资金来源除了壳牌公司的投资外，还得到政府部门如教育与技能部、贸工部以及地方发展局的资金支持。英国政府为鼓励中小企业为大学生提供实习岗位，对企业实行补贴政策，例如 1994 年每周付给实习生 100 英镑免税、免国家保险的实习津贴；为鼓励新企业参加这个项目，50% 的津贴由政府机构或私人捐赠者补贴给提供实习岗位的企业，当地的安置机构也可以得到项目运作所需的成本补贴。[①]

每年的 9 月 1 日，Shell STEP 开始接受学生的实习申请，根据学生的技能、兴趣，为学生选择相匹配的工程项目。这样做，可以实现大学生和中小企业的双赢：本科生能够进入中小企业参与特定项目的机会，获得工作经验和技能，而中小企业可以获得政府的补贴，能以极少的成本获得大学生新鲜的想法和好的主意。一般来说，大学生实习期间主要参与和承担四类项目：（1）产品开发和调查，如新产品调查、市场调查、竞争企业调查和消费者调查等；（2）企业系统管理，如信息管理系统、内部交流系统、管理能力建设、企业文化设计、操作程序和 IT 系统；（3）互联网和营销，如营销战略、电子商务设施、互联网和企业内部网络；（4）制造工艺和方法，如质量分析和绩效工程。[②] 大学生

---

① 牛长松：《英国安置大学生中小企业实习的壳牌技术创业项目述评》，《高等工程教育研究》2007 年第 6 期。

② 王乐鹏、施泉生、费敏：《英国大学生就业服务体系及对中国的启示》，《科技广场》2009 年第 2 期。

从壳牌项目中获益匪浅：经由参与中小企业的项目管理或任务导向工程，获得了实践工作经验；将课堂学习应用到工作中的任务解决；提高了相关的创业能力和人际交往能力；综合提高了职业能力，增强了就业能力。

3. 将职业能力的培养融入大学课程

为强调普通高等学校对学生职业能力的培养，英国将职业指导融入大学课程设计之中，并广泛使用 ICT（Information Communication Technology）技术。如牛津大学设立了专职的服务部门，其宗旨就是为毕业生提供平等、充分的信息与指导服务，以帮助学生进行职业决策。他们不仅为毕业生服务，而且也为所有的在校学生服务，还为毕业4年之内的毕业生服务；不仅为学生提供服务和指导，还为雇主提供服务。[1] 英国的教育与技能部要求确保所有毕业生拥有应对快速变化的工作环境的合适技能，致力于将雇主所需要的沟通、创造性以及与他人共事等方面的技能融入高等教育课程之中。

英国在提升就业能力方面有两个重大举措：一是充分利用志愿者行动为学生提供工作经验与创建新的基础学位。英国政府支持和组织地方社区的建立和规范，并积极鼓励大学生志愿者加入地方社区中。高等教育中的积极社区基金也为学生提供志愿行动的机会，以为大学生发展技能与获得工作经验，强化大学与地方社区的联系，并为志愿部门提供高水平的技能与知识。二是英国高等教育创新基金为支持高等教育与企业之间的知识技能的交流与开发，在2007—2008年提供9000万英镑的资助，包括建立高等教育机构与企业的知识交流中心，推动创建基础学位并成为主要面向工作的高等教育资格。基础学位是新的与就业相关的高等教育资格，旨在为特定的企业或行业部门提供雇主所需要的与工作相关的知识与技能；入学资格由授予该学位的高等教育机构确定，关键在于灵活的学习方法，包括网上学习或在职学习或在大学学习等。[2]

英国赫特福德郡大学的大学生就业和创业课程项目（Employability And Entrepreneurship Employability And Entrepreneurship）是面向商学

---

[1] 杨国伟：《国外大学生就业指导及其借鉴》，《中国高教研究》2007年第1期。
[2] 梁冬梅：《国外政府促进大学生就业的主要经验及对我国政府职责定位的启示》，《长春工程学院学报》（社会科学版）2010年第11期。

院学生的特色课程项目,在大学二年级开设。其中设置的就业模块就是为了通过课程学习帮助学生进行职业规划、增强学生的就业竞争力,而创业模块则是让学生了解如何开办企业、锻炼和开发诸如发现机会、产生创意以及将创意变成现实的相关技能。在实际操作中,引入了DOTS模型:D代表决策学习,学习和应用合适的职业发展和规划的决策技能。O代表发现机会,能够识别在培训、教育、工作和创业上合适的信息源和机会源。T代表实施转变,以进行你的职业决策和实施职业规划。S代表自知,能发现和认识与自身与职业相关的兴趣、技能、偏好和目标等。在具体的制定和实施中,这四项活动的顺序依次为S - > O - > D - > T。①

牛津大学是英国大学职业服务的杰出代表。牛津大学职业服务处的设立旨在为本校学生提供平等、充分的信息与指导服务,以帮助学生进行职业决策。这些服务与指导包括:专门设立信息室,提供广泛的职业信息资源;提供所有空缺职位信息并能有效搜索;每周发送电子简报;每周编印空缺职位快讯《桥》并寄送给每一位最终使用者;保证学生获得接受过专业训练的职员的指导和信息咨询,这些职员包括12位职业顾问和4位信息职员;设计一系列的活动与交流会帮助学生进行职业选择,提供机会;与雇主共同合作为学生举办演示会。不仅如此,大学还从需求角度为雇主提供服务,让雇主免费为牛津大学学生做职位空缺广告;精通行业的职业顾问为雇主招聘提供专业建议;邀请雇主参加职业服务处组织的活动与招聘会;邀请雇主参加职业服务处举办的"招聘者"培训活动。最引人注目的是,牛津大学职业服务处不仅为现在的毕业生提供服务,而且也为所有在校学生服务,还为毕业4年之内的毕业生服务。②

4. BTEC教学模式③

BTEC(商业与技术教育委员会)源于英国,它"是一种全新的教

---

① 王乐鹏、施泉生、费敏:《英国大学生就业服务体系及对中国的启示》,《科技广场》2009年第2期。

② 杨伟国、王飞:《大营健就业:国外促进政策及对中国的借鉴》,《中国人口科学》2004年第4期。

③ 张梁平:《BTEC职业教育教学模式特色探析》,《职业时空》2008年第1期。

学模式"。BTEC 教学模式的基本理念是"以学生为中心",其真正价值在于学生的"独立思考,勇于创新,大胆质疑,积极实践",通过学生对已有知识的思考,培养其理性精神,鼓励学生与众不同的个性及能力的充分、自由表现和发展。为了让学生的个性得到充分发展,BTEC 的常规教学计划中,学生周课时一般才 15 节左右,学生有大量可自由支配的时间来读书学习、社会调查、完成课业等。教学过程中,学生是真正的"主角"。BTEC 提倡学生积极、主动参加到学习过程中来,对自己的学习负责。教师设计丰富多样的课堂学习活动鼓励学生思考、提问。BTEC 课程强调学习应与将来所从事的工作相关联。学生不仅要学习知识,获得实践技能并会运用这些技能,更要发展自己的关键能力。对学生学业评估,强调以学习的过程作为依据,考核的内容主要是学生七种关键能力。学习过程中的各类成果都是考核的参照,包括报告、论文、案例分析、产品制作实操技能、卷面考试、教学活动、课外项目、口试、录像带和录音带等。

(二) 美国大学生职业能力教育

在培养学生职业能力方面,美国重视工作中的能力和基础能力的培养,对大学生就业进行系统地指导,重视大学生创新能力和就业心理素质的培养,重视发挥发达的社区功能,帮助提升学生的职业能力。学校教育也很注重学术课程与职业课程的整合,学校本位课程与工作本位课程的整合,通过职业活动进行职业培训,中等教育课程与更高层次教育课程的整合。

1. 美国"发展式"就业指导模式

美国自 1908 年波士顿大学教授弗兰克·帕森斯提出"职业指导"(Vocational Guidance) 的概念以来,逐渐开始重视和实施在校大学生的职业指导。1919 年,美国哈佛大学开设了职业指导课,标志着职业指导成为一项专门的社会服务工作和研究课题。

美国职业指导课的主要目的是帮助大学生了解职业发展前景,提高职业兴趣和职业定向意识,提高大学生的择业技巧和技能,协调人际关系和正确处理职业生涯危机等。在发展过程中,美国高校逐渐把职业指导定位为由原来的就业安置的短暂行为扩展到整个人生的职业活动,强调大学生的自身发展，认为职业指导是帮助大学生发展和接受自我形象，在未来的工作世界中，通过满足社会需要来展示自我，求得自我的发展和完善，由原来关注的某一特定职业现状转向分析、预测、研究整个职业世界，逐渐形成了美国"发展式"就业指导模式。[①] 这种模式的就业指导理念是让学生在职业生涯中充分展示自我，形成健全的职业自我概念；具体的内容和方法是重视分析经济社会发展需求，帮助大学生进行职业定位和职业生涯设计，着重培养大学生就业心理素质，讲解相关法律章程，引导大学生创业，为大学生就业提供了良好系统的指导；就业指导队伍非常专业，具有"专业化、专家化、职业化"的特点。

美国高校提供完备的就业指导服务，就业指导机构规模一般都比较大，从场地、经费、设备、图书资料等方面都有保障，就业指导队伍配备足量的专职和兼职人员，专职人员与毕业生的比例在1∶200左右，使得每个毕业生都能得到充分的就业指导。职业指导工作的重点是推行4年职业规划项目：学生入学的第一年，中心就开始对学生进行职业教育，帮助学生接触和了解就业状况；第二年要帮助学生发现和了解自己的性格、兴趣和专长，进而帮助学生选择专业；第三年帮助学生了解雇主资料和市场需求，参加社会实践和一些招聘会，让学生直接感受就业市场；第四年辅导学生写求职信，传授求职要领和面试技巧等专门技能。这种就业指导贯穿学生的整个大学生涯，对学生形成就业观、增强择业能力和求职技巧很有帮助[②]。

2. 重视培养大学生的创业能力

美国是一个崇尚冒险和创业的国家，非常重视培养大学生的创业精神和创业能力，正逐步形成一个完整的社会体系和教育研究体系，形成了一个高校、社区、企业良性互动式发展的创业教育生态系统，有效地开发和整合了社会各类创业资源。在美国，政府机构、企业、社会团体、社会基金为大学生提供创业教育、创业信息、政策咨询、技术扶持、创业担保等全方位和多样性的服务，高校也会通过各种创业课程和创业比赛培养大学生的创业精神。有些学校甚至以专注创业领域的研究

---

① 王保义：《中美大学生就业指导模式比较研究》，《现代教育科学》2004年第1期。

② 张敏：《"三位一体"打造完美就业保障体系——美国大学生就业服务制度的启示》，《教育与职业》2009年第6期。

和教学，作为学校的策略重心及竞争优势。著名的哈佛商学院甚至将必修的"一般管理学"改为"创业精神管理学"，加州大学洛杉矶分校的创业相关课程已经高达 24 门，其他如芝加哥大学、麻省理工学院、斯坦福大学等著名大学，目前都倾力专注于此领域，以求在新经济的趋势里站稳脚跟。创业激励与创业教育的有机结合不仅可以创造更多的就业机会，而且也鼓励更多的大学生加入了创业者的行列[1]。美国高校创业课程体系形式多样、互动性强，注重实践，着重提供大学生的创业能力。商业计划大赛（Business Plan Competition，国内通常称为创业计划大赛）也是美国高校培养大学生创业精神的有效途径，包括德克萨斯大学、麻省理工学院、斯坦福大学等 20 多所名校几乎每年都举行一次这样的比赛[2]。

据有关文献统计，截止到 2005 年初，美国已有 1600 多所高等院校开设了创业学课程，并且已经形成一套比较科学完善的创业教育教学研究体系。例如，百森商学院的创业教育主要由创业教育研究中心承担，其宗旨是全力帮助学生发展"创业式的思维方式、进取心、灵活性、创造力、冒险的愿望、抽象思维能力以及视市场变化为商机的能力"，其模式是通过创新性教学计划、外延拓展计划以及学术研究来支撑创业教育、倡导创业精神。美国的创业教育是从培养学生的创新精神、冒险意识、团队合作精神入手，培养和引导学生形成发现新的市场商机，筹集创业资金、寻找合作伙伴、创立企业的能力，从而提高毕业生的竞争能力，有效解决就业。创业教育强调实践教学。教学内容多采用案例教学，教学方法采用讨论式教学，教学组织多采用学生分组结合项目进行，同时鼓励学生深入到企业中结合实践学习。如斯坦福大学就相当重视产学研合作教育，并把产学研合作教育作为一项制度加以贯彻实施。美国大学创业师资力量雄厚。老师们在对大学生开展创业教育前，都有过在高新技术企业见习或参与创业过程的亲身体验。因此，教师们有足够的智慧在教学过程中引入大量的案例分析，帮助学生从经验中学习，

---

[1] 杨伟国、王飞：《大营健就业：国外促进政策及对中国的借鉴》，《中国人口科学》2004 年第 4 期。

[2] 苏晓纯：《发达国家大学生创业精神培养体制及对我国的启示》，《湖北经济学院学报》2011 年第 11 期。

激发他们的创新与创业思维。在创业教育中,教师们和学生们一起研究探索创业过程的规律,引导学生自主学习,在观察与思考中制定出解决创业过程中的一些现实问题的方案。①

(三) 日本大学生职业能力教育

日本在提高大学生就业率方面,采取了许多措施,其中主要是强化就业指导,促进就业匹配。日本认为青年高失业率及不稳定就业的加剧与青年对工作意识的了解不充分密切相关。为此,政府支持实施在校学生的就业指导与实习政策,并在公共职业培训政策中规定,日本的公共人力资源开发机构为各类人员提供公共职业培训,对学校毕业生的培训期限通常为1—2年。日本还大力发展职业开发顾问,在其2001年的就业政策中,日本劳动省发起一项计划试图5年内在公共和私人部门创造5万个职业开发顾问,以有效地帮助求职者确定目标,改进职业技能。②

1. 重视培养学生的生存能力

2007年6月,日本部分修改了《学校教育法》,进一步确定了进入21世纪以来日本基础教育一直倡导的基本理念——培养生存能力。2008年3月,日本颁布了最新课程标准——《学习指导要领》,进一步强调培养学生"生存能力"的基本目标。日本学校教育的基本目标是培养学生的"生存能力",而学生在毕业时能否具有"社会人基本能力要素"是衡量日本学校是否为社会培养出合格人才的全新视角。③ 在20世纪50年代末,由文部省颁布训令,将"职业指导"改为"出路指导",从原来的择业指导扩展为生存方式的指导,把职前、职中和职后相统筹,确立了生涯辅导的理念。④

日本正逐渐重视大学生创业精神和创业能力的培养。日本政府是大学生创业精神培养体制中的主导力量,从20世纪90年代末开始出台了一系列政策措施鼓励大学生创业。日本高校在日本的大学生创业精神培

---

① 顾建国:《大学生创业机制建构:高校与政府的作用》,四川大学硕士论文,2007年,第12页。
② 杨伟京:《国外大学生就业指导及其借鉴》,《中国高教研究》2007年第1期。
③ 王晓君:《国外技工教育发展现状及趋势》(http://www.zhongguozhixie.com.cn)。
④ 刘炳赫:《日本高校学生就业指导理论与实践研究》,东北师范大学硕士学位论文,2007年,第10页。

养体制中充当教育者的角色,但主要以课堂讲授为主,与政府和社会的配合也不够紧密。社会各界在日本的大学生创业精神培养体制中处于辅助的地位。社会在培养大学生创业精神上的帮助主要集中于对大学生创业项目的风险投资,以及在政府的鼓励下金融机构对大学生创业融资贷款。①

2. 就业指导重视大学生职业能力的评价

日本大学生就职指导工作具有制度化、规范化的特点。日本大学会要求毕业生进行就职登录,帮助学生建立健全和规范的个人就职档案。日本许多大学都要对毕业生进行就职综合考试(Synthetic Personality Inventory, SPI),即适性检查。该考试是从美国引进的 SPI,即综合个性报表的检测方法,使之适应日本人的特点,能对学生进行基本素质、个性和能力作出较为科学的评估,具体内容分为三大部分:①个人的基础能力的评价,包括文章阅读能力;资料分析能力;空间把握能力;数学(抽象)推理能力;语言表达能力等的测定和评价。②适合的职业志向分析,包括研究工作;事务工作;艺术工作;策划工作;机械工作;户外工作;教师工作;公务工作。③个人素质和个性的剖析,适应性;慎重性;自主性;指导性;外向性;协调性;积极性等。通过这种考试检查,基本上反映了一个人的素质、个性和能力,其所长所短。②

3. 根据就业需要实施教学改革,使学生在大学期间取得专业技术资格证

经过多年的探索与实践,日本高校的就业指导工作已经成为大学教学改革、提高学生能力素质的重要途径。通过就业指导,不仅培养了学生自我选择、决定未来的能力,更培养了学生在社会中学会适应、学会自我发展的能力。日本私立大学在日本高等教育发展中具有举足轻重的地位,学校数量多,毕业生数量大,学生就业压力大,学校率先对学生开展就业指导工作。在促进学生就业的过程中,通过学生就业指导工作,不少私立大学发现学生培养过程中存在的问题,从而推动了学校教

---

① 苏晓纯:《发达国家大学生创业精神培养体制及对我国的启示》,《湖北经济学院学报》2011 年第 11 期。

② 郭石明:《日德两国大学毕业生就业机制研究》,《浙江工业大学学报》(社会科学版)2004 年第 12 期。

学内容和方法的改革和更新。例如，针对日本政府部门在招聘公务员时，竞聘公务员职位的学生必须参加专门的公务员资格考试，而考试内容会涉及一些法律知识，如宪法、民法、行政法等，还要掌握政治学、行政学、经济学方面的知识，所以，不少学校专门开设这方面的课程，供希望应聘公务员的学生选修；又如，针对日本各种专业技术资格证考试，如日本通产省的《电气技师资格证》认定考试，邮政省的《电子通信技师资格证》认定考试，以及建筑工程师、土木工程师、律师、医师、教师、中小企业诊断师、计算机程序员等由不同政府管理部门组织的技术资格证认定考试，学校尽量提供这些选修课程，使学生可根据自己的志向和今后就业的愿望选修相关课程。因此，目前日本大学的选修课程多于必修课程。一些大学还把《学生就业指导》也作为选修课程列入教学计划（一般为4个学分，1个学分15个学时）。这一方面反映了日本大学对就业指导工作的重视，另一方面也反映了就业指导工作的开展，已经对原有的教学体系和模式产生影响，推动了教学改革的深入。[①]

（四）加拿大大学生职业能力教育状况

1. 根据就业状况传递高等教育改革

加拿大强调如何通过就业指导或者职业服务的过程向大学传递教育或者课程的设计应该朝着哪个方向走的信息，其中的核心功能就是传递就业能力方面的信息。加拿大对大学的要求包括：大学应该与公共及私人部门合作，理解劳动力市场需求并将其融入大学课程规划与开发之中；大学应该在所有的学科领域持续提供高质量的课程计划以发展劳动力市场所需要的毕业生综合技能；大学应该确保市场了解毕业生的技能，既包括专业技术技能，也包括有效适应变化需求的技能；大学应该咨询产业、政府及行业委员会，以确保将准确可靠的劳动力市场信息传递给学生，从而便于学生的职业决策过程。政府的作用是政府应该提供核心资助，以使大学能继续开发所有学科领域毕业生所需要的技能组

[①] 鲍健强、佐佐木节：《日本大学学生就业指导特点的研究》，《比较教育研究》2000年增刊。

合；应该协助建立行业委员会，这些委员会提供并与大学、学生、雇主分享准确可靠的劳动力市场信息。私人部门的作用是与教育界合作确保大学能了解他们的需求；应该坚定地承诺实施技能培训与开发，特别是通过内部技能培训为员工发展提供更大支持。①

2. CBE 模式简介

CBE（Competence Based Education）指以能力为基础的教育，多应用于职业教育中，但对普通高等教育有很大的启发。CBE 模式是以满足企业需求为主，以培养学生实际能力为目的的职业能力开发模式，20 世纪 60 年代产生于美国和加拿大，并逐渐在世界范围内广为流行。该模式以从事某一具体职业所必须具备的能力为出发点来确定培养目标、设计教学内容和评估教学效果，以提供产业界和社会对培训对象履行岗位职责所需要的能力为基本原则，强调学员在学习过程中的主导地位，其核心是如何使学员具备从事某一职业所必需的实际能力。与传统的职业能力开发模式相比，CBE 模式教学目标明确，教学方式灵活，具有较强的适应性，因材施教，管理科学，评价客观。

CBE 模式一般分为分析职业能力、确定能力标准、设计职业课程、选择教学方式、能力评估五个步骤实施。第一，分析职业能力。将一个职业岗位划分成若干职责，再将每个职责划分成若干个任务，从而确定对应于各职责的综合能力和对应于各项任务的专项能力。第二，确定能力标准。依据职业能力分析的结果，确定能力标准。明确就业中所必须履行的工作职责和所必须执行的工作任务，就其所涉及的知识、技能以及这些知识、技能的应用所作的明确说明，企业人员是该项工作的主体。第三，设计职业课程。依据国家能力标准，企业家、技术专家和教育专家共同开发和设计课程模块和内容，教育专家是此项工作的主体。第四，选择教学方式。在学习成果的认可和教学方式诸方面追求灵活、开放，无论通过正式的还是非正式的学习途径所习得的能力，都能得到国家的认可。第五，能力评估。评估按照预先确定的国家能力标准来进行。与职业能力的"输入"模式和"输出"模式相对应，对职业能力的评估亦需从尽可能多的方面收集证据。例如运用观察法，观察学员履

---

① 杨伟国：《国外大学生就业指导及其借鉴》，《中国高教研究》2007 年第 1 期。

行工作职责的过程，并结合提问评估学员履行职责的技术等级和相关专业知识；通过笔试和作文，评估学员掌握知识的范围和程度，也可以评估学员的演绎能力和推理能力，还可以作为评估学员操作技能的补充；利用口试，评估学员的语言表达能力以及精确性、反应性等特定的专项能力；分析学员完成的各种专业设计作业，评估学员的实际操作技能；借助模拟，包括计算机模拟，评估学员履行某项岗位职责的综合能力和实际工作态度等。①

加拿大社区学院与企业合作开设徒工培训课程，涵盖工业、商业、卫生环保、工艺等诸多工种。一般来讲，学生90%的时间用于现场操作、在岗学习，其余时间在社区学院学习相关课程知识。普通教育与职业教育紧密结合，学生第一阶段学习若干门基础课程、母语和第二语言、体育和哲学；第二阶段根据学生的教育和职业目标确定专业课程和补充课程，保证学生都有一个普通教育和感兴趣的专业相互平衡的课程计划。

加拿大社区学院非常注重学生能力的培养，通过实施合作教育，把社区学院的课程学习与带薪的工作合二为一。学生先在社区学院进行至少两个学期的职业理论学习，之后去校外企业、工厂进行第一次为期4个月左右的有工资的工作，再回到社区学院学习一个学期的专业实践课，之后再到企业工作一个学期，如此交叉进行。教学上也采用CBE模式教学，以职业能力、技能，特别是职业岗位要求的具体特定技能为依据组织教学，使知识传授与能力培养相结合，全面提升学生就业能力。教学质量保障和评估体系较为完善，保障体系主要包括建立教学档案，评估教师的教学水准，小班授课提高教学质量，教学内容上注重培养学生的逆向思维能力、创新思维和跨学科的综合能力，充分利用多媒体手段，让学生广泛接触先进的通信手段，培养学生独立获取信息资料的能力；评估体系主要是根据社区学院的质量评估标准，由学院专门机构负责校内的质量评估事项；聘请校外专家评估，建立教学质量外部评估制度；校内课程评估，学院内的其他系参加对某一系开设的课程进行评估；用人单位、毕业生、行业学会、协会对社区学院的教学质量评

---

① 吴晓义：《"情境—达标"式职业能力开发模式研究》，东北师范大学博士论文，2006年，第46—47页。

估，等等。

（五）德国大学生职业能力教育

1. 职业能力培养贯穿学生求学生涯、职业生涯

德国是全世界最早建立大学生就业指导部门的国家，各高校对大学生就业能力的培养高度重视。贯穿于学生求学生涯、职业生涯和个人规划全过程，是德国高校大学毕业生就业指导和培训的特色。德国高校就业向招生延伸，使两者相衔接，注重为学生提供入学前的咨询服务，每年都举办面向高中毕业生的入学咨询服务活动，为广大学生提供包括学校专业设置情况介绍、专业就业前景等咨询服务。入学以后还可以根据自身实际情况来调整所学的专业或专业方向，这对学生更好地专其所长提供了一个广阔的空间，为以后的就业打下好的基础。同时在教学过程中帮助学生确定职业计划及目标。学校在培养学生过程中，注重帮助学生确定今后的职业计划和目标，这也是德国高校毕业生就业指导的特色。

德国高校把为学生提供实习位置作为一项办学过程中的重要工作来抓，他们通过与各企业联系、合作等形式，积极为在校学生提供实习的位置。这些实习的位置，大多数都是未来毕业生就业的岗位。因此，接受学生实习的公司在对学生自身的能力、团队合作精神、技术技能等方面的要求都非常严格，一般进入实习的公司后都要进行严格的业务培训，合格后才能上岗。学校每年对毕业生都进行互补性专业知识培训和综合能力培训，其主要目的是为了学生毕业后更容易适应用人单位的要求，更容易找到满意的工作，其做法主要是对某些专业的学生进行互补性很强的课程训练和综合能力的培训。如对学习生物等专业的学生强化计算机、法律和信息方面的知识培训，因为这些专业的学生在今后的工作中都要涉及这些方面的知识，而在校期间其专业是没有开设的。因此，开设互补性的专业知识培训是对学生以后就业非常有好处。同时，还加强对学生进行综合能力的培养，尤其是动手能力、实际操作能力的培养。德国很多公司都非常重视员工的动手能力和实际操作能力，而在学校培养人才时，都注重把用人单位的需要与学校培养有机结合起来，使学校与社会接轨，相互适应。随着社会对毕业生的综合能力的要求越

来越高，在德国学生毕业后参加继续培训者越来越多。①

2. 校企合作培养大学生职业能力

实习和实践在德国大学生活中具有重要的地位。德国大学学制分为基础和专业学习阶段，不论专业是否要求实习，大部分学生都会根据自己的学习安排寻找实习单位。政府和高校非常注重引导学生寻找适合自己的实习单位，企业一般都为各类学生设有不同层次的实习岗位。德国大学生除了把实习看做积累实践经验的途径之外，还把在企业里作论文作为锻炼自己解决实际问题能力、让企业发现自己的有效方法。

德国高校高度重视实践教学对学生的培养，将实践教学贯穿整个教学过程。例如：亚琛工业大学的实践教学在一个学年中有三段时间：4月初开始约半个月的工厂实习或项目研究；6月初开始为期一周的工厂参观和交流；8月中旬开始约一个月的工厂实习和项目研究。斯图加特大学机械工程专业除了课程自带的实验，还有两个专业方向的各八组实验、六个月以上的工厂实习、两个专业方向的综合课程设计以及一个完全结合实际项目的毕业设计。通过这些实践环节，学生能够很快适应毕业后的实际工作岗位。德国高校的实践教学不仅内容充实，而且教学模式很独特。例如：亚琛工业大学一般把课程教学划分为授课和练习两部分。授课主要是讲课，由教学水平较高的教师负责但重要课程必须由教授讲授，练习课一般由助教负责。课程教学不仅包括教材编写、课件和幻灯片制作，还包括练习课上各种习题和实验装置的准备，重要课程还需要安排参观，教授上课的讲稿既与教材密切相关又有所不同，教授讲授较多的是课程的重点、学生自学困难的章节、工程中比较琐碎难以用文字表达但又很重要的经验性知识，还经常贯穿一些工程项目的具体案例和教师的见解等。其中练习环节是工程中基本技能的训练，是培养学生严谨学风的具体环节，这个环节要求学生统一按照给定的模式来完成既定任务。②

在德国的大学生就业服务体系中，高校发挥了主体作用。各高校

---

① 郭石明：《日德两国大学毕业生就业机制研究》，《浙江工业大学学报》（社会科学版）2004年第12期。

② 孙新、刘铁军：《发达国家高校提高学生能力的一些经验及启示》，《河南教育》（中旬）2011年第8期。

普遍地注意到对学生就业的咨询服务,每个学校都设置了形式不同的专门机构,保证必要的人员编制和经费投入,主要运作方式是针对专业教学的缺陷和学生素质的不适应,进行系统的课程培训。学校中介系统有着特别的重要性:是其他因素必要联系的中介环节;更了解学生的素质构成,有针对性地培训;通过培训,为学生开设第二专业或称辅修专业,推动教学领域改革,增强学校对社会经济发展的适应性。学生在就业过程中更具特有的自主性,是就业服务系统面向的客体,更是就业求职的主体。学生的主体作用体现为:自主意识,没有依赖心理;适应意识,适时调整专业方向,补充知识不足;竞争意识,投身市场,竞争取胜;创造意识,重实际创造,有的走独立创业(个人公司)的道路。[①]

为了让学生在未来的就业选择过程中能够少走弯路,德国大学都有意识地通过不同形式,让学生在校期间就能了解未来职业的需求,培养和增强学生在择业和就业过程中应具备的素质和能力。德国大学都会通过不同形式向学生传达相关的信息,以帮助学生更多地了解社会对专业的需求趋势和对岗位的要求。德国大学和企业的联系非常紧密,会定期或者不定期地邀请一些企业专业人员,如人事经理、部门负责人甚至公司总裁到学校开办讲座,进行企业宣传、岗位介绍、录用人才的标准说明,等等。针对不同专业对人才素质的要求,学校也会以讲座、讨论课、实训等方式来培养学生的相关技能。如柏林技术大学为学生定期开办讲座和实训,内容既包括如何制作简历、应对面试、和企业就工资和待遇进行谈判等具体问题,也有相关专业的发展趋势等。主持讲座和实训的人员全部来自校外的企业和管理部门,如劳动局大学生就业管理部门、毕业生工作介绍公司、银行和保险公司的人事管理部门等。内容针对性强,结合实际,很实用。同时,柏林技术大学为那些毕业后有自己创业打算的学生提供体贴入微的培训和服务。学校设有专门的咨询机构,分专业和专人对学生从创业的创意到项目的形成、项目风险的预测方法,到公司建立所需要的程序等,提供细致入微的咨询和必要的培训。培训以及咨询人员全部来自提供

---

① 刘和忠:《德国大学生就业服务体系及启示》,《外国教育研究》2001年第10期。

创业服务的企业和成功创业的公司。①

3. "双元制"模式

德国双元制（Dual System）是学校和企业共同培养学生职业能力的一种办学模式，在世界范围较为著名，并引起其他国家纷纷效仿。在德国，凡完成九年义务教育的青少年，都可以选择一个企业签订"学徒训练契约"，然后以三至三年半的时间，一方面在服务的企业中，在合格师傅的指导下，接受工作岗位上的训练；另一方面依照规定（每周一天或每周8小时）到附近的"职业学校"去上课，接受相关教育。实践课在整个培训中占到60%以上。②

在传统的"双元制"模式中，学生的职业能力开发主要是通过企业培训来完成的。学生在企业和学校的时间比一般是4∶1，职业学校是不脱产的，非全日制学校，培训的依据是"企业培训安排"，培训的内容是结合企业、车间、岗位的具体情况，由用人部门或车间与培训教师共同商定的，是针对企业需要进行的。接受"双元制"职业培训的学生，一般都是在取得中学毕业证书之后选择一家企业，按照有关法律的规定同企业签订培训合同，得到一个培训位置，然后再到相关的职业学校登记取得理论学习资格。这样他就成为一个"双元制"职业能力开发模式下的学生。他具备双重身份：在学校是学生，在企业是学徒工；他有两个学习受训地点：培训企业和职业学校。

"双元制"在专业设置上以职业分析为导向，确保专业设置的适用性与相对稳定性，体现专业设置的综合性。通过职业分析，通常将一个或若干个社会职业归结为一个职业群，一个职业群对应一个专业。这样既可以清楚地了解到构成任何一种职业的主要活动内容，又能明确地分辨出支撑该职业的知识与技能；在课程设计上以职业活动为核心，建立以宽厚的专业训练为基础的综合性课程结构，对学生开展基础培训、专业培训和专长培训；在考试考核上以职业资格为标准，着重检验学生职业能力质量。

---

① 张颂:《德国大学生的就业指导和实习管理》，《河北师范大学学报》（教育科学版）2009年第12期。

② 王晓君:《国外技工教育发展现状及趋势》（http://www.zhongguozhixie.com.cn）。

（六）澳大利亚职业能力教育简介

澳大利亚国家培训部认为，关键能力是指有效地参与正在出现的工作形式和工作组织所必需的能力，是在工作情境中综合应用知识和技能的能力。关键能力包括7个方面的能力：一是搜集、分析、处理意见和信息的能力；二是表达意见和交流信息的能力；三是规划和组织活动的能力；四是在团体中与他人合作共事的能力；五是运用数学思维的能力；六是解决问题的能力；七是利用新技术的能力。

1. TAFE 模式

TAFE（Technical and Further Education）即技术与继续教育，是澳大利亚建立在终身教育框架体系基础上的特色鲜明的职业教育与培训制度，也是一种在国家培训框架体系下，以产业为推动力量，政府、行业与学校相结合的职业能力开发模式。TAFE 是在 20 世纪 80 年代经济滑坡的背景下逐渐形成的，其初衷是开发国家能力标准，并建立以能力为基础的教育培训体系。

TAFE 在课程设置上只有专业基础课和专业课，不追求学科体系的逻辑严密性，而是以职业能力为中心，按照能力单元要素来开发模块化的课程结构。TAFE 的课程开发由教育专家和行业专家共同完成，根据岗位需求将应具备的知识和应掌握的技能进行分解，并将行业标准转换成课程要求。TAFE 教学没有固定的教材，但有严格的教学要求。学生要按照课程目标，以任务、问题为先导，分析问题、查找资料、分解任务的具体要求，使学生明确需要完成的内容有哪些，等级的划分标准，对每个等级完成任务的状态有详细的说明，还附有对完成课业的建议。这种方式能有效地促进教学过程中的师生互动，有利于培养学生自主学习、自我评价的能力。[1]

2. 职业教育质量保障体系[2]

澳大利亚职业教育政策的长效性建设包括办学标准的建设、职业资格制度的建设和培训资格的建设，确保了办学过程的质量、教学实施结

---

[1] 张梁平：《BTEC 职业教育教学模式特色探析》，《职业时空》2008 年第 1 期。
[2] 吕红、石伟平：《澳大利亚职业教育质量保障体系探究》，《外国教育研究》2009 年第 1 期。

果的认证和职业教育教师的素质，有利于职业教育质量的长效性保障。（1）澳大利亚质量培训框架是职业教育办学机构把办学质量监控指标进行量化。

国家质量框架的重要意义是建立了培训机构的注册制度和办学质量评估制度，使注册标准与评估标准相融合，并且从目标上注重课程实施效果、客户中心、"不断改进"的全面质量观。该框架包括"注册培训机构的标准"、"注册/课程认证机构标准"和"注册培训机构的优秀标准"，分别对办学条件、行政质量、人才质量、课程设计、办学综合实力等方面进行量化评估，以保证职业教育质量。（2）澳大利亚国家资格框架则确保了教学实施结果的认证质量，全国通用，并覆盖基础教育、职业教育和普通高等教育三大教育系统的学历和文凭框架。

澳大利亚国家资格框架的最新方案中，澳大利亚资格框架下设有8个全国认可的职业教育学历与职业资格证书，除了职业院校学生外，任何普通中学在校学生、普通高校学生，以及在职人员、社会待岗人员、转岗人员等都可以依据自己的学习和相关工作经历，根据资格框架中的各级各类证书和文凭课程，选择适合自己的学习起点或继续学习。资格框架疏通了职教学生在职业院校间的转学制度和学分互认制度，也加强了各职业院校间的竞争意识和质量意识，确保了职业教育教学实施结果的认证质量，同时也建立了三类教育间的衔接和沟通机制。（3）澳大利亚建立了严格的职业院校教师准入制度，确保了培训资格的质量。

澳大利亚职教教师必须具备三个基本条件。第一是专业资格证书，职教教师至少达到与所教授课程同样水平的资格等级，但一般情况下职业院校的教师至少具备相当于我国专科以上层次的学历。第二是职教教师资格证书，即澳大利亚资格框架体系中的"培训与鉴定"四级资格证书。四级资格证书包括了对教师授课能力和对学生技能进行鉴定的能力要求。第三个条件是具备至少3—5年的行业工作经历。由此可见，澳大利亚职业教育对教师从业资格的要求是很高的，其一，要求经验要丰富，职业院校主要从有实践经验的专业技术人员中招聘；其二，这种高要求并不体现在学历文凭的盲目攀高上，而是针对职业教育课程的适切性而要求教师应当具备的教学能力和技能鉴定能力。

澳大利亚的职业教育质量管理采用分权式运作模式。（1）国家质量委员会是职业教育质量管理的最高机构，主要负责职业教育的质量管理，如教学内容的审批和质量培训框架的执行，包括课程培训标准的界定、学校设置、专业设置的审批把关和办学水平的评估工作。（2）国家质量委员会是国家质量委员会和职业院校之间的纽带，并代表国家教育科学培训部负责管理职业教育的办学过程，即质量培训框架的执行，包括对学校办学条件的审核、专业的申报、招生过程的规范、5年一度的办学水平评估的具体组织，以及办学质量投诉问题的答复和处理等，同时协助国家质量委员会就澳大利亚质量培训框架运行情况向教育科学培训部提出建设性意见。（3）职业院校是职业教育质量管理的主体机构。在质量培训框架的宏观政策下，职业院校都有一套与"注册培训机构的标准"相对应的质量实施细则和管理规范，这也是职业院校办学质量自评的指导性目标。职业院校一般配备有内部评估人员，负责学校内部评估，他们主要监督教学系部的课程资源是否到位，包括人才培养方案、教学材料和能力本位的技能鉴定所需的人力、物力和环境条件等是否得到合理的配置。针对每一门课还有相关的质量保障工作小组，成员来自不同的职业院校，负责审核专业教学材料和鉴定的安排。通常鉴定这一环节受到特别的重视，一般鉴定的计划和鉴定的工具都需要本专业的同行进行认定方有效。（4）行业是职业教育质量的监督和评价主体。根据2007年最新修订的"注册培训机构的标准"，职业院校必须定期进行行业对教学质量满意情况的调查，并作出实质性的持续改进。

（七）法国大学生职业能力教育状况[①]

自20世纪80年代中期起，法国的大学和中学教育均加强了方向指导，旨在帮助学生面对教育制度的多样化结构，找到适合个人发展和社会需要的学业选择及职业出路。1984年的《高等教育法》对此作出了相关规定，到了1989年，《教育方针法》第8条作出了更详细的规定："学生有权利得到关于学业、职业方向的指导与信息，这是受教育权的一个组成部分。学校和教育共同体特别是教师和指导人员应帮助学生确定其学业和职业方向，并为学生完成学业和学业结束后的就业提供方

---

① 邓宏宝：《法国大学生职业指导的回顾与展望》，《外国教育研究》2008年第1期。

便。"自1985年以来,大学的第一年作为方向指导年,教学不分专业,只分几个大的学习方向,学生可在这一年的学习过程中依靠教师的帮助确定自己的专业方向。

法国不少高校都能从对社会负责、对学生负责的高度对学生就业进行引导和帮助。高校每年都举办面向高中毕业生的入学咨询服务活动,为学生提供包括学校专业设置情况、专业就业前景、选择高校的策略与注意事项、设计自身职业生涯的程序与方法等多方面的咨询服务。在此过程中,学生完全可以自由选择学校、专业和今后所从事的职业。入学以后,还可以根据自身实际情况调整就读的专业或专业方向。法国的大学教育十分重视社会实践,学校与政府机关和企业都建立了密切联系,尽可能多地为大学生安排实习机会。对于即将毕业的大学生,多数高校安排的实习时间为6个月,有的甚至达9个多月。二年级以上的在校大学生没有进行过勤工助学或没有参加过实习的很少。为配合学生的实践、兼职等的需要,法国高校对大学生的学习时间安排也较为灵活。例如,有一种"带薪大学生",他们只要按照课程要求拿足学分,在时间允许的情况下就可以做兼职。鉴于社会人才需求质与量的动态变化以及部分毕业生所寻求到的工作岗位与其专业培养目标的错位,法国高校在学生就业前还有针对性地对学生进行互补性很强的课程训练和综合能力的培训,以缩短毕业生的职业适应期,增强其社会适应能力。

法国高校非常注重提升学生的生存能力。在法国,接收学生实习的公司对学生的自身能力、团队精神和技术技能等方面的要求非常严格,学生毕业后能否留在实习企业工作很大程度上取决于实习期间的自我发展和行为表现。因而法国的高等教育始终贯穿着这样一种理念,即学校不仅要传授知识,更要教会学生生存和自我发展的本领。注重将职业指导贯穿于学生教育的全过程,强调职业指导的主要目的不是为就业而就业,而是教会学生如何就业,提高学生的生存能力和整体素质,使之能尽快满足用人单位对人才的要求,这是目前法国高校职业指导的总体趋势。近年来,不少法国高校进一步密切了与企业的联系,建立了职业培训委员会和就业指导机构,切实加强了企业对职业培训的参与和监督。同时主动根据市场调研调整办学方向,围绕工程师、管理人员、公务员、商业人员、医生和教师等未来热门职业进行招生,在办学过程中进一步提出高等教育职业化的原则，即在高等教育的各个阶段，克服纯理论教学的倾向，重视对学生进行职业技术的教育与方向指导，提高他们的职业竞争能力。

二 发达国家大学生职业能力教育的特点和启示

（一）不同国家大学生职业能力教育的侧重不同

美国当代哲学家、逻辑学家奎因（Quine，Willard Van Orman）提出的"意义理论"认为，在理解意义和指称概念时，必须认识到我们用以表达这些概念的手段，是相对于某个语言参考框架而言的，正如我们利用坐标系规定物体的位置和运动那样[1]。的确，只有把概念放置于它的使用背景中加以界定和理解，才能比较准确地把握它的内涵和外延，"职业能力"也是如此。因为各国的国情不同，各国对职业核心能力界定不一样，侧重不一样，并由此对应地影响各国职业能力教育的实施和评估。

美国非常重视学生的创业精神和创业能力，政府、高校和企业共同为此提供了良好的环境，形成了较为完善的培养体系；德国职业教育研究所也提出了自我学习、计划能力、逻辑思维能力、解决问题能力、接受和传播信息能力等关键能力的概念[2]。德国在推行"双元制"的职业教育体系的过程中，特别强调培养关键能力，期望通过关键能力的掌握，学生能很好地适应岗位变换和技术发展。在职业教育的实施过程中，企业是技工技能培训的主体，教学内容是基于生产活动而开发的，学生职业能力的养成天然地融合了许多专业以外的能力；英国继续教育部出版的《基础技能》中规定了综合职业能力的两条原则：普通性和迁移性。普通性是指这种能力在各种各样的工作和学习情境中都是需要的，而迁移性是指在一个环境中习得的能力可以被运用于另一环境中。这两条原则一直指导着英国职业教育和培训，对英国整个教育制度产生

---

[1] 孙孔懿：《素质教育概论》，人民教育出版社2001年版，第21页。
[2] 李怀康：《职业核心能力开发报告》，《高等职业教育》，《天津职业大学学报》2007年第2期。

了深远影响；澳大利亚注重综合职业能力的研究，并提出了 7 种关键能力，在职业能力的教学和评估中，都以这 7 种关键能力为核心内容。因此，根据实际国情和经济社会发展需求，界定职业能力的概念，厘清其内涵，把握其核心，是职业能力的教育基础。职业能力概念和标准必须在政府、教育界和企业界达成共识，在各部门间形成统一的标准和规范，才能保证有力地实施职业能力教育。

（二）职业能力教育要贯穿整个大学课程设置

不少发达国家重视在高等教育中培养学生的职业能力，重视对毕业生的职业指导工作，已形成了较为完整的体系，很多高校把大学生职业能力教育贯穿于整个大学教育过程中。运作较为成熟的高校从新生一进校就开始进行职业指导，利用心理量表、调查问卷等帮助学生自我认知，了解自身专长、能力、个人品质，寻找专业兴趣、确立职业目标，进行职业规划；通过各种形式的培训课培养和提高相应的职业能力；通过讲座、模拟训练，让学生学会应聘面试的必要实践能力；通过邀请校外有关人员为学生介绍社会经济形势和职业情况，分析相关职业的性质、特点、潜力和对从业人员的要求等，让学生加强对社会和行业的了解。为强调普通高等学校对学生职业能力的培养，英国将职业指导融入大学课程设计之中，如牛津大学设立了专职的服务部门，其宗旨就是为毕业生提供平等、充分的信息与指导服务，以帮助学生进行职业决策。英国的教育与技能部要求确保所有毕业生拥有应对快速变化的工作环境的合适技能，致力于将雇主所需要的沟通、创造性以及与他人共事等方面的技能融入高等教育课程之中。在日本，对于进入大学的学生来说，每个阶段的就业指导目的很明确：对二年级学生召开面向二年级学生的就业说明会，指导学生进行自我分析，实施职业适应检测 SPI，让学生掌握就业活动的基础知识；对三年级学生召开面向三年级学生的就业说明会，教授分析自己特点的方法，指导撰写简历、作文、小论文的方法，学习社交活动中的一般礼节、报考国家公务员的说明会、对公务员考试的复习与报考做指导；对四年级学生进行体检、提供就业活动对策，开展各种模拟考试，以及进行商务礼节的指导、交流方式的指导等。

职业能力的培养和提高是一个长期实践的过程，大学生毕业后面临的就业与之前的学习过程、之后的就业与事业发展均是一个完整的整体，需要进行系统的教育与指导，缺乏任何一个环节，都会影响大学生的整体发展。在我国的教育体制中，大多数学校在基础教育阶段均没有对学生提供过职业规划方面的教育，几乎没有将就业、创业纳入自己的计划[①]。因此，从入学的职业介绍，到就业观教育，再到职业技能和就业技巧的培训指导等，应形成一个常规化、专业化的指导系统。要从学生一入学就开始引导和帮助学生规划职业生涯，在此基础上分析其职业需求能力，开展各种针对性的培训活动，把大学生职业能力教育贯穿到整个大学学业生涯中。

（三）灵活开发职业能力教育课程

发达国家在职业能力教育的改革中，正逐步把单纯的学校教育扩展到将工作与学习有机联系起来的终身教育，因此，在课程开发中，学校会根据职业培养目标和就业需求设置专业，根据就业岗位所需的工作技能组建课程模块，重视综合企业和教育双方力量开发课程、实施考核，使学生不仅掌握理论知识，也掌握适应职业要求的技能和能力。CBE 模式的核心是如何使学员具备从事某一职业所必需的实际能力，因此其分析实施中首先是分析职业能力、确定能力标准，以此设计职业课程、选择教学方式、进行能力评估，学校、企业在各阶段都会参与其中，但发挥的作用不同。例如，为保证职业能力分析工作的客观性，一般由在企业长期从事该项职业、具有丰富实践经验的管理人员和技术人员承担职业能力分析任务；在课程开发时，以教育专家为主体，同时吸收企业人士的意见。德国在发展高等职业教育过程中，充分认识到高新技术转移到职业技术教育层面是现代职业教育专业设置、课程设置的新特点，在专业设置时"围绕市场，围绕企业"，根据劳动力市场对各类人才的需求设置专业；在课程设计方面，以职业活动的行为过程为导向，将基础知识、专业知识合理地整合成一个专业技术知识体系。以较广泛的科学文化和职业理论为基础，逐步深化职业知识与技能的课程结构，将课程

---

① 赵宇红：《借鉴国外经验开展大学生职业生涯规划研究》，《哈尔滨职业技术学院学报》2010 年第 3 期。

体系的灵活性贯穿在课程开发的整个过程，对普通高等院校大学生职业能力教育的课程设置和开发很有借鉴意义。

（四）重视实习，注重校内外教育资源的整合

培养大学生综合素质的最好途径就是在实践中学习。从国外情况来看，各国政府都非常重视通过实习提高大学生职业能力，企业在其中发挥了不可替代的作用。加拿大社区学院与企业合作开设多个工种的培训课程，学生有90%的时间都用于现场操作、在岗学习；日本主管国民福利和就业问题的机构厚生劳动省在发布的劳动白皮书中，对年轻人雇用对策作了详细的说明，其中要求企业和大学等联合推进职业意识启发事业，实施与经济团体等联合的见习企业开拓事业[①]；英国很多企业积极吸收在校大学生参与项目，壳牌公司每年都会根据学生的技能、兴趣，为学生选择相匹配的工程项目，使大学生职业能力得到了切实的提高；德国大学和企业的联系也非常紧密，会定期或者不定期地邀请一些企业专业人员，如人事经理、部门负责人甚至公司总裁到学校开办讲座，进行企业宣传、岗位介绍、录用人才的标准说明，等等。针对不同专业对人才素质的要求，学校也会以讲座、讨论课、实训等方式来培养学生的相关技能。

借鉴国外经验，实习是大学生职业能力的培养的主要形式，实习制度应当是可持续又兼顾长远发展的。目前我国普通高校的专业实习大都安排在学生毕业之前，并往往因为学生找工作或考研而流于形式，在校期间的社会实践也多是和专业无关的工作。因而造成4年的专业学习，只是停留在一知半解的理论上，毕业后学生自己都不知道能干什么工作，根本无法满足社会的需要。因此学校应把实习纳入各专业的课程体系中，贯穿于整个教学计划中。要重视职业能力教育大环境的建设，要在政府政策的指导和规范下，整合校内外的物力、人力资源，重视发挥企业的作用，优势互补，共同促进学生职业能力的提高。政府、大学和企业三方合作机制也同样适用于大学生就业指导体系的完善。在这方

---

① 刘炳赫：《日本高校学生就业指导理论与实践研究》，东北师范大学硕士学位论文，2007年，第12页。

面，我们综合某些发达国家的做法，可以综合三方力量建立一个相对完整的毕业生就业指导体系。包括建立大学生就业信息系统，并与全国各地的劳动力市场信息系统联网，各高等教育机构之间也联网，构成一个完整系统；建立职业指导机构，指导学生进行有效的自我评估、职业开发以及制定工作寻找战略，为学生提供平等、充分的信息与指导服务，以帮助学生进行职业决策，让他们能够将职业规划战略融入其终生规划之中。实施全程指导，从学生入学到毕业后几年内始终进行。建立职业顾问队伍，建立职业顾问资格注册体系，强化职业顾问的培训，使之朝着职业化、专业化和专家化发展。建立职业指导课程，列入学校教育课程内容和教学计划之中，并给予学分。

（五）建立专业化、专家化、职业化的师资队伍

澳大利亚职教教师的准入制度给我们不少启示。澳大利亚职教教师必须具备取得专业资格证书和职教教师资格证书，并具备至少3—5年的行业工作经历。即使是博士学位获得者，要进入职业院校任教，也必须具备以上条件，以确保职业教育"能力为本位"的课程实施和对学生技能鉴定的质量。澳大利亚职业教育非常重视教师专业发展，从联邦政府到职业学院都有一套完善的师资培养计划、管理制度和激励机制，其发展重点不是过分突出教师的学历和职称，而是结合四级证书要求，不断鼓励教师紧跟行业技术发展的步伐，并成为终身学习者。在德国，要成为高职院校的教师并非易事，除了要经过大学学习、两年见习期以及通过两次国家考试以外，还要证明具有工作经验。因此，德国大多数职教师资都是具有企业工作经验的工程师、技术员，他们在工作若干年后通过大学职业师范专业的学习，进而成为职教师资，这就保证了德国职教师资具有很强的实践经验。"进门难，要求严，待遇高"是德国师资队伍建设的主要特点。通过激烈的竞争，德国的职教师资大都具有良好的品质，广博的知识，精湛的技能，快捷的效率。德国高职院校理论课教师最低学历为大学本科，至少有两年从事本专业实际工作的经验，经过两次国家考试合格，到学校任教还需两年试用期[1]。培养大学生职

---

[1] 杨洁：《德国高等职业教育发达原因探析》，《中国职业技术教育》2009年第8期。

业化能力的师资应是既具备深厚的理论基础,又具备精湛的职业技能的复合型队伍。从组成上看,应该以高校教师为主体,吸收企业家、精通职业技能的企业员工、职业咨询专家等共同组成。对于普通高等学校而言,必须培养"双师型"教师,建立一支理论和技能都过硬的师资队伍。要加强师资队伍的建设工作,鼓励教师深入到企业、生产一线,拓宽视野、更新知识、更新观念,提高专业技能;同时要大力引进和聘请企业技术骨干作为学校的兼职教师,充实到实训教师队伍中来。师资专业化、专家化和职业化,是时代的要求,是就业市场的呼唤,也是高等学校的必然选择。必须建立专业化、专家化、职业化的师资队伍,培养"双师型"教师,使教师既具有教师的职业素质,又具有相关行业的职业素质;不但具备坚实的基础理论和专业理论知识,熟悉高等教育规律和教学方法,还必须对专业实践有足够的了解,具有较强的实际动手能力,理论联系实际,在实践教学环节或实验教学中充分展示出高超、娴熟的技能,成为学生获取专业实践技能的表率。

(六)完善职业能力教育保障和评价体系

从国外情况来看,政府、高校和企业共同建立了就业指导和保障体系,保证学生能够获得从业能力,在职业能力评价方面,一般都是把职业能力考核和资格证书有机结合起来,将核心职业能力分解为具体的、可量化的标准。职业能力的考核注重过程性评价和发展性评价,注重证据,灵活多样。CBE 模式在尽可能多的方面收集证据。学员履行工作职责的过程、笔试和作文成绩、实际操作技能、工作态度等都是其评估内容。BTEC 课程强调学习应与将来所从事的工作相关联。学生不仅要学习知识,获得实践技能并会运用这些技能,更要发展自己的关键能力。对学生学业评估,强调以学习的过程作为依据,考核的内容主要是学生七种关键能力。学习过程中的各类成果都是考核的参照,包括报告、论文、案例分析、产品制作实操技能、卷面考试、教学活动、课外项目、口试、录像带和录音带等。必须建立和完善职业能力保障体系建设,建立国家、地方和学校三级职业教育质量评价实施方案和体系,制定可测量的国家职业教育质量评价指标体系,完善学生职业能力评价体系,保证职业能力教育有效实施。

第五章

大学生职业能力课程开发

高校职业能力课程开发在教学改革中处于核心地位,能否结合高等教育人才规格的要求,设计出课程体系,将是关系到我国高等教育能否适应市场经济和现代化建设的关键。课程改革是一项极其复杂的系统工程,只有正确认识课程开发的本质,并在此基础上结合所开发领域的培养目标、课程类型,才能开发、建立起系统有效的课程。

一 职业能力课程的基本含义

(一) 什么是课程

《说文解字》上说,"课,试也","程,品也"。如果一定要将这两个字放在一起组成词,好像也是很有意义的,大概可以解释成"课程,考核的尺度"。

实际上,在我国宋代以前的文献中,"课程"一词与教育和考试的关系都不大。唐代孔颖达在《五经正义》中为《诗经·小雅·巧言》"奕奕寝庙,君子作之"做的注疏,叫做"以教护课程,必君子监之,乃依法制之"。这里的"课程"乃是指导修建庙堂这种国家大事。而到了宋代,思想家朱熹说到"宽着期限,紧着课程","小立课程,大作工夫",大都与教育和学习有了一些关联。

对我国的现代教育而言,"课程"是舶来品,"课程"的英文是"Curriculum"。英国的实证主义哲学家、社会学家和教育家赫伯特·斯宾塞在1861年写了一本著名的书——《教育论》,首次将教学内容的系统组织称为"Curriculum"。后来，日本学者在翻译这部书时，使用"课程"这个词来表达"Curriculum"，再传至中国并沿用至今。

Curriculum 源于拉丁语"Currere"，意为"跑"；Curriculum 是名词，意为"跑道"。根据这个词源，西方普遍对课程的定义是"学习的进程"（Course of Study），简称"学程"。"跑道"是确定的，而"跑"的方式和行为则是不确定的，它强调了规则、过程和行为的统一。

从课程观的发展过程来看，现代课程观强调几个重要变化：一是强调目标和过程的统一性，重视学习过程的作用；二是强调内容和产出的统一性，重视作为产出的学习者经验和体验的作用；三是强调学习要素的整合性，从以教师和教材为中心转为以学生和需求为中心。同时，课程体系还强调学习者与社会环境的沟通性，强调学习过程中"对话"的本质作用，使得隐性课程、校外课程等各类不规则课程得到重视而正式进入学校的官方课程体系。

考察各种对课程目的的论述，我们大体可以集中地看到以下四个方面：一是发展学术性知识，养成专业性技能；二是养成积极的社会意识，强调对社会生活的参与性；三是为自我实现提供基础，突出职业生涯的成长性；四是增加就业机会，这是实现前三个目的的重要基础。

拉尔夫·泰勒是美国著名教育家、课程理论专家，被誉为"现代课程理论之父"。1949年出版的《课程与教学原理》一书是泰勒的经典著作，被誉为"现代课程理论的圣经"。他的课程理论强调教育目标的预定性、课程内容的确定性、课程组织的序列性、课程评价的等级性。

经过50多年的发展，我国现代教育体系中课程依然保持了这一传统，通过"应知"到"应会"的预定目标来发展学生的知识和技能。但是，随着控制技术和系统理论的广泛应用，传统的动手技能和操作技能正在被知识、技能和态度的整合技能所替代。因此，课程改革势在必行。

当工业化与信息化、全球化交织在一起的时候，劳动力市场越来越具有不确定性。在这种背景下，如何有效地保持学校教育与产业现场的一致性？如何有效地保持个人发展与企业和社会发展之间的一致性？课程该如何改革和发展？这是我们所要探究的问题。

（二）职业能力课程的内涵与特点

1. 职业能力课程的内涵

在知识爆炸的时代，社会发生了深刻的变化，这些变化带来了工作生活的深刻变革：（1）知识型工作大量增加，工作的完成更多地依赖个体的知识、判断能力、解决问题能力，以及对工作的积极态度；（2）技术革新造成许多工作合并，使得工作范围拓宽，同一岗位的个体相对以前来说要做更多的工作；（3）技术更新速度加快，导致工作类型和工作内容更新速度加快，岗位技能的"智能度"不断提高；（4）更多的岗位工作要依靠群体合作来完成，而不是靠个人独立工作来完成；（5）个体工作流动加快。面对现实，职业能力教育必须重新思考的问题是，职业能力教育的价值取向究竟如何定位？

近代中国职业教育的奠基人黄炎培先生曾把职业教育的终极目标确定为：使无业者有业，使有业者乐业；使人人依其个性，获得生活的供给和乐趣，实现个人的幸福，这才是高等教育的终极目的。应该说，黄炎培先生的话在今天看来仍有深刻的现实意义。高等教育使学生能适应未来工作生活以及走可持续发展之路最完美的基础是什么？社会在不断发展，科技在不断进步，职业在不断变化，如果职业能力教育只是针对眼前的职业岗位，机械性的训练人的工作技艺，这是一种狭隘的观点。因此职业能力教育是"就业导向"的教育，其任务是在个体和他未来的工作生活之间架起一座通畅的桥梁。为了达到这一目的，职业能力教育除了传授职业技能外，还应向学生传授职业世界中共同的、普遍的、核心的知识与技能，即核心技能，这种技能应被理解为能力。这种能力应视为关键能力或核心能力。在国际上各国学者对这种能力的表述虽有不同，但主要内涵都是一致的，即交流与合作能力、解决问题能力、应用技术能力、计算能力、组织能力、应用信息能力等。一个人如果具备了以上能力，就容易适应各种职业的基本要求，也容易实现职业变更和劳动转换，更有利于个人的自身发展。由此可见，核心技能又是一种"就业导向"的能力。

那么，职业能力课程又是什么呢？职业教育课程理论认为，课程是一种方案，是一个系统，是一种手段，是一个动态的活动过程。核心技能课程是设计、构建培养学生关键能力的方案、系统,是实现教育目的、课程目标的整个教育过程。最初系统地阐述核心技能课程理论的是英国人力服务委员会1983年制定的一项职业教育与培训计划——青年培训体系,它为新职业主义核心技能课程理论的发展奠定了坚实的基础。

2. 职业能力课程的特点

(1) 职业共同性

传统职业教育课程理论往往认为,职业教育必须针对具体某个岗位对个体进行训练,使个体接受职业教育后能够立即承担岗位任务,这在现实中也是很实用的。但是作为职业能力教育,仅有承担岗位任务的知识、技能是不够的,显然有它的狭隘性。其一,在世界经济一体化的今天,人才不能仅靠一元知识和技能的无限延伸,而应依靠多元知识的技能的交叉运用,这种多元知识和技能中包含了核心的知识和技能。其二,职业是在不断发展的,岗位的任务也是随着社会发展在不断提高工作的技术含量,这就需要有一种共同的基础理论、基础技能支撑。其三,个体的职业不是一生不变的,实现职业转换同样需要共同的知识、技能,核心技能课程理论强调所有学生应学习一些对未来工作生活有价值的、共同的、基本的知识的技能,目的是为个体今后的工作生活打下坚实的基础,这些课程对学生来说是共同的,因此它具有职业共同性。

(2) 技能主导性

根据职业教育特点,获得技能是职业教育成功的重要标志。核心技能课程理论同样十分注重技能知识、技能、态度三个要素中的重要作用。一个人只会动口、不会动手,态度再好也不会被认为是一个合格的职业技术人才。如在学习信息收集、处理课程时,尽管学生学习了不少关于信息收集、处理的知识,也会讲得头头是道,而且也具备了积极的工作态度,但不会操作计算机,不会上网,那么其就不具备这方面的技能。所以应把核心技能课程理论的技能理解为"完成任务与解决问题的实际能力"。

(3) 内容发展性

以前的职业课程多是着眼于某一具体的工作岗位,而核心技能课程理论在强调胜任岗位工作的同时,更强调个体的发展性、迁移能力,使个体适应不断变化的工作环境的要求;强调知识的价值不只是加强个体与工作岗位的联系,更重要的是发展个体的实际能力和可持续发展能力,为终身教育打下基础。为了实现这一目标,不仅要使个体知道怎样做,也要使个体了解为什么要这样做。这就要加强原理性知识的学习,同时还要在多组相关的工作背景中发展个体的能力和实际经验,培养独立解决实际问题的能力。

(4) 课程多样性

要培养学生的综合职业能力,核心技能课程理论认为,课程内容和形式都要具有多样性,因为多种课程形式有利于个体的能力全面发展。理论性的、实践性的、社会性的课程能激发个体的学习兴趣,提高认知能力、实现能力的迁移,培养坚强的意志品质,养成遵守劳动纪律和劳动规程的习惯,培养团结互助的精神,为培养学习者的关键能力奠定坚实的基础。

二 职业能力课程开发的基本理念

由于受不同价值理论的影响,人们在课程实践中形成了不同的课程观。从历史与现实的角度,可将其归结为学科本位、能力本位、人格本位三种基本课程观。每种课程观各有其存在的合理性,同时也各自存在局限性。如学科本位课程观通常视课程为学科或科目,课程开发的参与者主要是学科专家和教师,强调系统知识的学习,但易与学习者的现实生活相脱离,将学校作为封闭的教育系统。能力本位课程观视课程为一组行为化目标和为实现目标而有计划组织的学习活动。课程开发的参与者首先是企业界人员,其次是课程专家、学校教师。但是它过于注重"做事"而忽视"做人",使其培养出来的科技人员只是服务于某些目的的专业工人,他们并没有受到真正的教育。因此,容易导致将学生当作工具训练的倾向。人格本位课程观认为应从学习者兴趣、需要出发安排课程,把课程作为发展人的个性的基本阶段,但往往忽视知识学习与能力培养。

三种课程观各有其存在的合理性,但同时也各自存在局限性,那么我们不妨取其优点,树立多元整合的当代课程观——高校职业能力教育应树立以综合职业能力培养为本、以市场需求为导向、以学生的全面发展为目标的课程观。

（一）以综合职业能力培养为本

在高校课程开发过程中，必须坚持以培养学生的综合职业能力为出发点和归宿。目前在职业能力的内涵上存在着三种不同的看法。第一，任务能力观。这种能力观把能力视为可分解、可测量的操作技能。职业能力由若干综合能力组成，各综合能力由一系列相对独立的专项行为组成。这些行为与具体的被分解了的工作任务相联系，能力就成为一系列任务组合。加拿大的DACUM（Developing A Curriculum）课程开发模式是其典型的代表。这种能力观的目标具体明确，有利于提高培训的效率和效果，但它忽视了整体和部分之间的关系，忽视了真实职业世界工作复杂性及智力性操作的重要性。第二，整体能力观。这种能力观把能力视为普遍适用的一般素质。一般素质既是掌握具体任务技能的基础，又能够促进个体能力的迁移。这种能力观注重普遍适用性，但忽视了与特定职业岗位直接相关的职业能力。脱离工作情境来探讨和确定课程，不符合高校职业能力教育课程体系的内在发展规律。第三，整合能力观。该能力观克服了前两种能力观的缺陷，将具体工作情境和一般素养结合起来。英国学者高夫·斯坦顿构建了整合能力模型，准确地表达了整合能力的思想（见图5-1）。

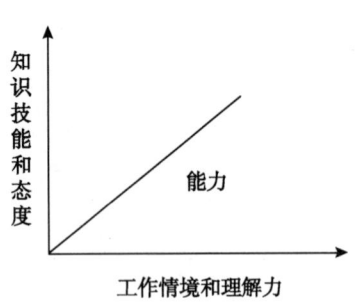

图5-1 整合能力模型图

该模型表明，职业角色从事一定岗位工作所具备的个体能力结构，由一般性的知识、技能和态度以及对具体情景的理解力等要素构成，并作为一个有机的整体综合地发挥作用，其中任何一个孤立的能力要素都难以完成职业活动。

这种整合能力观，实质上就是综合职业能力观。综合职业能力观与以前的能力观相比，有了背后的发展。（1）职业能力的概念在内涵和外延上表现较为广泛。职业能力不再局限于具体岗位的专门知识和技能的要求，而被视为多种能力品质的综合体现。根据各国对其认识与要求的不同，它通常包含了不同的内容。（2）综合职业能力观着眼于技术手段、生产模式的变动性和劳动者的流动性，要求具备收集、整理、使用信息和新技术的能力。（3）重视个人品质在职业活动中的作用，也就是人际交往与合作共事的能力和组织、规划的能力、独立解决问题和创新能力等，都作为职业能力的重要组成。（4）强调学习能力的培养，旨在为个人终身学习奠定基础。1999年4月，在韩国汉城（现称首尔）召开的第2届世界职业技术教育大会也提出同样的观点，即技术与职业教育需要为改善个人生活和提高工作转换能力提供更为广泛的准备，而不仅仅是获得某一特定岗位的知识与技能。

以学生的综合职业能力培养为本，首先必须要搞清楚综合职业能力具体包括哪些方面的内容。综合职业能力中的"能力"具有特殊的含义，是一种综合的、职业的能力，它包括两部分内容：职业专门技术能力和职业关键能力。职业专门技术能力指完成主要职业工作任务所应具备的专门技术能力，主要是运用专门技术和从事基本的职业工作的能力，包括技术要领掌握的熟练程度和一定的经验积累以及综合运用技术从事职业活动的熟练程度等。职业关键能力分为学习能力、工作能力、创新能力三个方面。学习能力包括提取信息的能力，在学习中发现问题、分析问题和归纳总结的能力，触类旁通的能力，运用各种媒体进行学习的能力，获取新知识的能力，掌握新技术、新设备、新系统的能力等。工作能力包括按工作任务要求，运用所学知识提出工作方案、完成任务的能力；适应新环境的能力；在工作中发现问题、分析问题和解决问题的能力；团队合作的能力；组织开展工作的能力；协调能力；对工作过程和产品质量的自我控制和管理以及作出工作评价的能力；安全意识、社会责任感等。创新能力包括在学习中能提出不同见解的能力，在工作中能提出多种解决问题的思路、完成任务的方案和途径等方面的能力等。

在现实中，由于一些院校对综合职业能力的理解不当造成了许多问题。一方面，有些院校片面地理解能力内涵，把能力等同于操作技能，以特定的岗位要求来开发课程，结果导致学生理论基础不扎实，培养出来的人才也只是简单的"工具人"，而不是完整的"社会人"。这显然有悖于人类教育的总目标——培养全面发展的人的要求；另一方面，有些院校过于重视普遍适用的一般素质，忽视了操作技能的培养，结果培养不出社会急需的高级应用型人才，从而脱离了高校职业能力教育的培养目标。总之，要准确把握综合职业能力的内涵，绝不能让教育课程在否定学科本位思想的同时又走向另一个狭隘能力本位观的极端。实践教学是职业教育区别于其他教育形式的一个显著特点，是培养和提高学生综合职业能力的有效途径，也是综合职业能力培养的重要环节。实践教学应突出"以教师为主导、以学生为主体、以训练为主线、以能力为目标"的教学理念。在理论教学中要以培养对知识的学习和应用的能力为核心，在实习教学中尽可能结合岗位工作的过程与要求进行技能训练和能力培养，尽可能地让学生在现实职业岗位的环境中进行训练，在这一过程中培养学生敏锐的信息意识和及时吸收科学技术和社会发展最新成果的能力，逐步培养学生的综合职业能力。

在课程开发中应重视实践课，确保实践课程有完整的计划、内容、程序及方法，把实践课程放到与理论课并驾齐驱的位置上。另外，课程开发中常常出现的难点和分歧是应把哪些理论知识列入课程，哪些是培养综合职业能力所需的理论内容和要求。很长时间，职业技术教育课程受传统的理论至上观点的影响，盲目地以学科型课程为样板，强调理论的系统性、完整性，结果是课程的理论学习内容过分地超出了培养目标的需要，削弱了"做"的培训。针对这种倾向，职业技术教育的课程改革提出学习要以必需和够用为原则。所谓必需、够用就是要以培养目标的各项能力为据，确定理论学习的内容和数量，而不是以理论的系统性、完整性为据。但是，在教学中也需要遵循理论的连续性，所以在根据某项能力确定需要学习的理论时，还需要考虑到学习内容的前提和后续学习的接口。此外，还要允许多样化，即允许对同一能力分解出的理论学习有一定幅度的差异，如可以分为必修内容和选修内容。因为毕竟把综合职业能力转换成课程是一个主观能动的过程，应允许有不同的认识，而且同一职业、同一类型人才的具体要求也是多样化的。

(二) 以人的全面发展为目标

爱因斯坦曾指出，如果没有早年的音乐教育，无论在哪一方面我都将一事无成。只用专业知识教育人是不够的，因为通过专业教育他可能成为有用的机器，但是不能成为一个和谐发展的人。任何一种教育，首先要培养的是一个和谐发展的人。联合国教科文组织第18届大会上通过的《关于职业技术教育的建设》中提出："大学水平的技术和职业教育，除了开设高级专业化的课程外……课程中应包括：使那些在科技领域负主要责任的人，树立起经常把他们的专业与更伟大的人类目标联系起来的态度……"可见，高校职业能力教育作为学生职业生涯和社会生活的开端，必须让学生在这里获得全面的、充分的发展，从而使其能在以后职业生涯和社会生活中游刃有余。在社会不重视高校职业能力教育的文化背景下和集体无意识的影响下，现行职业教育普遍缺少人文精神，在传授技能时，忽略了提高受教育者的素质，使受教育者发展呈现出"部分性"和"零碎性"，无法成为一个全面和谐发展的人。许多学校把职业能力课程的焦点都集中于核心能力培养的方面，所有课程均为获得职业技能而服务。在这样一种过于功利的影响下，高校所培养的学生或许能达到黄炎培先生所说的"有业"，却无法达到"乐业"。解决这一问题的关键在于要在课程开发时留给学生一些自由发展的空间，以增设选修课的方式给学生自我成长的自由。此外，职业能力教育学制一般较短，上课时间有限，因此，要充分发挥隐性课程在人的全面发展过程中的作用。隐性课程是著名课程学家杰克逊在其著作《班级生活》中提出的。它是指学校通过教育环境（包括物质的、文化的和社会关系结构的）有意或无意地传递给学生的非公开性的教育经验（包括学术的和非学术的）。隐性课程对于培养信念、情感、意志、行为及社会能力方面有独到的作用，它决定着一个学校的品位。学校应注重隐性课程的应用，充分运用隐性课程的显性教育价值。在课程开发过程中，学校要将隐性课程作为一门课程来对待，纳入课程建设的正常轨道。

(三) 以市场需求为导向

以市场需求为导向开发职业能力课程需遵循以下原则：

1. 市场化原则

职业能力课程的市场导向性的关键是根据掌握的人才市场的需求，实施市场开发策略。学校可以通过由学校、企业、政府部门组成的课程开发委员会具体实施。先由该行业提出人才需求的规格要求，再聘请用人单位、教育以及科研部门的有关人员，按照人才规格要求，进行能力结构分析，设计出适应能力素质培养的课程体系，满足人才市场对课程的要求。

2. 适度化原则

它主要指理论内容的适度化。高校职业能力课程在理论上相对于中等职业教育应有所加深和拓宽，但并不追求专业理论知识的完整性，而是严格按照职业岗位工作的需要去精选适合的专业理论知识。职业岗位需要什么，就教什么，需要多少，就教多少，着眼于理论在实际中的应用，突出专业理论知识的应用范围、应用范例的介绍，提高学生专业理论知识的应用能力。

3. 动态化原则

以市场需求为导向要求课程在保持相对稳定性的同时，要适时地进行变化。市场瞬息万变，课程应具备吐故纳新的特点。"吐故"是指抛弃不合时宜的课程开发思想和陈旧的课程内容；"纳新"是及时在课程中吸入新的有意义的课程开发思想和有价值的课程内容。课程设置要根据市场的需求变化，及时反映新知识、新技术、新工艺、新方法。吐故纳新意味着课程开发应遵循动态改革的原则。

目前，我国的市场反应机制还不健全、不完善，市场需求预测的手段还很落后，所以还要加强教育主管部门的宏观调控和指导。没有企业的参与，课程开发很容易与市场脱节；而没有国家的干预，课程开发就很可能会迷失方向。

三　职业能力课程开发的原则与方法

由于职业的多样性和多变性，以及职业教育办学形式的灵活性，高校职业能力课程开发比其他类型教育的课程开发工作更为繁重、更为复杂。因此，高校职业能力课程开发是一个持续不断的过程，有许多具体的步骤和环节，涉及许多因素。把这些因素联系起来的方法不同，每一阶段的重点和主要责任不同，取得效果所采用的方法以及反馈机制也不同，这就导致了课程开发方法上的不同。但由于职业核心技能是一些对未来工作生活有价值的、共同的、基本的技能，目的是为今后的工作生活打下坚实的基础，对学生来说这些技能又是共同的，故课程开发也有一些共性的基本原则。

（一）职业能力课程开发的原则

1. 课程设置的职业指向原则

职业能力是以操作技能为中心的适应社会需要的一种综合能力。具体地说，职业能力是职业角色从事一定岗位所具备的个体能力，由知识、理解力和技能等要素构成，并作为一个有机的整体发挥作用。职业能力是对现实就业环境中的职业角色的期待，这些期待被分解成职业标准的各项具体指标，是职业角色所具备的能力要素在相关活动中得以外化的行为结果，也是评判职业能力强弱的客观依据。它们之间的关系为：当职业行为结果大于或等于职业标准指标时，则表示职业能力强或具备职业能力；当职业行为结果小于职业标准指标时，则表示职业能力弱或不具备职业能力。

2. 课程决策的多方参与原则

高等教育具有社会公益性和市场商品性，课程开发与决策应有用人单位的参与，要把用人单位的需求转化为高等教育的培养目标，并在课程设计中体现出来。基于职业能力课程的开放性，这就需要充分调动与职教有关的各类人员的积极性和智慧，即吸收多方参与，由课程专家、高等院校的职教领导和教师、用人单位、企业培训机构的教师和管理人员以及教育科研部门的有关人员参加，特别是在编制职业能力分析表的过程中，争取用人单位生产第一线的从业人员的参与，他们的意见往往最具权威性，但也不能忽视在校学生和已经毕业的学生的作用。尽管在不同的课程开发阶段，各类人员的参与程度与作用是不同的，但原则上，每一个阶段都需要多方面人员的参与。在发达国家，高等职业技术院校、行业协会等共同参与制定课程计划的情况比较普遍。德国巴符州的高等职业教育机构——职业学院，其教学计划和课程设置都由学院的专业委员会制定。这种专业委员会由学校、政府和企业等多方面的代表组成。专业委员会负责制定专业培养的目标和理论课、实践课等的教学内容。我国的高等职业教育还处在探索的阶段，必须依照由来自教学第一线的教师和生产第一线的企业家，以及教育主管部门的领导联合组成的教学管理共同体——专业管理委员会，紧密联系市场，根据市场需求制定人才培养方案，才能做到课程设计的科学性，才能确保培养出优秀的高等职业技术人才。

3. 课程目标的明确性原则

无论是每门课程本身设计的目标，还是整个课程模式开发的目标，都要有明确的宗旨和指导思想，以便高瞻远瞩，全面驾驭各项工作。无论是总目标，还是分目标、子目标，都要力求具体化、行为化，有针对性，有明确的目标。总目标的表述可参照行业特点，但分目标与子目标要尽可能地强调可操作性。一切课程工作都要以目标为中心来展开，切忌脱离目标的具体要求摆花架子，搞形式主义。目标本身必须是合理的，必须是反复研究的，必须充分反映职业结构、岗位要求和学生学习实际等方面的具体需要。具体化最好的形式是数据，当代核心技能课程的开发、课程内容的取舍，需要与学生就业时需要的能力要求相匹配。

4. 课程目标的灵活性原则

任何事物都处于不断地变化发展之中，运动是绝对的，静止是相对的，没有什么东西会一成不变。如果说恒定不变的教材是没有生命力的教材，那么职业能力教育要想充满活力，就与其课程的灵活性密不可分。作为为培养目标服务的专业设置、课程开发、教材选用与编写等各个环节都会处于动态之中。管理者、课程编制者以及教育工作者要经常地按照课程实施的效果及如何更好地满足学生的需要来评价课程、修订课程，而不是为修改而修改。课程不只是特定知识体系的载体，还存在一个发展的过程；课程组织不再以学科为中心，自我封闭，画地为牢，而是不断地与其他学科相互渗透，向跨学科、综合化的方向发展；课程内容也不再是完全确定、一成不变的，而是不断地根据客观需要和新的知识、技术成果以及职业岗位要求予以调整、修正。其过程为：培养目标的确定→教材与课程活动的选择→课程结构的设计→教育实施→系统评价反馈→修改调整。随着信息时代的到来，职业能力课程的更新速度加快，所以便必须考虑到课程的弹性问题。只有课程具有对变化着的世界的灵活适应性，才能成功地促进学生成长及职业成功。增强课程灵活性的最好办法是开发校本课程。

5. *课程目标的衔接性原则*

学生的学习兴趣、需要及自我效能感，教师的教学活动和其他教育活动都影响着课程目标的实现，而教育、教学各种活动之间的先后次序以及彼此之间的衔接，也制约着课程目标的实现。职业能力教育核心技能课程开发中的衔接性主要表现在：（1）不同领域相互冲突的课程内容的衔接；（2）每学年教学活动的逻辑衔接；（3）理论课程与实践课程的相互衔接；（4）不同教育阶段（如中等职业教育和高等职业教育）之间的衔接。课程开发中的衔接性原则，决定了课程目标、课程内容及课程评价的一贯性和有效性。

6. *课程理论的精练性原则*

高校职业能力课程的理论部分既要在专业理论基础上进一步加深和拓宽，又要做到少而精。"少"要以够用为度，不追求专业理论知识的完整性，而是严格按照职业岗位工作的需要去精选适合的专业理论知识，以职业岗位需要什么、需要多少为依据，然后进行综合安排；"精"要以实为度，即着眼于理论在实际中的应用。课程内容要突出专业理论在生产实践中的效用性，重点介绍专业理论知识的应用范围、应用范例，以利于学生真正掌握专业理论知识的应用。

7. *课程结构的模块化原则*

模块化的课程结构是把教育内容编排成便于进行各种组合的单元。一个模块可以是一个知识单元，也可以是一个操作单元，还可以是一个情境模拟单元。如通过设立模拟财会室，可以让学生置身于仿真的环境中从事财务处理工作，增加真实感。同一模块既可以供一个专业使用，也可以供几个专业使用；学生既可以根据自己的需要选学不同的模块，也可以对模块进行增减。这里需要指出的是模块操作单元，即实践性环节，应放在何时进行是值得研究与探讨的问题。

8. *课程文件形式的多样化原则*

课程文件表达形式的有限性，会限制课程内容的多样性，因而不利于综合目标的实现。高校职业能力教育的课程形式绝不应该仅限于书面文字、图表和活动计划，还应包括录音、录像、多媒体、实习以及通过设计问题和完成任务来提高解决问题能力的"动态形式"。不仅如此，表达形式也不应成为课程分类的标准，每一种科目都应同时采用多种表达形式。多种表达形式的依据是：多种器官接受信息和作出反应的效果，要远远高于单一器官接收的效果；而作为职业能力教育基本依据的职业世界是一个动态的多面体，因而课程表达形式也就必然是多种多样的。

9. 课程目标的适时评价原则

高校职业能力课程目标是一个开放的系统。高校职业能力课程开发的每一步、第一环节，都应重视反馈调节，也就是要以整体的、联系的思想去观察，在充分搜集课程开发资料和广泛听取校内外意见的基础上，不断地反复检查和分析已经完成的和正在进行的工作，从而发现问题，寻求对策，提出合理有效的方案，所以适时评价是课程目标实现的必要条件。

10. 调查研究的全面化原则

高校职业能力课程开发是一个学习与创新的过程，但这种创新必须建立在科学与现实的基础上，否则开发出来的课程只能是些无用的东西，结果往往是被淘汰或造成严重的破坏。所认，全面的信息研究是必不可少的基础性工作。这种工作不仅应在特定的阶段进行，而且应贯穿于职业能力课程开发的整个过程。信息渠道应多种多样，我们不仅要做职业调查与访问、学科学习与评价、教学测验与评估，也要做教育改革、知识创新以及工程心理、工艺过程的研究，不仅要调查和学习已有的信息、理论和技术，还要不断地发现问题，面向未来开展研究。

（二）职业能力课程开发的主要方法

1. 工作任务分析的方法

工作任务分析是项目课程开发的重要基础。笔者认为，项目课程的工作任务分析采用DACUM方法（DACUM是Developing A Curriculum的缩写，其直译的意思是教学计划开发，而它的本质是一种分析和确定某种职业所需能力的方法）是比较合理的选择。开展工作任务分析要注意如下三个问题：第一，要合理地选择行业专家。工作任务分析的行业专家，要选自于所在院校面向的就业区域、与专业业务范围相对应的不同性质、类型、规模、层次的企业。第二，要由课程专家进行正确的引导。由于企业专家来自不同的企业，其工作性质和内容不尽相同，因此课程专家要鼓励他们把各种意见表达出来，然后整合不同的意见，形成专家小组认可、线索清楚、层次分明的工作任务分析表。第三，要对工作任务模块进行逐级划分。工作任务模块一般可分为一级、二级、三级模块等。工作任务模块仅仅是职业岗位工作内容的描述。一级、二级模块一般按工作内容分类，三级模块一般按工作流程划分和编排。

2. 课程体系开发的方法

课程体系开发的关键是用好工作任务分析表，也就是要立足工作任务分析表将工作任务模块转换成课程。课程设置的一般原则是：(1) 边界划分原则：以工作任务之间的区别为边界划分课程门类；(2) 课程编排原则：以工作过程的展开顺序为依据设置课程顺序；(3) 学时分配原则：以工作任务的频度和难度为依据分配课程学时。其具体环节如下：

第一步，剔除那些几乎不需要专业知识和特别训练的模块。第二步，对知识容量恰当、能独立设置课程的一级模块，直接转换成某一门课程。第三步，对知识容量过大的一级模块进行分解，形成几门课程。分解时要遵循可行性原则、相关性原则。相关性是指按照工作任务的相关性将工作任务模块分解成几门课程。第四步，对于知识容量较小的模块进行合并，形成一门课程。合并时要遵循相关性原则、同级性原则。相关性是指按照工作任务的相关性合并工作任务模块；同级性是指处于同一等级的任务模块才能合并。第五步，以工作过程的展开顺序为主要依据，并兼顾教学规律，对上述课程进行排序，从而形成课程体系。

从上可见，新的课程体系发生了根本性的变化：其一，传统的专业基础课程被整合到专业课程，学科体系的第二段已经不复存在，否定了传统的基础课程观；其二，按照工作结构构建课程体系，而不是简单地将实践课程置于理论课程之前；其三，专业课程之间是串行结构，而不是原来的并行结构，且容量不断增大；其四，新的课程设置不仅仅是课程形式如课程名称、课程门数等发生了变化，关键是教学效率明显提高了，学时数少了，课程设置与教学目标的协调趋于完善。

3. 课程内容开发的方法

（1）课程内容开发的思路

课程内容开发是立足于工作任务分析的二次开发。从工作任务分析结果可见，职业工作是以一系列工作项目的形式来呈现的。与此相适应，职业能力课程的主体也应该是一系列行动化的学习项目。同时，根据高校学生的学习基础和思维特点，课程内容编排应当采取从特殊到一般再到特殊的思路。课程内容开发的总体思路是：以工作任务分析表为基础进行二次开发；课程内容以一系列行动化的学习项目为载体；项目之下设置模块，模块是项目的细化或分解，模块是项目的有机组成部分；项目和模块均来自于职业岗位，要充分考虑它们的典型性、真实性、完整性和覆盖面；以实践知识为明线，以理论知识为暗线；实践知识以工作任务分析为依据建立相对完整的体系，理论知识围绕实践知识建立相对完整的体系。

（2）项目的内部结构

项目课程本质上是"行动化的课程"，因此，项目在结构上要以工作任务（行动化的学习任务）为中心。为了便于教学实施，一般在项目下设置若干模块。项目和模块均有明确的学习目标和具体的学习任务，然后依次是相关实践知识、相关理论知识、拓展型知识和练习。其中，相关实践知识是完成工作任务的步骤，主要包括技术规则、技术情境知识和判断性知识，主要解决"是什么"和"怎么做"的问题；相关理论知识的主要作用在于促进学生对实践知识的理解，进而促进弹性的、可迁移的职业能力的形成；拓展型知识是对模块中学习任务所涉及知识的补充。这样的课程内容结构，充分体现了"以工作过程为基础"的开发原则和"特殊——一般—特殊"的策略观。

（3）项目课程内部理论知识和实践知识的整合

项目课程理论知识与实践知识的整合是以项目为载体、以行动为过程。整合理论知识和实践知识的思路是：在动态的行动化学习过程中，工作任务是中心，实践知识是焦点，理论知识是背景，这一思路与职业岗位的工作过程相似。

理论知识与实践知识的整合是以项目为载体，具体措施为：第一，紧紧围绕项目或模块的行动化的学习任务整合理论知识和实践知识；第二，合理设置项目，使项目之间的相关理论知识围绕项目内容按照一定的方式组织结合；第三，项目设置不宜过大，以免知识量太多，导致教学组织困难，对较大项目可以分解成模块来进行教学，一个模块一般为2—4个学时；第四，不要期望一个项目或模块能够解决教学方面的全部问题，每个项目都应该有侧重点。

项目课程中理论知识的选择要围绕实践知识以"必需、够用"为原则，理论知识处在从属位置，要充分关注理论知识在各个项目和模块之间的统筹安排。

课程内容设计逻辑主线的选择。课程内容设计逻辑主线是指项目或模块设置的主要逻辑关系。为了保证项目或模块设置的系统性、覆盖面，在课程内容设计时必须明确设置项目或模块的逻辑主线，这一逻辑主线的选择不仅与专业所对应的岗位有关，与专业口径宽窄也有一定的关联。一般而言，窄口径专业以典型工作任务（如典型零件加工、典型制造、典型服务等）为逻辑主线，如数控技术专业的《数控车削技术》，其逻辑主线为典型零件加工；宽口径专业以典型技术应用为逻辑主线，如电气自动化技术专业的《单片机及应用》，其逻辑主线为单片机技术应用。

4. 教材开发的方法

教材是课程开发的主要教学文件，教材开发应当贯彻课程开发的总体思路，以课程标准为依据。由于课程内容体系发生了重大变化，因此教材的体例风格不能再沿用传统风格。项目课程教材编写体例见表5-1。

表5-1　　　　　　　　项目课程教材编写体例

课程目标及设计思路		
项目		
教学目标	终极目标	
	促成目标	
工作任务：描述要具体明确		
模块		
教学目标	终极目标	
	促成目标	

续表

课程目标及设计思路	
工作任务：描述要具体明确	
相关实践知识	
相关理论知识	问题 1
	问题 2
拓展型知识	
练习（主要是围绕工作任务的练习）	
评价内容和方法	

该教材体例中，首先，确定课程目标，并且将课程目标分解成项目目标和模块目标，项目目标和模块目标又分解为终极目标和促成目标；其次，在每个模块中设置具体的工作任务，以工作任务为中心，整合相关实践知识和相关理论知识，安排拓展型知识。

同时，为了保证教材质量，要选择既有丰富的实践经验又有丰富的教学和课程开发经验的骨干教师任教材主编，完成初稿编写工作，并邀请行业专家、教学专家对教材进行审稿。通过校企共同开发的方式，确保教材的内容、体系和方法能够彰显项目课程的特点。

四 职业能力课程的开发流程

在经济全球化的冲击下，国际间市场竞争日益激烈，未来劳动者需要具备什么样的技能，已成为关系到能否在这场竞争中取胜的一个重要因素。1998年劳动和社会保障部在一项《国家技能振兴战略》的研究课题中，也提出了开发核心技能体系的目标，并已开始着手开发一个适应中国国情的核心技能体系。首先，在《国家技能振兴战略》研究课题中，首次把人的能力按职业分类规律分成了三个层次，即职业的特定技能、行业的通用技能以及为就业服务的核心技能。其次，根据《国家技能振兴战略》提出的方向，结合世界各国的先进经验以及中国的具体国情，确定了中国核心技能体系的八个模块，即与人交流、数字运用、信息处理、与人合作、解决问题、自我提高、外语应用和创新。它不仅为核心技能体系的开发确定了一个重要原则：以职业活动为导向、以职业技能为依据，也为核心技能体系的开发确定了一个重要目标：为就业服务、为企业发展服务、为劳动者终身教育服务。此外，现在的人力资源和社会保障部职业技能鉴定中心已组织、制定并开发了创新能力、与人交流等模块的标准和教材，并在部分省市开展了试点培训和考核，初步确立了核心技能体系的技术框架。

课程开发是一项复杂的系统工程，为了确保课程开发目标的达成，必须有一个完整的开发程序。

（一）课程分析

课程分析是课程开发的前期工作。职业能力教育课程分析指为开发新课程而搜集各种资料，进行系统的分析评估，从而规划专业设置并获得课程设计编制根据的工作过程。课程分析包括社会需求分析、职业分析和教学分析三个方面。

社会需求分析包括人才市场分析和国家政策、科技发展、社会文化和学生个体几大方面，其中最主要的是人才市场分析。人才市场分析是在对劳动力市场对哪些职业需求旺盛及劳动力市场对某种职业从业人员的需求量减少两方面分析的基础上，为是否设置专业、是否进行课程开发提供依据。职业分析是专业性很强的调研过程，是将宏观职业结构调查深入到社会某一职业的微观世界中。除了详细分析出相应职业能力所需要的知识、技能与态度外，职业分析还应对社会能力、个人素养进行分析。另外，高校职业能力教育是职业教育与学历教育相结合的教育形式，所以职业分析除了分析当前的就业情况，还需要分析未来几年的职业环境。教学分析是将职业分析得出的职业需求同课程联系起来的分析，主要包括对课程实施的相关人、财及物的分析。

国际上课程分析中的职业分析一般由职业分析专家和来自生产岗位一线的代表、优秀从业人员组成专门小组，通过实地考察、现场访问来完成。在与相关的行业和企业合作进行课程开发这方面，我国职业能力教育在认识与行动上存在着差距。因为现在课程开发主要还是由学校来完成，所以在职业分析时往往依靠几名专业教师去实施所谓的职业分析，很难跳出原有的思维定式和既定圈子，难以保证职业分析的准确性。

其实，无论是对目前的还是将来的职业岗位状况的了解，最熟悉的都不是学校，而是企业人士。所以必须改变教育系统内部独自进行职业分析的状况，加强与企业的联系，特别是将生产、管理、服务第一线的专业技术人员请到课程开发系统中来。这些人员多年来一直在第一线工作，对科技变化，以及具体的工作环境对岗位人员知识、能力、态度的要求最清楚，他们在职业分析方面最有发言权，能很好地解决现有课程脱离实际的弊病。目前，我国一些开设五年高职班的学校采取通过行业主管部门、企业一线的专家组成的顾问委员会来实施职业分析的做法值得在实践中大力推广。

（二）确定课程目标

确定课程目标在整个课程开发过程中具有非常重要的意义，因为它制约着此后课程开发的各个环节，也就是说，对此后的课程内容确定、教材编写、方法选择、课程实施以及课程评价都具有导向性的作用。

课程分析为确定课程目标奠定了基础，诚如泰勒所说，培训需求是课程目标的来源。关于课程目标的确定，目前在世界范围内的讨论已经有许多，并围绕如何具体制定课程目标形成了不少专门的研究成果。如加拿大学者蒂奥纳提出了需求转化为课题目标的学说与方法，以及课程目标的分层学说与方法；布鲁姆提出了著名的目标分类学说和方法等。这些学说和方法在很大程度上都可以与高校职业能力教育结合，来确定课程目标的实际需要并加以运用。

课程目标的实质内容主要是由社会政治、经济、哲学思想、办学宗旨及心理学原理决定的。在此，我们结合当前我国高校职业能力课程开发的时代背景，在制定课程目标过程中要从整体上综合把握好以下几个关键问题。

1. 课程目标要具有针对性

职业能力教育具有职业定性的特征。这种职业定性不仅要求毕业生具备职业岗位所需要的技术、知识和实践能力，而且要具备相应的职业道德、职业意识、职业情感、职业态度等非智力因素。职业能力课程目标具有针对性的特征，表现为其培养目标是在生产或社会工作第一线从事操作、服务或管理的高技能、应用型人才。

2. 课程目标要体现课程内容的综合性

在全球经济技术一体化趋势越来越明显、速度越来越快的今天，科学技术也向着高度综合的方向发展，对毕业生来说只精通一门专业知识已远远不能适应现代经济、技术的发展和国际交流需要。因此，在对学生进行专业知识和技能训练的同时，还要拓宽和完善其知识结构，不断提高其创造能力和职业能力，让学生及时、自觉地了解国内外科学技术发展的趋势，不仅要熟悉本专业、本学科的新知识，更要注意相关学科的新理论、新信息、新技术和新方法等，以提高解决实际问题的技能和创造能力。故在确定课程目标的过程中，须注意体现课程内容的综合性，只有这样的课程目标才能满足培养复合型高技能人才的需要。

3. 课程目标要包含新精神和创新能力的培养

创新是一个民族进步的灵魂。现代经济的竞争实际上是知识创新和技术创新的竞争，从根本上说是创新人才的竞争。科技经济的大发展，人才是最关键、最根本的因素。随着经济发展的日趋激烈，社会对人才，尤其是对创新人才的需求巨大。在激烈的竞争中，谁有高素质的人力资源，谁就拥有持续创新的能力，那么谁就具备发展知识经济的巨大潜力。这样就要求高校要注重和加强创新意识和创新能力的培养，在课程的设置与开发上要注意培养学生的三种素质：（1）强烈的创新意识，包括创新的意向、兴趣和积极性，正确的创新方向等；（2）出众的创造才能，即能产生新设想的创造性思维能力和能制作新产品的创造性实践能力的总和；（3）优良的创造性心理品质，主要包括事业心、进取心、自信心、坚韧不拔的毅力、独立自主的心理等。

4. 课程目标要注重培养能够理论联系实际的人才

职业能力教育在一定意义上就是就业教育，因此，学生学习的取向正趋于务实。通过理论联系实际，让学生能够解决现实问题，得到心理满足，从而体现出学习的价值。根据这一特点，在设计课程之前，课程开发人员就必须进行调查研究，深入一线获得社会需求的第一手资料，研究社会对人才需求的类型和数量等，从而制定出科学的课程目标，使培养出的人才能够符合社会的需要。

（三）课程内容

课程内容是实现课程目标的手段，是课程目标的具体化，它需要转化为包括具体的知识、技能和态度的项目。职业能力课程主要包括两大类，即普通文化课程和专业课程。下面分别对这两类课程的内容开发进行论述。

1. 普通文化课程的内容开发

高校职业能力教育肩负着以培养"职业人"和"社会人"为一体的完整性人才的重担，它要为学生的职业发展与人格发展做双重准备，要积极引导学生发展自身的整体能力和素质，要处理好文化素质教育与专业能力培养之间的关系。这就体现了普通文化课程开发的重要性。

普通文化课程承担着双重功能，即对人一般发展的功能和为专业服务的功能。一方面，普通文化课有利于学生接受职业技术教育内容之外的其他人类优秀文化成果，使他们进一步思考社会和人生，确立理想和责任，树立正确的世界观、人生观和价值观；有利于学生更好地吸取当代最先进的科学思想、理论精髓，从而拓宽视野，提高观察问题和分析问题的能力；有利于学生锻炼自身的辩证思维、形象思维的能力，从而成为具有创新能力的优秀人才；有利于学生接受高雅艺术的熏陶，从而具有高尚的情操、丰富的情感、健全的人格和与时俱进、昂扬向上的精神风貌。另一方面，普通文化课能够为学生学习专业知识和掌握职业技能打好基础，为学生接受继续教育和转换职业提供必要的条件。这两种功能之间是统一的，我们很难想象一个没有较高科学文化素养的人，会有很高的业务水平和较强的发展后劲。但是，有的学者认为两种功能存在矛盾的一面，如果强化了普通文化课对人一般发展的功能，就可能削弱为专业服务的功能，反之亦然。这在现实的高校职业能力课程体系中确实存在，其原因是我们没有正确地认识普通文化课程的这两种功能以及它们之间的关系，导致主次不分，结果使两种功能都没有充分发挥出来。

应该说普通文化课程的两种功能是统一的，只是要分清主次，以培养学生的一般能力和全面提高学生的科学文化素质为主。从广义上讲，学生有了扎实的文化基础，其体现出来的能力和素质更有利于专业的学习，这是一种更深层次的为专业服务。一方面，随着职业教育的高移化趋势的加强和终身教育观念的深入人心，加强高等教育中文化基础教学的要求被提上日程；另一方面，我们又不得不面对这样一个令人堪忧的事实：高校学生的人文素质现状不容乐观。根据一些学者对高校学生人文素质现状的专题调研的资料显示，高校学生在政治、经济、哲学、文学、历史、地理、艺术、法律等方面的一些基本知识的理解和掌握上不尽如人意，整体上来说人文素质普遍不高，现状不容乐观。究其原因，职业能力教育在具体的教学过程中强化了专业教学和实践训练，教学改革和教学建设的注意力一直集中在专业主干课程方面，而关系到学生全面发展的人文素质问题一时还来不及摆到议事日程上来。在强调加强专业技能训练的同时，忽略了基础文化教学、文化理论和基本素养的提高。其具体表现在：（1）在课程体系中的教育内容安排上，主要是围绕以培养高等技术应用型专门人才为目标，以专业为中心设置课程，文化基础课程偏少，其中人文素质教育尤其不受重视；（2）按照职业教育自身的要求开发职业教育中的普通文化课程内容应遵循三个基本原则：第一，浅显性原则。知识内容不宜偏深、偏难。许多知识只需要学生了解，不必深究其学理渊源。第二，广泛性原则。它要求要尽力突破原先语文、数学、外语、政治这种课程框架，重视生涯教育、心理教育、人际沟通、环境教育、两性教育、各地文化教育等内容。第三，生活性原则。它要求密切联系学生生活来开发普通文化课程内容。

2. 专业课程内容的开发

华东师大职教所石伟平教授在对高等职业教育课程进行国际比较后选取三个维度作为比较分析的框架：课程与工作的匹配程度、课程的理论深度以及理论与实践的整合程度。所谓课程与工作的匹配程度，即职业能力教育课程内容与所对应的工作要求之间达成的吻合度；课程的理论深度，即理论课程在内容上是偏向基础理论还是应用理论；理论与实践的整合度，即高职课程中理论课与实践课之间相互支持、相互促进、相互融合的程度。专业课程内容的开发是一项很复杂的工作，所以在专业课程内容的开发过程中，始终要牢牢地把握好这三个维度。

第一，把握好课程内容与职业的匹配程度。首先，职业能力教育以就业为导向，具有鲜明的职业性特点，其课程内容的确定必须面向市场与行业的需求，把握好与职业的匹配程度。相对于普通高等教育的专业课程内容而言，职业能力教育的课程内容具有更大的可变性和开放性，更容易受到市场变化的影响。这就决定了职业能力教育必须根据地方经济发展和职业岗位变化来开发专业课程的内容，紧跟社会经济发展、市场需求的步伐及时进行调整。其次，职业能力课程内容的开发应以在职业分析基础上确定的职业能力体系为基础。每一种职业都有自身的职业标准和能力要求，而综合职业能力中的能力则具有职业特性，要求职业能力教育要依据所面向的职业标准和能力进行专业课程内容的开发，把职业标准和能力要求转化成课程目标，然后再转化为具体的课程内容。职业能力体系包括从业所需要的技能、知识、态度等，不但有职业的专门技术能力，还要有更重要的关键能力。它要求学生既具备从业能力，又能不断地完善人格品质，既有迅速上岗的能力，又有面向职业生涯的可持续发展能力。需要强调的是，为了保证职业能力体系符合客观实际，进行职业分析要紧紧依靠长期在企业生产一线工作的、具有丰富实践经验的优秀管理人员和技术人员，而不能仅仅靠学校领导、教师脱离实际的主观的判断分析。

  第二，把握好课程内容的理论深度。虽然职业能力课程强调实践性，但它不是纯粹的技能本位，也讲求课程的理论性，需要专业理论为职业能力的培养提供必要的理论支撑。技术型人才的实践能力是建立在必备理论基础上的。试想，一个不懂得数控原理和相关的机械、电气、传感器等理论知识的技术人员，怎么能够得心应手地进行数控设备的编程、调试、维护等实践工作呢？况且，在当前，随着技术向深度化、综合化的发展，技术型人才应有的理论方法也要不断提升。因此，这一需求应该在职业能力的课程内容上得到充分反映。当然，这里所讲的专业理论是技术型人才必备的，是形成技术应用能力所必需的，它不同于普通高等教育的专业理论，而是要做到少而精。职业能力所要求的专业理论是根据专业需要精选出来的基础理论，具有极强的针对性和适应性，同时作为学习和发展相近专业的基础，专业理论还要有足够的稳定性和发展性。首先，专业理论是为培养职业能力服务的，理论知识以够用、实用为原则。所谓以够用为度，就是说专业理论的广度和深度取决于职业岗位工作的需要，而不是追求学科自身内容的系统完整。所谓以实用为度，就是说要着眼于理论在实际中的应用，重点介绍专业理论知识的应用范围、实用范例，突出知识形态的技术应用。职业能力教育是在做到理论知识够用和实用的同时，还必须体现高职作为高等教育的"高等性"，所以必须在中等职业教育专业理论基础上进一步加深和拓宽。不能一味地加强专业课程的经验性、针对性，而是应该以理论技术为主，把经验技术和理论技术结合起来。同时，还应介绍相关的新技术、新设备和科技发展的趋势等，使学生能够适应未来技术发展的需要。总之，高校在专业课程内容的开发过程中，要根据各自办学特色的需要，适当增减有关专业基础知识的教学课程和内容，把握好理论深度这一关。

第三，把握好课程内容中理论与实践的整合。职业活动作为一种实践活动，除了需要客观知识外，还需要大量的具有个人性质的经验知识，即默会知识。按照激进建构主义的观点，经验是极其重要的，是知识建构的首选催化剂，真实的经验有利于知识的建构。真实的经验自然来源于真实的情境体验。因此，我们一方面要认识到理论知识在完成职业活动过程中是不可或缺的，必须把理论知识纳入到职业活动过程中去；另一方面，我们要为学生掌握实践经验提供环境，使教学尽可能在真实的职业环境中进行。德国的职业能力教育课程的研究表明，"双元制"中"具体课程内容的安排则避免采用传统教学中单纯由物理和数学公式推导出结论的程序，而是使专业课与实践课程互相匹配、协调"。

（四）课程实施

课程实施是课程开发系统中实质性的阶段，再好的课程设计得不到实施也是没有任何意义的。

影响课程实施的因素有很多，有教育系统内部的，也有教育系统外部的。各影响因素并不是单独发生作用，它们相互之间也发生着复杂的作用。在这众多的影响因素中，最为关键的因素有教师、学生、教材及实习基地。

1. 教师

教师是课程实施过程中最主要的因素。教师对课程方案的态度及能力，直接决定课程方案的实施效果。可以这么说，再好的职业能力课程方案，如果没有具备一定能力的教师的合作和努力，也不会达到预期的效果。

提升教师对课程方案的热情最好的途径是让教师参与课程开发的全过程。教师在课程实施的过程中并不是被动的传达者，而是一个主动的决策者；教师的职责也不仅仅只是把预定的课程按部就班地传授给学生，而是要对课程有关的问题随时作出判断并进行相应的调整。不论是理论课还是实践课，教师在实施过程当中，都具有双层职责。一方面，教师要努力改进教学方式。教师要通过灵活多样的教学方式，让学生成为主动的学习者和创造者，要鼓励、引导学生与自己一道发挥主动性，根据各自的兴趣、感悟来参与和理解课程；另一方面，教师要培养与提高实施课程所必备的素养。一是学习的素养，课程发展的过程也是教师自己不断提高和发展的过程。提高和发展的重要途径就是学习。教师不但要不断提高自己的专业知识和学科能力，还要努力学习课程理论知识。二是合作的素养，包括与课程专家、企业人士、校长、其他教师、学生及学生家长等多方面的合作。

另外，鉴于高校职业能力教育的特殊性，为了更好地实施课程方案，高等院校的专业教师必须朝"双师型"方向发展。我国目前从事职业能力教育的师资队伍现状非常不理想，主要表现在学历层次偏低（有相当一部分教师仍是本科或大专学历）、专业知识和实践经验缺乏、兼职教师少三个方面。解决这三个问题主要应从加快高校师资的在职培训、加强产学合作及加大兼职教师建设步伐入手。实现职业能力教育师资队伍的"双师型"和专业化，是保证职业能力教育质量及完善课程体系必须首先花大力气攻克的问题。

2. 学生

学生是课程实施过程的核心。学生在课程实施过程中并不是被动的接受者，而是主动的学习者。学生作为教学活动的另一主体，他们的兴趣、态度、需要、参与程度，都会影响课程实施过程。

在课程实施过程当中，教师要充分调动学生的主动性、积极性，紧密结合学生的学习心理特点展开教学。另外，教学内容的难易程度要与学生的智力水平相当，易于学生的理解与掌握，切实做到理论联系实际，使所学即为所用，体现出学习的价值。

3. 教材

教材是体现一定教育理论思想的载体，也是知识、技能的载体，它是课程实施活动的重要依据和实现人才培养目标的关键因素。在我国，课程实施的现实效果与预期效果存在巨大差距的一个重要原因在于没有具有职业能力教育特色的教材。一直以来，职业能力教育的教材基本上是沿用本科或专科的传统教材，或是传统教材的压缩。因此，编写一大批符合实际需要的教材是确保课程实施顺畅进行的基础。

教材建设过程中应遵循针对性、企业需求导向、动态性及学生中心等原则。其中最重要的是动态生原则。美国未来学家托夫勒预测：今天出生的小孩到大学毕业时，世界上的知识总量将增加4倍；当这些小孩50岁时，知识总量将是他出生时的32倍。在这样一个日新月异的社会中，职业能力教育的教材必须适时地删减过时、落后的内容，及时引进最先进的生产技术、科学的生产方法等，从而实现课程所传递的知识和技能的"鲜活性"。在这方面我们可以借鉴国外的成功经验。例如美国教材建设的方法，教材由出版商根据市场的变化，及时组织编写。以计算机专业教材为例，其使用期限的间隔时间最长不超过3个月。

"双证并重"是世界范围内职业能力教育发展的一个大趋势，因此，在教材建设过程中，可以将教材与职业资格证书联系在一起。职业资格证书是反映劳动者具备某种职业所需的特定技能、专门知识和相关经验的证明，与学历证书相比，职业资格证书更直接、准确地反映了职业的实际工作标准和操作规范，体现了劳动者从事该职业所达到的实际能力水平。获得相应的职业资格证书是学生进入职业世界的教育资本，是从事相关职业的敲门砖。因此，行业所制定的职业资格证书的考核标准应该成为教材编写的一个重要依据。

4. 实习基地

实习基地是高校职业能力课程得以实施的必备条件，是实践教学过程中必不可少的组成部分。学生进入实习基地实习不同于从事一般的实践活动，它是走向社会，进入企业从事相关职业岗位的实战演习，是学生获取实践能力的最有效场所。

实习基地可分为校内实习基地和校外实习基地两大类。校内实习基地主要是以模仿实际工作环节和真实情境而建立起来的仿真职业场，是学生通过亲手操作把在专业课程中所学的基本技能在校内得以巩固和锻炼的主要场所。校内实习基地对学生初步地了解、掌握职业相关素养和能力要求有重要的作用。诚如查尔期·赫梅尔提到的，教育的前途更多的取决于外部条件而不是教育系统的内部因素。然而校内实习基地毕竟是仿真虚拟的，它不利于学生对企业文化、规章制度的了解，难于感受企业真实的工作氛围。在学生实践技能的过程中，发挥最重要作用的还是校外实习基地。校外实习基地主要可通过产学结合的方式建成。

考虑到我国职业能力教育资源有限和企业参与职业能力教育的良性机制尚未形成，解决现行高等院校实习基地问题的一个有效方法是政府出面在全国集中力量建设一批实用的实习基地。政府应采取措施在中心城市和高等院校集中的地区，分类创建综合开放式实习基地，成为地区共享的教学资源。

5. 课程评价

课程评价是教育评价的主要组成部分，是对课程的教学基本条件建设、教学环节、教学水平和教学内容、教学方法、教学效果等方面作出的价值判断，其目的在于对课程体系进行不断的建设和完善。课程评价是关系到课程开发体系正常运作的一个重要组成部分，在课程体系改革中起着导向和质量监督的关键作用。通过课程评价活动，可以判断课程设计与实施对教育系统所产生的实际效果和价值，可以为矫正课程开发活动中的各种偏差提供有效信息。学术界对课程评价的解释有很多，其中比较典型的有：泰勒提出的，课程评价是决定学生行为改变以达到何种程度的过程；都尔提出的，课程评价是一种持久而广泛的努力，以使探索按照明确目标所使用的教学内容和教学过程的效果；克农巴赫提出的，课程评价是收集、应用信息来作出有关的课程决策；斯塔弗尔比姆提出的，课程评价是描述、获得、提供、运用信息的过程，以便形成不同的决策。从众多的课程评价定义中不难看出，课程评价的含义是广泛的，课程评价对象是多元的，课程评价过程是动态的。

（1）课程评价的过程

职业能力的课程评价由于对象不同，评价的目的要求也不同，所以每次课程评价的具体工作都存在一些差异。但从总体来看，它是一个客观的、循序渐进的、连续的过程，主要包括以下几个步骤：

第一步是提出问题。这是课程评价工作的第一步，它让有关的评价人员明确了评价的目的与具体要求，即为什么要进行评价，通过评价可以解决什么问题等。这也是课程评价的关键性工作，它直接制约着评价方案的制定、评价过程的组织实施。评价目的又有根本目的与具体目的之分，其中根据实际需要确定的具体的评价目的，将成为后续评价工作的依据与指导。

第二步是准备阶段，这是课程评价的基础性工作。它主要包括两个方面的准备：一是组织准备。组建一个评价小组，明确评价小组的主要组织者和参加人员，并对评价人员进行培训。职业能力课程评价的参加人员的构成不仅会影响评价的科学性，也会影响评价结果的利用与认可。如果只有课程研究人员的参与，没有社会用人单位的参与，就难以确立学校的社会地位，因此人员的选择必须要慎重。二是方案准备。它主要有：（1）制定一个周密的课程评价计划，包括内容范围的确定、评价对象的确定、评价类型与性质的确定等；（2）设计评价方法，即确定评价工作的具体方法，如设计评价指标体系，确定信息资源、信息资料的收集方法和资料分析处理的技术手段等；（3）安排评价时机，即根据课程安排有学期、有实习周期的特点，安排好评价的时间进度；（4）预算经费，对有限的经费作出合理的安排，以免因为经费不足而降低评价准确程度，影响评价结果的科学性与实用性。

第三步是实施阶段，这是课程评价实质性工作阶段。它包括三个方面：一是资料收集。为了有效地进行评价，评价者必须获得足够的、客观的、真实有用的资料。目前常用的方法有观察法、调查法、个案研究法与测验法等。参加资料收集的有行业的技术专家、教育家、职业教育的教师、学生与家长等。二是资料的分析处理。获得资料以后，就要对原始资料进行综合的统计处理与因素分析，为得出有价值的结论与观点提供依据。三是编制评价报告。评价者将分析研究的成果汇总，提出评价结论与建议，并交给有关部门或人员。

第四步是评价结果的处理与利用。报告的完成并不意味着评价过程的真正结束，只有对评价结果进行有效的利用，才是真正地达到了目的与要求。虽然对评价结果的利用与推广应用，评价者并无决策权，但也不是完全无能为力，他们可以作出翔实的评价结果，从而提高评价结果的利用程度。评价结果必须注意反映评价过程中有价值的信息资料而不是简单的评述，评价结果报告的撰写要根据实际情况，使用大众化的语言而不是专业的术语。同时对评价结果要进行及时的反馈，让被评价者都了解结果，以利于他们进行总结与改正，收到真正的效果。

（2）课程评价的原则

①及时性原则

职业能力教育课程开发系统是一个动态开放的系统，它同社会保持着紧密的联系，社会任何一方面的变化，特别是对人才要求的变化，都会对职业能力课程开发系统发生作用并要求其作出相应的调整，而调整的依据就是课程评价所产生的反馈信息。循环的评价与及时的反馈，是课程开发系统不断优化的重要手段。

②科学性原则

职业能力课程的评价标准和指标体系应科学地反映其课程开发的客观规律和发展规律。职业能力课程中包含基础课、专业课，相关的课程实施方式有课堂教学、作业、实验、实习和课程设计、毕业设计等，所有这些都包含在课程评价的指标体系内，我们应根据其课程特点和相关因素的重要程度，正确安排各指标的权数，构建一个科学的、综合的评价指标体系。另外，由于职业能力教育涵盖整个技术领域，不同专业的相关课程的特点差异很大，在评价时，要考虑到各类课程的特点及作用，从共性的角度进行宏观评价，从个性的角度进行微观评价，使课程评价系统能满足不同特点的评估要求。在评价活动中应坚持评价方法的科学性，遵循科学的教育理论和统计方法。

③广泛性原则

社会需要是职业能力教育存在和发展的基石，是职业能力课程评价的最高标准。职业能力课程能否实现预定的目标，除了用学生的学业成绩来衡量外，更重要的是应以社会对高等学校毕业生的认可度为衡量的标准。因此，职业能力课程评价就应该走出学校的樊篱，同社会保持紧密的联系，从而获得最可靠的反馈信息，使课程与社会需求更有效的结合在一起。

④全面性原则

课程评价应贯穿于课程开发系统的全过程。整个课程评价包括对课程方案满足课程目标的情况及采用该方案所带来的结果进行的课程设计评价，以及对课程实施过程和结果展开评价的课程实施评价。除了评价对象要全面外，课程评价方法也应全面。

附　录

（一）大学生专业技能与岗位对接课程的开发

大学学科课程有严密的知识体系，是开展大学生岗位对接培训的起点和基础。开展岗位对接培训课程开发，首先要确定对接岗位。确定的岗位应该同时满足四个条件：一是要与大学生专业密切，因为学生已有的专业知识和技能是开展岗位对接培训的基础；二是确定的岗位是社会急需的岗位，这样既能满足社会需要又能够有效提高毕业生就业率；三是确定的岗位是毕业生期望的岗位，这样才能充分调动大学生参加培训的积极性；四是学校办学资源许可，能够满足岗位培训教学和技能训练的需要。

开发课程主要有三种途径，分别是：根据岗位开发课程、根据专业核心技能开发课程、根据岗位＋专业技能开发课程。

1. 根据岗位开发课程

这种课程开发是以岗位技能要求为中心，结合专业特点进行课程设计。其流程如图5-2。

以生物专业为例，说明课程开发中核心技能和核心技能点的设置情况，见表5-2。

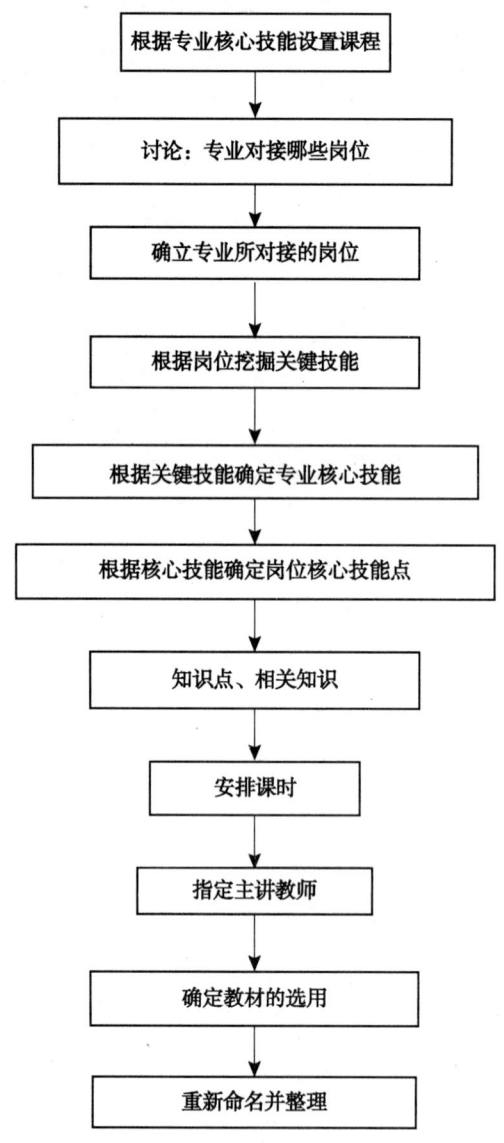

图 5-2 岗位开发课程流程图

表 5-2　　　　　　　　生物专业岗位对接课程开发设置表

对应岗位	核心技能	核心技能点
菌种师	能够进行菌种扩繁	能够进行培养基设计与制备
		能够对医药常用菌种进行扩大培养
		能够对食品常用菌种进行扩大培养
		能够对酿造常用菌种进行扩大培养
		能够掌握污染检测技术
	能够掌握无菌操作技术	能够熟练掌握无菌接种技术
		能够对培养基进行灭菌
		能够对接种室进行灭菌
		能够对接种箱或超净工作台进行灭菌
		能够对菌种培养室进行灭菌
		能够对菌种保藏室进行灭菌
	能够掌握保种技术	能够掌握医药常用菌种的保藏方法
		能够掌握食品常用菌种的保藏方法
		能够掌握酿造常用菌种的保藏方法
		能够掌握医药常用菌种提纯复壮方法
		能够掌握食品常用菌种提纯复壮方法
		能够掌握常酿造常用菌种提纯复壮方法
发酵师	能够对发酵设备灭菌	能够进行发酵罐、培养基灭菌
		能够进行发酵管道及相关设备灭菌
		能够掌握死角灭菌方法
	能够对发酵过程和条件进行控制	能够掌握发酵过程检测方法，包括底物、产物浓度变化、生物量变化
		能够针对不同阶段对培养物进行温度、PH 值、溶氧、压强、湿度的控制
植物组培师	能够进行无菌操作	能够熟练掌握无菌接种技术
		能够对培养基进行灭菌
		能够对接种室进行灭菌
		能够对接种箱或超净工作台进行灭菌
		能够对培养室进行灭菌
	掌握组织培养与快速繁殖技术	能够掌握培养条件的控制方法
		能够掌握试管苗的驯化移栽技术
	植物脱毒技术	能够掌握材料选择和处理方法
		能够进行脱毒苗检测

续表

对应岗位	核心技能	核心技能点
植物景观设计师	掌握常见园林植物的基本性能	能够识别常见园林植物
		能够掌握常见园林植物的特点
	掌握园林植物造景技术	能够制订园林植物配置方案
		能够进行园林植物配置方案的实施
	能够掌握园林绿化常用标准	能够掌握常用园林绿化的强制性标准
		能够掌握常用园林绿化的指导性标准

此类方法主要适用于专业去向相对明显的专业，如生物专业、化学专业、物理专业、地理专业等。

2. 根据专业核心技能设置课程

对于某种技能性强的专业，首先挖掘出本专业的核心技能和核心技能点，然后开发课程。其流程如下：

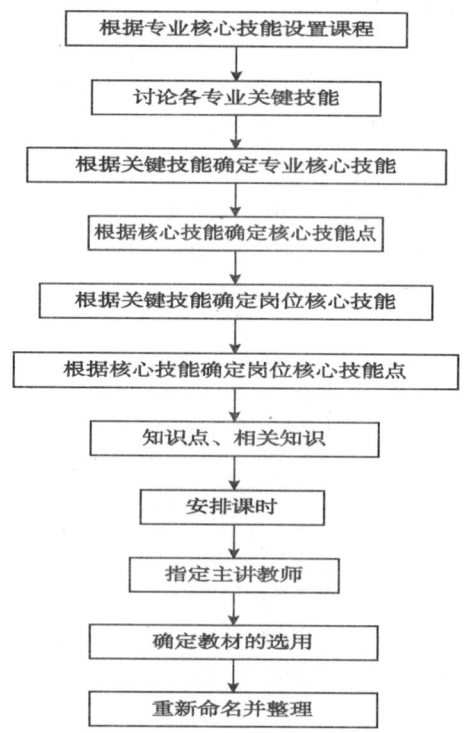

图5-3 专业核心技能设置课程流程图

以环境艺术设计专业为例，说明课程开发的过程，见表 5-3。

表 5-3　　　　　环境艺术设计专业岗位核心技能设置表

对应专业	核心技能	核心技能点
环境艺术设计（家装设计师方向）	能够提供客房满意的设计	能够根据客户情况提供合理建议
		能够根据客户要求提供满意的设计方案
	能够运用效果图准确的表现设计思想和特点	能够熟练操作 3 种常用设计软件
		能够准确表现物体的比例关系、质感和空间透视
		能够表现空间色彩的统一和协调
		能够选择最佳视点表现空间特点
	能够选择室内装饰材料体现设计思想	能够根据客户的需求选择常用装饰材料
		能够运用标准搭配增强空间氛围，达到和谐统一
环境艺术设计（家装设计师方向）	能够运用室内软装饰营造和谐空间	能够熟练运用常用室内陈设风格的手法
		能够根据装修风格的不同，对空间主要部位提供配饰建议
	能够与客户进行沟通	能够熟练运用手绘技能，快速准确的表达设计思想
		能够具备解释工程造价的能力
		能够根据客户情况确定沟通方式
环境艺术设计（广告设计师方向）	能够提供满意设计	能够根据客户广告意图，结合现有作品，提供建议
		能够根据客户要求，提供设计方案
环境艺术设计（广告设计师方向）	能够运用作图工具准确表现设计思想	能够熟练操作 2 种常用应用设计软件
		能够根据设计方案，运用构成法则和色彩规律，达到画面的统一和谐
	能够与客户进行沟通	能够熟练运用手绘技能，表达设计思想

此类设计适合于技能性较强的专业，如美术专业、音乐专业、体育专业等。

3. 岗位 + 专业技能设置课程

对于就业岗位不是很分散，但技能又是很重要的专业，采用岗位技能 + 专业技能相结合的方法设置课程。其流程如图 5-4。

以旅游专业为例，说明课程开发的全过程，见表 5-4。

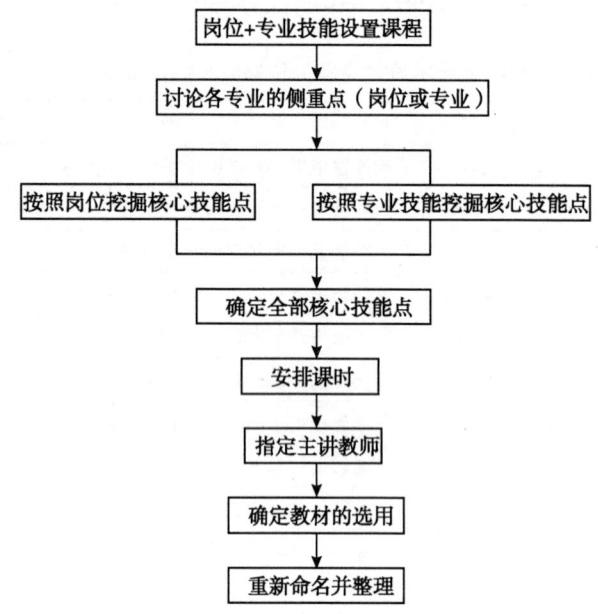

图 5-4　岗位 + 专业技能设置课程流程图

表 5-4　　　　　　　　旅游管理专业岗位设置课程表

专业	对应岗位	核心技能	核心技能点
旅游管理	旅行社计调员	沟通技能	熟悉语言交流技能
			掌握聆听技能
			掌握交往礼仪
		带团技能	熟悉旅游目的地情况
			熟悉接待单位
			熟悉票务运作
	饭店服务技师	客房服务技能	掌握客房服务操作技能
			掌握客房服务项目
			掌握客房服务规程
		餐饮服务技能	掌握中餐服务技能
			掌握西餐服务技能
			掌握宴会服务技能
		前厅服务技能	掌握预订服务技能
			掌握前厅服务技能
			掌握收银服务技能

续表

专业	对应岗位	核心技能	核心技能点
旅游管理	酒吧调酒师	鸡尾酒调制技能	掌握鸡尾酒服务技能
			掌握鸡尾酒调配技能
			掌握咖啡调制技能
		酒具使用技能	掌握酒具使用技能
			掌握酒具清洁技能
		熟悉鸡尾酒谱	熟悉8种以上酒的特性
			熟悉经典鸡尾酒谱
			熟悉常见鸡尾酒谱
	旅游市场营销师	市场开发技能	熟悉推介技能
			与客户沟通技能
		电话营销技能	发现客房需求技能
			促进成交技能
		处理客户异议技能	掌握常见客户投诉处理技能
			能够处理客户抱怨技能

此类课程开发适用于旅游学专业、教育学专业、心理学专业、法学专业、经济管理专业等。

4. 三种方法的比较

课程开发类别	适用范围	优点
岗位设置课程	专业去向相对集中	以岗位技能为中心
专业核心技能设置课程	专业去向相对分散	以专业技能为中心
岗位+核心技能设置课程	专业去向不是很分散	兼顾专业技能和岗位技能

在实际应用中，根据课程目标和专业特点进行选择。

（二）教材的组织与编写

大学生专业岗位对接课程具有技能性、实用性强的特点，强调内容对学生和社会的适用性，把各门学科的内容结合起来开展技能培训，学习中强调技能训练，所学内容是实用的，因此应以核心课程的形式呈现。这种呈现形式的特征是：横跨学科领域；不仅以学生的兴趣为基础，更以社会需求为基础；涉及广泛的社会问题和价值观问题；运用学科内容解决问题；教师和学生共同选择和决定他们所要探讨、解决的社会问题；涉及广泛的学科内容，但注重问题的探讨和技能的提高。

1. 教材内容的选择

根据技能培训的特点，以岗位—岗位技能（单元）—岗位核心技能（模块）—岗位核心技能点（知识点）为课程主线。课程开发是以岗位技能的基本要求为标准，寻找大学学科课程与岗位技能之间的空白点，进而针对空白点开发新课程，实现课程体系和岗位技能之间的对接。选定课程内容的方法是：去粗取精，提炼出最为核心的内容，形成岗位对接课程。如在面向中文专业开发公关文秘岗位对接课程时，在认真调查分析的基础上，首先找出中文专业课程与公关文秘岗位技能之间的空白点，即：公文撰写、组织会议、协调接待等技能。我们确定这些内容为专业技能岗位对接培训课程的核心内容。正是通过对专业技能的拓展和补充，实现了中文专业与公关文秘岗位技能间的课程对接。以园林植物配置师岗位培训教材为例，按照岗位技能、岗位核心技能、岗位核心技能点来说明教材的结构。

岗位名称：园林植物配置师

第一单元　园林植物识别及园林植物特点

第一模块　常见园林植物识别

　　　　　常见栽培园林植物的识别

　　　　　野生园艺植物资源的识别

第二模块　常见园林植物特点

　　　　　园林植物的生态习性

　　　　　园林植物的生态类型

　　　　　园林植物的观赏特征

　　　　　园林配置效果的评价

第二单元　园林植物配置技术

第一模块　园林植物配置原则和原理

　　　　　园林植物配置的基本理念

　　　　　园林植物配置的美学原理

　　　　　园林植物配置的基本原则

第二模块　园林植物配置的基本形式
　　　　　花卉植物的配置与应用
　　　　　园林树林的配置与应用
　　　　　地被植物的配置与应用
　　　　　攀援植物的配置与应用
　　　　　观赏竹类的配置与应用
第三模块　小环境的植物配置
　　　　　小环境植物景观配置
　　　　　建筑小品的植物配置
　　　　　建筑的植物配置
　　　　　园路的植物配置
　　　　　屋顶绿化
　　　　　校园绿化
第三单元　园林绿化常用法规及标准
第一模块　园林绿化国家级法规条例
　　　　　中华人民共和国城市绿化条例
　　　　　国务院关于加强城市绿化建设的通知
　　　　　建设部《城市绿地系统规划编制纲要》（试行）
　　　　　建设部《城市经线管理办法》
　　　　　建设部《城市道路绿化规划与设计规范》
　　　　　建设部《城市湿地公园规划设计导则》
　　　　　创建国家园林城市实施方案
　　　　　中华人民共和国城乡建设环境保护部标准城市容貌标准
　　　　　其他法规、政策及文件
第二模块　园林绿化国家级行业标准
　　　　　建设部《国家园林城市标准》
　　　　　园林树木养护技术规程规范
　　　　　园林绿化管养规范
　　　　　草坪产品等级标准
　　　　　园林绿化管养规范
　　　　　居住区环境景观设计导则（行业标准）

城市园林绿化养护管理标准（行业标准）

其他标准及技术规范

2. 教学内容的呈现

为体现技能培训的特点，在内容的编排上，通过总操作程序—操作步骤—达到标准—注意事项—相关知识五个环节来呈现培训内容。以园林植物配置师第一个核心技能点为例，说明岗位培训内容的编排顺序。

第一单元　园林植物识别及园林植物特点

第一模块　　　常见园林植物识别

知识名称Ⅰ　　常见栽培园林植物的识别

【总操作程序】：认识常见园林植物→利用园林植物进行搭配，主要分12个步骤：针叶树类（步骤1）→阔叶树类（步骤2）→藤本类（步骤3）→观赏竹类（步骤4）→一二年生花卉（步骤5）→宿根花卉（步骤6）→球根花卉（步骤7）→水生花卉（步骤8）→草坪植物及地被植物（步骤9）→仙人掌及多肉植物（步骤10）→蕨类植物（步骤11）→食虫植物（步骤12）

步骤1　针叶树类

● 落叶针叶树：银杏、金钱松、落叶松、日本落叶松、水杉、池杉、落羽杉、墨西哥落羽杉等。

● 常绿针叶树：苏铁、南洋杉、雪松、杉松、日本冷杉、白杄、云杉、红松、日本五针松、华山松、白皮松、马尾松、黑松、湿地松、油松等。

步骤2　阔叶树类

● 落叶阔叶乔木：毛白杨、垂柳、旱柳、枫杨、胡桃、板栗、麻栎、榆树、榔榆、榉树、构树、鹅掌楸、北美鹅掌楸、玉兰、枫香、悬铃木、木瓜。

● 常绿阔叶乔木：荷花玉兰、山玉兰、白兰花、醉花含笑、狭叶木莲、浙江樟、细叶香桂、樟树、紫楠、浙江楠、蚊母树、杨梅叶母树、枇杷。

● 落叶阔叶灌木：木兰、无花果、牡丹、细叶小檗、日本小檗、蜡梅、八仙花、山梅花、太平花、东北山梅花、金缕梅、贴梗海棠、木桃、日本海棠、棣棠、鸡麻、郁李、野蔷薇、黄刺玫、野蔷薇、玫瑰、珍珠梅。
- 常绿阔叶灌木：含笑、长柱小檗、十大功劳、阔叶十大功劳、湖北十大功劳、火棘、狭叶火棘、月季、金橘、金弹、圆金橘、月月橘。
- 常绿阔叶亚灌木：香石竹、倒挂金、天竺葵、文竹、虾衣花。

步骤3　藤本类
- 落叶藤本类：木香、云关、紫藤、多花紫藤、南蛇藤、爬山虎、葡萄、蛇葡萄类、中华猕猴桃、凌霄、美国凌霄、金银花、雀梅藤。
- 常绿藤本类：薜荔、鹰爪枫、油麻藤、龟背竹、常春藤、络石、叶子花、卫矛、扶芳藤。

步骤4　观赏竹类
- 刺竹属的孝顺竹、佛肚竹、紫竹、淡竹、毛竹、刚竹、桂竹，箬竹属的阔叶竹等。

步骤5　一二年生草本花卉
- 大花三色堇、雏菊、金盏菊、矢车菊、藿香蓟、百日草、麦秆菊、蛇目菊、翠菊、石竹、霞草、福禄考、羽扇豆、红花菜豆、香豌豆、红花菜豆。

步骤6　宿根花卉
- 芍药、鸢尾、射干、荷包牡丹、蜀葵、大花萱草、玉簪、虎尾兰、绿萝、一叶兰、大花金鸡菊、黑心菊、荷兰菊、非洲菊、假龙头、紫露草。

步骤7　球根花卉
- 大花美人蕉、大丽花、唐菖蒲、小苍兰、卷丹、郁金香、风信子、晚香玉、水仙、石蒜、葱兰、花毛茛、朱顶红、网球花、仙客来、大岩桐、马蹄金。

步骤8　水生花卉
- 荷花、睡莲、萍蓬草、王莲、千屈菜、凤眼莲、水葱、慈姑。

步骤9　草坪植物及地被植物
- 草坪植物主要有：羊胡子草、结缕草、细叶羊胡子草、野牛草、狗牙根、草地早熟禾、匍匐剪股颖、紫羊茅、假俭草、地毯草；地被植物主要有：垂盆草、白车轴草、多变小冠花、百脉根、二月蓝、吉祥草、万年青、沿阶草、麦冬、红花酢浆草、虎耳草、紫花地丁、百里香。

步骤10 仙人掌及多肉植物

● 金虎、仙人球、令箭荷花、蟹爪兰、山影拳、量天尺、红蛇球、石生花、佛手掌、草芦荟、条纹十二卷、松鼠尾、石莲花、大花犀角、龙舌兰。

步骤11 蕨类植物

● 铁线蕨、肾蕨、鹿角蕨、鸟巢蕨等。

步骤12 食虫植物

● 眼镜蛇草、瓶子草、捕蝇草、猪笼草等。

【达标标准】

认识常见园林植物200—300种。

【注意事项】

1. 掌握各种园林植物的识别要点、分布、习性、繁殖方法及园林用途。

2. 按各自就业区域取向可分别侧重认识热带、亚热带、温带适应的园林植物。

【相关知识】

● 针叶树类指裸子植物门的一些园林植物。松树象征坚贞不屈，柏树庄严肃穆，适合于草地栽植；南方红豆杉枝繁叶茂，易修剪，适合做绿篱或植物雕塑；落羽杉、池杉、水松等耐水湿环境，适合于沼泽地或湿地绿化，其气生根可以形成独特的景观特点，银杏、金钱松秋叶变金色，为优良的色叶树种，适合孤植、片植或行道树，苏铁类在北方盆栽用于大厅、会议室等装饰。

● 阔叶树类主要指被子植物中的木本植物，因具明显的叶片而称活叶树，中国有8000多种，分乔木、灌木和藤本，并分为常绿和落叶类。

● 藤本树木是指缠绕或攀援他物向上生长的木本植物。

● 观赏竹类是指观赏价值较高的竹子，属禾本科竹亚科。

第六章

大学生职业能力教育模式

一切教育,归根到底是为提升学生的职业能力服务的。从职业的界定、职业的特性和职业的分类中可以看到,无论是从事学术性、研究性工作,还是从事应用性工作,都是从事了某一种谋生和服务国家的职业,并且这些职业都可以按照国家或国际职业分类标准进行统计。因此,无论何种层次、何种性质的专业教育,实质上都是一种为受教育者从事某种职业而进行的职业准备教育。正如瑞士著名高等教育专家戈德斯密德所言:"那种大学的主要任务是将知识传授给学生的传统观念已经不能适应未来社会对复合型人才的需要,严峻的就业现实使我们不得不从高等教育是理论知识学习与走向职业生涯的中间媒介的角度来思考未来大学的社会功能及办学方向。其实,大学除了有责任向学生传授广博的科学文化知识外,其使命之一便是要为它的毕业生就业提供必要的准备。从这个意义上理解,或许我们应该把对理论知识的学习和掌握看成是促进未来职业成功的许多要素之一。当然,不能否认高等学校声誉的相当部分来自于它的教学水平及学术研究成果。但是如果我们过分陶醉于象牙塔内,与外界社会隔离,那么,我们的学生在完成学业后必将面临严峻的就业问题。"[1] 特别是 20 世纪 90 年代以后,大学的门槛降低,上大学几乎成为了一种必然。因此,我们必须进一步明确高等教育的深层意义,走出狭隘的职业教育观(在我国的学校教育制度中,一般将职业教育界定为培养生产、建设、管理、服务第一线需要的应用型、

---

[1] [瑞士]戈德斯密德:《展望新世纪高等教育:理论学习与职业生涯的中介》,《高等教育研究》1999 年第 6 期。

技术型专门人才的教育,其外延只有中等专业学校、技工学校、职业高中、职业技术学院和高等专科学校等。本科以上的学校,不管其学科专业和培养目标怎样,都一律称为普通高等教育。职业技能开发似乎成了这些学校的"专利"。而普通高等教育则成了学术性教育、学科型教育。这种狭隘的职业教育观及普通高等教育与职业教育的分离,不仅造成了我国大学毕业生实践能力普遍偏低的弊端,而且根本无法适应未来社会对高等教育的要求),积极探索和开发大学生职业能力教育模式,有针对性的培养大学生的职业能力,以适应未来社会对高等教育的要求。

一 教育模式与大学生职业能力培养

成功而有效的大学生职业能力培养需要遵循一定的教育模式来展开。我们把模式的研究方法应用于大学生职业能力培养,有助于揭示大学生职业能力培养过程中各要素之间的相互关系,认识教育过程的本质和特点,掌握大学生职业能力培养的基本规律。

(一) 模式与教育模式

"模式"在《辞海》中的解释是"可以作为范本、模本、变本的式样。……在社会学中是研究自然现象或社会现象的理论图式和解释方案,同时也是一种思想体系和思维方式"。《软科学知识词典》[①]把模式(Pattern)看做对现实事件的内在机制以及事件之间关系的直观和简洁的描述,是理论的一种简化形式,能够向人们表明事物结构或者过程的主要组成部分。20世纪80年代中期,美国学者最早在教学论领域使用"模式"这一概念,主要用来概括一种系统化的教学方法。1994年,中央编译出版社出版的《实用课堂教学模式与方法改革全书》指出:"模式"是指根据观察所得加以概括的框架和结构,是围绕某一主题涉及的各种因素和相互关系提出的一种完整结构。[②]在现代科学方法论中,模

[①] 王培智:《软科学知识词典》,中国展望出版社1988年版,第12页。
[②] 冯克诚等:《实用课堂教学模式与方法改革全书》,中央编译出版社1994年版,第50页。

式方法是一种非常重要的研究方法，并已经广泛应用到各个研究领域。

"教育模式"在《教育大辞典》中的解释"是在一定社会条件下形成的具体式样"，可以理解为某种教育教学过程的组织方式，它反映了教学活动过程的程序和方法。郑淮认为，教育模式是教育系统内部的构成部分和因素的表现方式和结合形式，一种教育模式的形成是在一定的历史条件下，通过教育的内外因素相互作用的结果。[①] 张庆守认为，教育模式是指在教育理论的指导下，对教育过程的组织方式及其相应策略的模式化概括。科学的教育模式有助于规范教育行为，促进教育质量的提高。教育模式的建构需有正确的指导思想和方法论作指导。[②] 陈志明认为，教育模式是指课程观、课程内容、课程结构及其评价体系等的特定组合形式，即教育模式是由一定课程观指导下的课程内容及其进程和安排在时间和空间方面的特定组合方式。[③]

尽管学者对教育模式的阐述不尽相同，但基本上可以形成以下共识：（1）教育模式是教育理论与教育实践的中介。教育模式既是一定教育思想与教学规律的反映，又是将教学过程、方法、手段、组织形式融为一体，具有可操作性的教学实践。（2）教育模式是一个整体概念，具有一套独特的系统化、结构化的方法和策略体系，涉及教育思想、教育目标、教学程序、师生配合、支持条件等一系列要素的有机整合，是对教学的空间结构和时间序列的系统概括。（3）教育模式是一个开放性概念，即任何一个教育模式都是一个开放的、不断更新的动态系统，教学实践过程中应重在掌握其核心和灵魂的基础上，根据具体情况灵活运用，形成多种变式。因此，我们认为，教育模式是指学校为了适应社会政治、经济、文化发展的需要，在一定教育理论指导和教育理念支配下，对教育过程的基本要素、组织形式、操作过程及实施策略等模式化、简约化的概括，是可以使人们参照去做的标准范式。科学的教育模式有助于提升教育理念，丰富教学技能，规范教育行为，改善教育质量，提高教育效率。

---

① 郑淮：《考试制度改革与教育模式的转变》，《现代教育论丛》1994年第4期。
② 张庆守：《建构学校心理教育模式的理性思考》，《福建教育学院学报》2004年第10期。
③ 陈志明：《定位、创新与特色教育》，《福建商业高等专科学校学报》2005年第2期。

大学生职业能力教育模式是指在一定职业教育理论的指导下,根据大学生职业能力的现实状况,从教育目标、教育内容、教育原则、教育环境、操作过程和实施策略等方面所构建的综合性理论模型和实践范式。成功而有效的大学生职业能力培养需要遵循一定的教育模式来展开。

(二) 中国大学生职业能力培养现状不容乐观

我国高校大学生职业能力培养在经历了起步、调整和发展之后,现已初具规模,部分高校已将大学生职业能力培养纳入大学教育规划之中,并进行相应课程设置、师资培训和教学改革。但整体来看,我国高校大学生职业能力培养侧重点仍在职业院校,普通高校受传统教学观念影响,针对大学生职业能力的培养仍比较落后。

1. 普通高校教育体制存在缺陷

普通高校教学内容及课程体系是高校提高人才质量的核心所在,而目前各普通高校的教学内容和课程体系均已远远落后于当前科学技术的迅猛发展,甚至很多专业仍固守着传统的教学模式,与现代社会的需求严重脱节,与大学生毕业后的就业意向相脱节,不利于大学生综合职业能力的培养。大学教学中的"满堂灌"现象仍然相当严重,教师只管完成教学任务,学生只好被动的学,为应付考试而死记硬背,到头来毕业即失业,这似乎已经成为一种痼疾,难以治愈。除此之外,传统的教学方法更侧重于理论讲授,似乎很高深的理论洋洋洒洒,实际上是空对空的"自娱自乐",使学生受到太多的限制和束缚。这种轻视实践能力、职业能力的培养的教学模式,致使很多大学生缺乏独立思考、缺乏动手能力,培养出的学生综合职业能力差、操作技能差、适应能力差。

2. 普通高校管理模式有待改进

长期以来,我国普通高校受计划经济的影响,教学管理方式死板单一,教学管理没有体现个体上的差异,对脱颖而出的拔尖生也缺乏针对性的措施及强化培训。虽然各大院校一直也在强调"因材施教",但该理念喊了几十年,依旧没有落实和兑现。学生听课的方式也缺乏一定的自主性,虽然有些学校允许学生自主选课,但学生依旧要受到专业、学分等的多重限制,难以体现学生听课的自主性,转专业、转系就更加难以实现。一些院校出于拓展学生综合知识面的初衷，在培养方案中规定了学生的全校公选课程学分，但在实际实施中，由于受教学资源的限制，课程均安排在周日进行，教师授课及学生听课效果均不理想，部分课程甚至形同虚设，学生仅仅为完成学分而选，基本起不到公选的目的。可以说，目前高校教学管理理念及方法的落后，严重抑制了学生的个性发展，不利于大学生根据自己的职业倾向选择适合自己的发展方向，更不利于其在原有能力基础上提高自己的综合能力。

3. 学校对大学生职业生涯指导不到位

目前高校对学生职业生涯指导不到位，未能体现高校职业指导的引导性作用。部分高校仅对毕业班学生进行了职业生涯规划的指导，且多数在培养模式和培养方法上存在一定的问题，授课教师也缺乏专业的培训，学生们对未来的职业依然缺乏系统、全面的认识，根本不知道自己到底想干什么，昏昏然的"做一天和尚撞一天钟"，没有奋斗目标，没有发展方向。在真正面对职业选择时，就显得无所适从，犹豫不决。

4. 学校及学生双方面对实践活动认识不足

心理学研究表明：只有通过实践活动，才能使学生认识向高一层次发展，使知识转变为技能，使技能转变为技巧，理论与实践的脱节，必然成为学生技能形成的障碍。而目前学校方面，高校的实践素质拓展活动不充实，没有给学生的职业能力发展提供充足的机会。由于传统思想的影响根深蒂固，目前高校开展的校园活动依旧是以学习为核心，不能摆脱传统教育模式的枷锁，形式过于简单，不能从实质上提高学生的综合职业素质。

就学生而言，大多数大学生也没有意识到实践活动的重要性，缺乏磨炼考核，存在着不同程度的问题，如缺乏同甘共苦的精神、不能适应艰苦的工作环境、缺乏坚持不懈的精神，满足已有的知识储备，对新知识、新技术不重视，缺乏勇于争先的创新精神和自律意识等。

即便是开展一些实践教学，教学现场训练仍缺乏一定的职业深度，教学中依然是以教师为中心、教材为中心、课堂为中心，蜻蜓点水，放任自流，甚至造成"放羊"现象，学生的职业技能得不到很好的指导和训练，同时缺乏真实职业环境的体验，学生仍然没有足够的信心去面对企事业的工作岗位。

由以上分析可知，加强大学生职业能力教育模式研究既可进一步深化高等教育改革，又可切实提高大学生职业能力，促进大学生可持续发展和终身发展。普通高等院校，特别是教学应用型普通本科学校就应该找准自己的位置，摆脱不上不下的尴尬局面，即既然上不去，就一定要下得来，勇于借鉴和学习当代职业教育先进理念和经验，把培养学生学会学习、学会合作、学会交往、学会生存作为目标，把素质教育落实到本科教学之中，大胆进行教学模式改革，将基础课、专业基础课、专业课的"老三段"式教学模式改为以培养学生职业能力为中心，紧密联系企事业单位当前该专业的工作任务实施教学。只有这样，才能突出以学生为主体，贴近职业实际，体现以能力为本位的教育思想，使教学情景与工作环境相融合，教学内容与工作任务相促进，最终实现学校所培养的人才与企事业的需要实现"零距离"对接。我们有必要梳理总结经实践检验，并行之有效的国内外大学生职业能力教育模式，创新构建适合我国当代大学生的职业能力教育模式。

二 国内外大学生职业能力教育模式概述

一个国家人力资本职业能力的开发是事关国家经济发展和社会稳定的大事，对此，世界各国在个体职业能力开发与培养方面均高度重视，形成了各具特色的教育模式。

（一）大学生职业能力教育模式的历史与发展[①]

1. 传统"学徒制"模式阶段

学徒制的最初形态是以父传子的方式进行的。在古希腊，由于职业的发展，需招收别家孩子（最初是养子）到自己家中工作并向其传授技艺，这种学徒制度就演化成了一般性的教育形式。我国封建社会，农、牧和手工业等领域最初也是以家庭为单位父子相传，后来形成了生产作坊中师傅带徒弟的学徒制度。按照学徒制度的规定，师傅除对学徒

---

① 吴晓义：《"情境—达标"式职业能力开发模式研究》，东北师范大学博士学位论文，2006年，第15页。

进行必需的职业技能指导外,还非常重视对学徒进行做人的教育,特别是品德教育。欧洲中世纪的学徒制度虽然在历史上发挥了极为重要的作用,但是随着产业革命的兴起,以及自身发展过程中出现的问题,到19世纪后半叶基本走向崩溃。

2. 学校职业能力开发模式阶段

工业革命以后,职业理论知识对职业活动的影响逐步增大,传统"学徒制"中的"经验知识"传递已不能满足工业发展的需要,于是便产生学校职业教育。

最早的学校职业能力开发模式是由德国人弗朗凯(A. H. Francke)在17世纪创建,其特点是在普通教育基础上开设职业教育课程,并组织学生到车间参观、实习。专门职业能力开发机构是泽姆拉(C. Semler)在1708年创办的"数学、机械实科学校"和海卡(J. J Hecker)在1747年创办的"经济、数学实科学校",直接对市民阶级进行职业教育。法国先是在1747年创办了土木学校,后又在1766年前后创办了多所培养各种手艺人的制图学校,以及冶金学校和矿山学校等。在英国和美国,学校形式的职业能力开发主要是1880年创办的"机械工人讲习所"。而影响最大的学校职业能力开发模式是德拉沃斯(Della Vos)于1868年提出的"俄罗斯法"(Russian System)。我国近代及中华人民共和国成立前后的职业学校,都基本按照"俄罗斯法"建立。

学校职业能力开发模式虽然满足了工业迅速发展对劳动者的需求,但却存在两个隐患:一是职业经验知识没有被明确纳入课程内容,也无法从这种"课堂式"的教学情境中获得,从而很难形成真正的职业能力;二是职业理论知识的学习也是在远离真实的职业情境的课堂中进行,而不是通过个体与真实职业情境相互作用所构建。其结果是由于职业理论知识所占比例不断加大,学校的人才培养离企业的用人要求越来越远。

3. "企业内培训"与"校企合作"模式阶段

传统学徒制的崩溃和学校职业能力开发模式的弊端,使得一些企业转向"企业内培训",主要形式是厂办学校和车间培训。德国斯特拉斯堡的耶鲁泽斯机械制造公司在1844年创办的厂办学校是世界上最早的厂办学校,培养方向大致有补习教育和技术教育两种。到了1906年,随着厂办学校的逐渐增多，普鲁士当局开始承认厂办学校相当于实习学校，并加强了对厂办学校的干预。美国的厂办学校也有较悠久的历史。1875年，霍公司（纽约的印刷出版公司）为适应改革机械的需要，便设立了工人补习班，一周两个晚上有课，学习内容主要为英语、数学、机械制图等与公司工作直接有关的知识，取得了非常好的效果。

进入20世纪，随着社会生产方式的变化，职业能力开发的形式和格局表现出高移化、普通化、分类化等特点，使"校企合作"成了解决诸多矛盾问题的有效方式。如，美国许多综合中学所采用的合作教育模式，学生一半时间在学校学习，另一半时间在企事业单位工作，学习与工作交替进行，学校与企事业单位共同对学生进行职业教育，从而有效地建立了职业教育与工作世界的联系。

（二）国外大学生职业能力教育模式

近年来，在国家、地方政府和行业的大力支持下，一些国家的职能部门对职业能力教育模式进行了大胆而有益的探索，提出了许多颇具创新意义且行之有效的职业能力教育模式。

1. 德国"双元制"模式

"双元制"模式是双重职业教育体系（Berufs Bildenden Schule，BBS）的简称，它是一种学生在企业接受实践培训和在学校学习理论知识相结合的职业能力开发模式，在职业能力开发领域影响最大。"双元制"模式的专业设置以职业分析为导向、课程设计以职业活动为核心，考试考核以职业资格为标准，具有突出的特色和优势[①]。

首先是双元互补，重视发挥企业作用。"双元制"弥补了"企业职业教育"和"学校职业教育"的不足，让受培训者一方面以学徒身份在企业接受职业技能培训，解决"怎样做"；另一方面又以学生身份在职业学校接受专业理论和普通文化知识教育，解答"为什么"，将企业与学校、实践技能与理论知识有机结合，从而培养出的技术工人既有较强操作技能又有一定专业理论知识与普通文化知识。"双元制"职业教

[①] 魏晓锋等：《德国"双元制"职业教育模式的特点及启示》，《国家教育行政学院学报》2010年第1期。

育中的企业发挥了重大作用，在模式运行中既承担了职业教育的大部分经费，又是重要的教学主体。它们不但提供与所培训的职业紧密相关的实际生产岗位和培训场所，而且还提供详细的实习教学计划，配备经验丰富、受过良好职业训练并富有责任感的专职实训教师。

其次，以市场为导向，课程设置灵活。学校和企业可以根据市场发展和社会结构的变化，将新工艺、新方法、新技术及时引进培训计划。德国职业教育研究所不仅跟踪形势变化，而且还负责公布人才市场信息，能够及时评估职业结构的变动和劳动市场的需要，并相应调整训练课程和训练章程。

最后，培训实施保障健全。德国是目前世界上职教体系最完善、法制最健全的国家，其职业教育的改革与发展都有明确的法令规定。自中世纪的"学徒制"到目前的"双元制"，德国职业教育体系已作为一个完整而又独立的训练体系实现了制度化、规范化。

2. 美国 CBE 模式

CBE 是 Competence Based Education 的缩写，意思是以能力为基础的教育。CBE 模式是 20 世纪 60 年代产生于美国，70 年代盛行于加拿大和北美，80 年代开始在世界范围内广为流行的关注大学生职业能力的教育模式。其核心是如何使学员具备从事某一职业所必需的实际能力，以满足企业需求为主，以培养学生实际能力为目的。这种模式的实施一般由分析职业能力、确定能力标准、设计职业课程、选择教学方式、进行能力评估五个步骤组成。其主要特征是：

第一，岗位（岗位群）职业能力本位的教育目标。通过职业能力分析，根据学生掌握职业能力的需要确定教学内容，从易到难顺序安排其学习计划。这里的能力不是简单的操作能力和动手能力，而是从事某个岗位的工作应当具备的操作技能、运用技能所必需的理论知识和工作态度等综合能力。

第二，强调学生自我学习和自我评价。学生按学习指南要求，根据实际制定学习计划，采用自己的方式进行学习，完成学习任务后，先进行自我评价，再由教师考核、评定。教师主要负责学生学习过程中的指导和管理，并开发模块式的学习套件，建立学习信息资源室。

第三，教学形式灵活多样。强调企业的需求和学生在学习过程中的主体作用。按照企业和职业的不同要求,开发长短不一的课程,可以随时学习,学生也可以按照自己的情况来决定学习的方式和时间。学生毕业时间也不要求一致。

第四,以能力为教学基础,以职业能力为教育基础。美国 CBE 根据能力观确定能力标准,将能力标准转换为课程,以职业能力作为教育目标和评估标准的基础;以通过职业分析确定的综合能力作为学习的科目;以职业能力图表所列的各项能力从易到难来安排教学。

3. 澳大利亚 TAFE 模式

TAFE（Technical and Further Education）,即技术与继续教育。澳大利亚很多本科生和研究生毕业后为了能找到合适的工作,都会回到 TAFE 中进行再学习。此模式的程序可以分为教学计划开发、培训课程包的开发、教学实施与管理、教学评价四个阶段。其主要特点:

一是能力本位的教育体系。以职业能力作为教学基础、教学目标和教学评价的标准,打破了传统的以学科为中心,以学科的学术体系来确定课程的思路。TAFE 能力本位教育对学生能力的要求非常高,要求学生在毕业时要具备从事某项确定的行业所要求的知识、能力、素质和态度等综合能力。教学目标明确,具有针对性和可操作性。

二是模块式的课程结构。TAFE 课程以行业能力标准为依据、理论知识学习和技能训练并重且多数是以技能培训为主,为满足行业需要而设计的结构严谨有序的一组科目的组合,也可以叫做模块的集合。不同的课程要求所设的科目数量不同,不同课程所要求的学习时间也不同。所设科目的数量和学习时间是由澳大利亚国家各相关产业培训理事会和其他顾问咨询组织根据产业发展需要和企业团体提供的课程需求信息和就业市场信息,并根据不同证书或文凭的标准而定的。

三是教学方式和评价方法灵活多样。TAFE 能力本位教学方式打破了传统的以教师讲授为主的班级授课制,注重以学生为中心,强调在不同的学习情境中,不同的学生可以采用不同的学习策略,学习内容和学习时间也可根据不同学生的学习风格、兴趣、需要而有所不同,以调动学生的学习积极性,促进学生各方面能力的培养。教师的教学形式也多种多样,根据不同情境和不同的学习内容有时以课堂教学为主,有时以实践教学为主,采用不同的教学方法。根据不同的课程特点,评价活动内容也有所不同，有的是基于对被评价学员典型活动的行为评价，有的是基于对学生工作情景观察的评价，有的是基于对学生自己学习和能力的评价。

四是以学生为中心。TAFE能力本位教学模式始终坚持"以学生为中心"的原则，把学生作为自己的服务对象，在整个教学过程中都非常注重以人为本，处处强调以人为本，不断提高教学服务质量，改变了传统的以教师为中心的教学模式。在TAFE能力本位职业教育中，强调一切以学生为中心，以学生的学为主，教师的教为辅，通过各种途径和方法充分调动和发挥学生的学习主动性和积极性，学生是信息加工的主体、知识意义的主动建构者，学习内容和学习进度可以因人而异。从教学组织形式来看，TAFE能力本位教学模式采用的是个别化的学习方式，不仅教学大纲、教学内容可因人而异，而且教材的设计和开发也是按有利于学习者自学的方式来进行。在教学中，教师和学生互教互学，互相分享知识，共同发展，共同提高。

4. 英国BTEC项目模式

BTEC（Business &Technology Education Council）即"英国商业与技术教育委员会"，成立于1986年，由英国商业教育委员会与技术教育委员会这两大职业评估机构合并而成。BTEC从岗位群的需要出发，以行业和产业为依托，着眼于通用能力和专业能力，体现了多元性与专业性贯通这一职业能力的要求，并以此作为人才培养的目标。"通用"的含义指的是不针对具体的某一职业，而是从事任何类型工作的任何人，想要取得成功都必须要掌握的技能，这种技能是跨职业性的、可变的、有助于终身学习的，是一种可发展独立性的能力。BTEC所设置的标准课程要求对世界上的各个国家都具有借鉴意义。任何一门课程的教授，无论是在英国还是在其他的国家所包含的详细科目单元及学习结果的衡量标准都是一致的，每个学生得到的结果都是符合国际标准的、被普遍认可和接受的资格证书。其特色与优势主要体现为以职业为导向的课程体系，以学生为中心的教学体系和以课业为依据的评估体系。

5. 新加坡"教学工厂"模式

"教学工厂"是新加坡南洋理工学院在广泛借鉴发达国家职业教育经验的基础上，结合新加坡国情所创造的一种独特的教学模式。"教学工厂"不是在学校之外再办一个附属工厂、教学实习工厂,或在社会上划定某一个工厂学校定点实习,让学生在学校学完理论课后再到工厂学操作,而是把教学和工厂紧密结合起来,给学生一个工厂的生产环境,让学生通过实习,学到实际知识和技能。其主要特色:

第一,学习环境的高仿真性。通过设立类似于工厂工作环境、技能环境的教学环境,将传统的课堂教学、工厂实习的教学模式转变为工厂环境下的边教学边实习模式,实现了学校与用人单位的"零距离"对接,减少了企事业等用人单位的用工费用,提高了学生的工作适应性。

第二,学习过程的研究性。在"教学工厂"中,学校的学习环境、学习条件与企事业等用人单位的工作条件十分相似,学校又配备了数量充足的实习、实践设备,使学生学习过程中的探索有了可能,学生的学习不是反应型,更多的是研究型。

第三,强调职业教育的实践性和有效性。"教学工厂"这一教学思想非常重视学生的实践教学。理工学院学生每学期有 8 周时间到工厂企业去实习,工厂企业对每个学生都有考核评估。还有对毕业生进行为期 6 个月的工业项目设计指导。这 6 个月中,学生每周用 40 小时做工业项目,周六下午去工厂实习。整个 3 年在校期间的课程设计、动手实践占 70%,而理论学习只占 30%。

(三) 国内大学生职业能力教育模式

1. 产学研合作教育模式

产学研合作教育模式是指将生产、教学和科研三者有机地结合起来共同培养人才的一种教育模式,源于 19 世纪初的美国,又被称为"合作教育"(Cooperation Education)。根据上海产学合作教育协会的研究,产学研合作教育"是一种以培养学生的综合能力,提高学生的全面素质和增强学生的就业竞争力为重点,充分利用学校与企业、科研等多种不同的教育环境和教育资源以及在人才培养方面各自的优势,把以课堂传授间接知识为主的学校教育与直接获取实际经验、能力为主的生产、科研实践有机结合于学生的培养过程之中的教育模式"。"产学研合作教育"的核心内容是一种教育活动,培养的主体是学生,目的是做到理论与实践相结合,提高学生对社会生产的适应能力,是产学研合作在人才培养中的体现。总之，它是一种以培养学生的全面素质、综合能力和就业竞争能力为重点，充分利用学校与企业不同的教育环境和教育资源以及在人才培养方面的各自优势，把以课堂传授知识为主的学校教育与直接获取实际经验、实践能力为主的生产、科研实践有机地结合，培养具有较高职业能力和创新精神以及就业竞争力人才的教育模式，其本质特征是教育与生产劳动相结合、学校教育与实际工作相结合。目前，我国产学研合作教育模式的主要类型有[①]：

(1) 高校主导型合作教育模式

该模式又称为校内产学研合作教育模式，是指高校及其科研机构以自己特有的信息、人才、学科、技术与社会资源优势，抓住机遇，开办经济实体，创办高科技产业。其具体做法可以是高校办企业，实施产、学、研结合，也可以建立以高校为主体的产、学、研联合体，还可以在企业内建立校外实习和生产实践基地，学生以生产人员的身份上岗实习，把企业生产和科研需要的课题作毕业设计题目。其特点是高校通过多种多样的途径争取产业界的支持，为培养人才提供参与生产实践的场所和条件，更适宜于欠发达区域的地方性院校。

(2) 企业主导型合作教育模式

以企业为主的合作教育模式就是某种行业的大公司或集团公司下设高等院校（在国外，如日本的许多大公司都有下属的高等院校，国内也出现了民营的大公司、集团创办的高等学校，如首都钢铁公司办了自己的大学——首钢大学），主要为该公司和集团培养应用型人才。这种模式在我国产学合作教育中仅占极少数。

(3) 共同主导型合作教育模式

这种模式是指产学双方从各自社会职能的长远发展需要出发，即高校从提高人才培养质量的需要出发，企业从产业的长远发展需求着眼，都主动要求与对方合作，并且通过一定的形式，建立相应的体制，以形成优势互补、互利互惠运行机制的一种模式。这种模式又可分为：产业集团（包括行业主管部门）、大型企业与多个高校联合办院校、办系、办专业和联合建立教育、科研、生产联合体两种类型。前者为合作教

---

① 蒋菲等：《产学研合作教育模式评述》，《现代企业教育》2006年第10期。

育，后者为全面合作，两者相互联系，相互为用。共建实体是产学研合作最高级、最紧密的形式，也是最有效的合作方式，随着高等教育改革的不断深入，这种模式将成为产学研合作教育的主要形式。

2. 校企合作模式

校企合作模式是一种以市场和社会需求为导向的运行机制，是在互利双赢的前提下，以培养学生的综合职业能力和就业竞争能力为目的，利用学校和企业两种不同的教育环境和教育资源，采取课堂教学与学生实践有机结合，培养适合不同用人单位需要的应用性人才的教育模式。其常见类型主要有课题任务研修型、见习式培训型、订单式教学型、学校投资合作型、校企互驻型、企业配合教学型、顶岗实习型等。综合各校企合作类型，其主要特点是：

在发展规划内容上，其基本形式是成立校企合作指导委员会，延伸形式有校企共建战略伙伴关系，拓展式有校企共建技能人才培养培训集团或联合体。

在专业建设内容上，其基本形式是学校成立专业建设委员会，延伸形式有校企共建重点专业和新专业高层决策机制，拓展形式有建立由企业主导的专业建设协调机制。

在课程建设内容上，其基本形式是校企共同制定教学计划，延伸形式有校企共同确定课程体系，拓展形式有企业主导课程开发。

在师资建设内容上，其基本形式是校企共同组建师资队伍和学校培养培训师资，延伸形式有企业专家培训教师或学校教师参与企业的技术攻关、技术设备更新改造，拓展形式有企业相关人才到学校实行"阶段性全脱产"教学及学校教师对企业高级技术人员和高技能人才进行培训。

在实习教学内容上，其基本形式是学校建立校内实习基地，延伸形式有校企共建实习基地、产教结合开展实训，拓展形式有企业建设生产实习基地、校企一体化管理、学校在厂区建立教学区。

在教学评价内容上，其基本形式是学校邀请企业参与综合考核、用人单位满意度调查、对毕业生就业跟踪调查，延伸形式有校企共同建立教学评价机制，拓展形式有建立企业评价学生职业能力制度。

在研究开发内容上，其基本形式是学校建立专门教学研究机构，延伸形式有学校参与企业研发项目或实现技术服务,拓展形式有企业在学校建立研发中心。

在招生就业内容上,其基本形式是学校制定招生培训就业计划,延伸形式有校企双方共同制定招生培训就业计划,拓展形式有企业组织招生和培训。

在学生管理内容上,其基本形式是学校按照企业要求制定学生行为规范,延伸形式有学校与企业共同制定操行考核及奖惩制度,拓展形式有校园文化应融入企业文化内容。

上述特征表明,校企合作是目前我国技能人才培训中比较成熟、稳定的一种模式。不管合作模式如何选择,高校在与企业合作时,选择的合作模式必须适合双方的发展,保证合作双方的独立性和各自的利益不受到损害,而又能达到双赢。

三 专业技能岗位对接——大学生职业能力教育模式创新

(一) 何谓专业技能岗位对接

大学生专业技能岗位对接就是针对大学生结构性就业矛盾问题,以学生就业岗位需求为导向,利用现代课程开发技术和培训手段,开发与专业配套的补充课程,开展短期强化训练和针对性指导,把大学生的专业技能拓展为岗位技能,帮助大学生掌握岗位核心技能,推荐就业岗位,以最终促进其就业的帮扶项目。

大学生专业技能与岗位对接项目实施的内容主要包括四个方面,并按此顺序依次进行:第一,确定专业和岗位。根据普通本科院校毕业生就业状况,确定究竟哪个专业需要开展对接培训项目,并确定该专业毕业生主要流向哪些职业或岗位(群)。第二,开发补充课程大纲和教材。根据学生所学专业和就业岗位情况,开发补充课程大纲和教材,内容将重点突出专业或岗位核心技能。第三,开展培训和指导。按照补充课程大纲和教材要求,开展短期强化训练,掌握岗位关键技能,提供系统而有针对性的职业指导。培训考核合格者,由中国就业培训技术指导中心颁发《CETTIC 职业（岗位）培训合格证书》。第四，推荐就业岗位。为毕业生采集职业岗位信息，提供见习机会，推荐就业岗位，提供跟踪服务。

（二）大学生专业技能岗位对接模式提出的背景

1. 中国大学生职业能力培养研究存在的不足和问题

在职业能力培养领域，国外已经涌现了许多在世界范围内颇有影响的"双元制"模式、CBE 模式、TAFE 模式、BTEC 项目模式、"教学工厂"模式等，但与我国大学生职业能力开发工作的客观需要相比，却还存在着较大的差距和不足。突出表现是：理论基础研究薄弱，对职业能力形成的规律缺乏科学的认识；模式推广流于形式，缺乏真正意义的比较研究和模式构建与使用的前提性研究；现实针对性不强，模式的理论与应用研究还是没能很好地解决职业能力开发工作中存在的问题。目前我们对有关这些模式的研究，基本上都是从学习、借鉴的角度进行的。学习、借鉴国外的先进经验本身并没有错，但往往容易忽视两个问题：一是国外先进经验引入后的"水土不服"问题，如大家公认，德国的"双元制"是培养大学生职业能力最有效的模式，但"双元制"模式中政府的巨大投入和完善的法律保障体系，很显然，在我国短期内是无法实现的。我们总不能说等政府有了足够的投入和完善的法律保障后再去考虑大学生的职业能力培养吧？二是现有研究很少从方法论的角度，从知识、能力、学习和教学等基本问题出发对国外模式进行深入探讨。从某种意义上说，也正是这一原因使许多先进的职业能力开发思想未能及时、有效地与我国高校大学生的职业能力开发与培养实践相结合，从而有效指导我国大学生职业能力培养。

国内关于职业能力教育模式的研究主要集中于校企合作模式和高等学校的产学研合作教育模式。近十年来，已有相当一部分高校与企业及地方其他部门积极探索，创造了一些有效的产学研合作教育方式，并对培育应用型人才起到了良好的效果。但从总体上看，目前这种产学研合作教育的水平较低，很多问题还没有得到根本解决，没有建立起适应社会主义现代化建设要求的深层次、全方位产学研结合的教育模式。存在

的问题,主要体现为①:

(1) 产学研合作教育指导思想不够开阔

在普遍认同实施产学研合作教育对于培养应用型本科人才必要性的同时,无论是企业还是学校本身,对产学研合作教育的客观性及内涵的认识还不尽一致,将产学研合作教育等同于常规的生产实习,把产学研合作教育限制在应用技术学科这样一个比较狭小的范围内,在把产学研合作教育作为一种教育观念的转变和教育模式的突破上还没有形成共识。

(2) 产学研合作教育运行机制不健全

主要表现为动力机制不足、协作机制缺失、评价机制匮乏。如目前产学研合作教育实用性和有效性的评价,还没有一个可供实际操作的标准,有些地方虽初步建立了产学研合作教育评估指标体系,但过于形式化和表面化,缺乏可操作性,难以对产学研合作教育起到必要的监控、导向、诊断和激励。

(3) 产学研教育运行模式缺乏针对性

盲目模仿其他学校或国外的成功经验,忽略本校的实际情况从而使选择的运行模式失去了存活的土壤而步履艰难。

(4) 相关政策、法律尚未完善

我国高校开展产学研合作教育起步较晚,学校和企业的合作教育大多处在自发的民间活动状态,缺乏具有普遍指导意义的政策和法律,校企双方责、权、利的规定还不是很规范,双方在建立稳定的、互利互惠的合作关系方面没有外部机制保障。

(5) 学校以学科知识体系为基础的课程体系及评价模式,不利于学生综合职业能力的培养,学生的综合职业能力亟待开发

2. 知识经济对当代大学生职业能力素质提出了迫切要求

能力有高低之分。然而,即使是与职业活动密切相关的能力,同样需要面对知识经济的挑战,这是由知识经济本身所具有的特点决定的。学者们普遍认为,知识经济时代对高等教育产生的影响体现在以下三个方面:一是知识量的激增要求大学生学会学习;二是生产技术更新周期

---

① 孙健:《地方高校产学研合作教育问题的探索》,《现代教育科学》2009 年第 4 期。

的缩短要求从业者具备较强的职业适应性；三是以高科技产业为标志的产业化经济要求从业者具有较高创新能力。这些影响的核心成分归根到底一句话，那就是人的素质。提高人的素质和职业能力是适应知识经济挑战的先决条件。

知识经济时代需要众多具有普遍职业适应性和高创造能力的劳动者，而目前普通高校教学模式的弊端显然不能满足这样的要求，一方面大学生就业难成为社会各界说不出的痛，另一方面即使大学毕业生找到工作，就业后又往往需要相当长的一段时间熟悉和适应本职岗位的工作，而且在学校学到的知识在实际工作中用不上、用得不多或不会用，而用得到的知识和技能反而没有学习到。这实际上是教育资源和人力资本的极大浪费。

尽管很多学者和一线的高教工作者也早已意识到了这种顽疾和浪费，呼吁并践行着高等教育的改革，并基本达成共识，认为从今往后，高校教学改革，特别是人才培养模式改革，应成为高等学校改革克艰攻难必须关注的焦点，所谓改到深处是教学、改到真处是教学、改到难处是教学、改到痛处是教学，但社会上下还是对现在的高校是否真正将教学和育人放在首要位置上、是否对大学生成长成才真正承担起责任、是否有培养高素质创新型人才的能力和办法、是否能让大学毕业生具有更高的职业能力、社会适应性和就业竞争力提出了质疑。

在现有大学生职业能力教育模式存在着不足和有待解决的问题未能有效解决之时，我们提出的大学生专业技能与岗位对接教育模式，正是适应知识经济时代对大学生职业能力素质要求的有益尝试。

3. 教学型新升地方本科院校地位尴尬

南阳师范学院是一所以师范性、地方性为主要特色的河南省省属普通本科院校，其前身是南阳师范高等专科学校，2000年升为本科，现有本科专业68个，在校生20000余名，属于典型的教学型新升地方本科院校。在中国高等教育体系本科以上院校中，教学型本科院校堪称这一体系中的弱势群体。当今，中国高等教育体系在某种程度上是以金字塔形状分层分布的。居于顶层的是为数不多的研究型大学，居于中间的是研究教学型大学和教学研究型大学，居于金字塔下层的则是以培养本科人才为主体的教学型本科院校。在整个本科以上高等教育体系中，无论在师资、生源方面，还是在整个社会的影响力方面，教学型本科院校都无法与研究型大学、研究教学型大学以及教学研究型大学相比肩。如果把当今中国本科以上高等教育体系比作一个生态链，那么，教学型本科院校则正好居于这一生态链的末端。教学型本科院校自身所具有的这些特点在一定程度上决定了教学型本科院校地位的"尴尬"，即向上（与研究型大学、研究教学型大学以及教学研究型大学竞争）能力有限，向下（向职业院校学习，培养技能型人才）不甘心①。

同时，随着我国社会主义市场经济体制逐步向纵深发展以及高等教育大众化的推进，高校毕业生的就业政策已经由计划经济时期的统包统分转移到自主择业。然而，由于当前我国处于社会主义市场经济的起步阶段，依托市场机制配置人才资源的手段并不完备，高校毕业生就业问题就成为各级各类高等院校的普遍难题。就教学型本科院校而言，毕业生的就业更是受到国家就业政策、市场机制、高校社会资本和教学型本科院校专业设置的不利影响②，比如，和研究型大学等历史悠久、文化积淀深厚的大学相比，教学型本科院校形成的时间并不长，是以"后来者"的身份出现的。教育发展进程中的"后来者"在发展过程中都明显存在着"迟发展效应"的两面性特征。一方面，可以借鉴"先行者"发展中的经验和教训，从而使自己在发展过程中少走弯路；另一方面，又由于想赶上"先行者"而急于求成，提出与自身现实不相符合的目标，冒进式发展，从而导致了教育的非均衡发展和教育资源的浪费。和实力雄厚的大学相比，教学型本科院校学生就业过程中在各个方面存在的劣势，就是"迟发展效应"中的负面作用的具体表现。在这种宏观形势下，教学型本科院校学生就业难的问题则尤其引起了社会各方面的关注。其实，任何一个国家的高等教育体系都是以分层的质态出现的，但分层并不能和办学优劣画等号，更不能由于分层而使处于下层的毕业生在就业上处于劣势。在当今教学型本科院校发展过程中，消解"迟发展效应"中的负面作用，以便破解教学型本科院校学生就业的难题，促

---

① 宋争辉：《关于展开"教学型本科院校学生职业生涯规划影响因素研究"的若干思索》，《河南社会科学》2011年第6期。

② 宋争辉：《论高等教育分层下影响教学型本科院校毕业生就业的因素》，《河南社会科学》2009年第6期。

使教学型本科院校和其他实力雄厚的院校之间以及教学型本科院校相互之间错位发展，是摆在我们面前的一个重大的理论和实践课题。也正是因为教学型本科院校学生就业难问题的凸显，如何对教学型本科院校学生进行有效的职业能力培养和提升，如何彰显教学型本科院校在促进大学生就业过程中的社会责任，如何做好大学生就业服务工作，就逐渐成为人们日益关注的课题。

（三）大学生专业技能岗位对接的理论基础

大学生专业技能岗位对接倡导"学生演练为主，教师点评为辅"的原则，课堂学生演练时间占三分之二以上，每节课同时有2—3名教师上课，一名是主讲教师，其他为演练指导教师。采用"教师引领→学生体验→教师点评→学生强化→技能达标"的教学程序，使学生在一定的专业知识基础之上学完对接课程后，能够把自身专业技能拓展为岗位技能，我们称之为"直接下水学游泳，过程体验学技能"。为保证教学的实践效果，在培训过程中，我们还专门安排学生参加岗位见习，强化实践技能。专业技能岗位对接作为一套行之有效的开发大学生职业能力的教育模式，绝不仅是从教学角度的具体操作，它与社会方方面面有着千丝万缕的联系，涉及多学科知识，多领域探索。我们只有站在哲学、教育学、心理学的高度，思考其价值取向、社会功能和发展功能，研究其对职业能力形成、影响的基本规律，才能真正把握专业技能岗位对接模式的实质和精髓，从而在具体操作过程中达到教学效果最优化。

1. 大学生专业技能岗位对接模式的哲学基础

（1）人的生成过程：以实践为基础的体验和创造

哲学是世界观，但哲学的本意并不在于提供一幅世界图景，而是经由此种图景向人们展示一种思维方式、一个考察问题的角度和出发点，其实是"观世界"或如何"观世界"，其本质上都是某种思维方式的体现。

现代哲学反对二元对立，主张人与世界的统一。认为在人的现实生活之外并不存在一个独立自存的、作为生活世界之本源、本质的归宿的理论世界或科学世界，因此，认识的标准、人之活动的价值和意义便只能从这个现世即人的生活出发，在现世中或经由现世的历史来说明。因此，生活世界观的根本旨归应该是现实的人或现实生活。不论是马克思要求哲学从天上降到地上，胡塞尔把科学世界奠基于生活世界之上，还是维特根斯坦提出想象一种语言即是想象一种生活形式，罗蒂认为的"必须以现实境况为起点"，他们所展现给我们的均是同一种思维方式——生成性思维：不关注人之外的世界，也不为来世烦恼，而只关心人在现世的命运，只是立足于现世来谈论人的命运。体现出的特征：重过程而非本质；重关系而非实体；重创造而反预定；重个性、差异而反中心、同一；重非理性而反工具理性；重具体而反抽象主义。

当然，同为生活世界观和生成性思维，马克思哲学与现代西方哲学相比较又有不同的特征[①]：一是从人的对象性看待人的生活，即人是对象性存在物：一方面，虽然人有意识，但人首先是一个感性的、肉体的存在物，而人之感性说明人并非自我完满的存在，而是一个需要或依赖感性对象的存在物，人必然受对象的制约——既受他物和他人制约，其精神也为感性所制约；另一方面，也更为重要的是，作为感性存在物，人是在感性活动中能动地表现自己的存在物，即对象化存在物。二是强调实践的基础性地位：认为实践不仅是迄今为止人类生成自我的主要方式，是人的生活的主要内容，而且制约着人的其他活动，是人的其他一切生成活动发展的基础。三是重视日常生活与非日常生活、物质生活与精神生活的统一。

（2）知识观的流变：从现代到后现代

"什么是知识"的问题从更深的层次上说更是一个哲学问题。知识自哲学产生开始，便一直是哲学家苦苦探索，却又始终找不到满意答案的难题。在人类社会的认识史上，先后经历了从"神话知识型"到"形而上学知识型"再到现代社会"科学知识型"的转变过程。现代知识型是以崇尚科学的实证主义和经验主义哲学的知识观为基础，认为知识是先在的、客观的、普遍的，是与个人无关的；个人的见解和个人的热情参与至多只存在于过程之中，个人是对确定的客观知识结果不会发生影响的"旁观者"。因此，学校教学的内容大都是能够写进书本的，具有确定性和价值中立性；教学情境大都是远离生活实际的教室情境；

[①] 李文阁：《生成性思维：现代哲学的思维方式》，《中国社会科学》2000年第6期。

教学的方式大都是教师高高在上地单向传授，学生只是"旁观"。在各国的职业能力开发实践中，尽管人们已经认识到这种接受式模式的弊端，并试图对之进行改革。但由于现代科学知识型和"旁观者"知识观在人们头脑中已根深蒂固，使得改革往往流于形式，一触及实际问题便无法进行。随后美国实用主义哲学首先对现代知识观提出挑战，强调所有的概念、学说、系统，其价值都在于活动中显现出来的效果。之后，后现代主义知识观对现代知识观进行了更加彻底的反思和批判，认为，认识对象并不是独立于认识主体的客观存在，缺乏认识主体的认识兴趣及其他许多与认识行为相关的条件，就不会有任何认识对象。

在知识观从现代到后现代的流变中，个体经验成了知识的重要组成部分，个体参与、实践探索成了真正意义的知识学习，知识学习与能力发展之间的关系真正成了相互依存、相互促进的关系。换言之，知识特别是与职业活动密切相关的知识是职业能力的重要组成部分；知识积累的数量和质量，在一定程度上决定着职业能力水平的高低；知识学习与职业能力发展是同一个过程，它们的基础都是主体的能动的实践活动，即主体与环境的相互作用及在此基础上的经验重组与知识建构。

（3）知识的类型：从显性到缄默

英国哲学家波兰尼（M. Polanyi）首先提出，"人类有两种知识，通常所说的知识是用书面文字或地图、数学公式来表述的，这只是知识的一种形式，还有一种知识是不能系统表述的，例如我们有关自己行为的某种知识，如果我们将前一种知识称为显性知识的话，那么我们就可以将后一种知识称为缄默知识"（Polanyi. M, The Study of Man, London：Routledge&Kegan Paul, 1957. 12）。波兰尼认为，无论是日常生活还是科学活动，缄默知识都与显性知识一样普遍存在，且在数量上比显性知识更多。许多技能、方法、能力、交往、态度、体会、情感等方面的知识都是缄默知识，人们仅仅依靠书本化知识的传授是无法习得的。缄默知识虽难于传递也难于反思，但它却支配着人的认识活动的整个过程，是人们获得显性知识的"向导"，为人们的认识活动提供最终的解释性框架和知识信念。所有的显性知识都植根于缄默知识，显性知识的增长、应用和理解也都依赖于缄默知识。而缄默知识的获得，又总是与一定的问题或任务"情境"（situation）联系在一起的，是对这种特殊的问题或任务情境的一种直觉综合或把握，是个人在特定的实践活动中形成的某种思想和行动倾向，其内涵与认知者际遇的特定情境背景有着直接的契合性，其作用的发挥往往与某种特殊问题或任务情景的"再现"或"类比"紧密相连。因此，职业能力开发必须在真实的职业情境中进行，否则不可能形成真正的职业能力。

2. 大学生专业技能岗位对接模式的教育学基础

任何职业能力的开发从根本上说都是培养人的教育活动，因此它必须遵循教育活动的基本规律。而教育活动最基本的规律就是促进人的发展。大学生专业技能岗位对接所追求的不仅仅是职业知识与技能的完整与过硬，更是大学生可持续的全面发展，重视人生命的自然本性和教育环境的生态平衡。

（1）专业技能岗位对接的本质是促进人的全面发展

马克思主义人的全面发展学说是马克思人学理论的核心内容。专业技能与岗位对接作为一种开发职业能力的教育模式，无疑有其社会功能，这是它存在的条件。但我们还必须清醒地认识到专业技能与岗位对接的另一个更为重要的功能——促进人的发展，这是它存在的根本。从人的可持续发展的观点看，专业技能与岗位对接不仅要使接受培训的学生掌握从事某种职业活动的本领，而且要重视对个体生命的独立、自主和强大的人格力量的锻造，赋予他可持续发展的精神和能力，以提升其生命质量和人生境界。我们一方面以就业为导向，全面规划，采取补充课程开发、强化训练、职业指导、推荐就业等"一条龙"的就业帮扶措施，切实促进大学生就业；另一方面以毕业生即将就业的岗位实际需要为目标，开展针对性的课程开发和训练，切实使学生做到虽无工作经验，但有一技之长，达到上岗要求，同时还要在培养过程中关注生命的完整、凸显生命的灵动、张扬生命的个性，使他们"享有他们为充分发挥自己的才能和尽可能牢牢掌握自己的命运而需要的思想、判断、感情和想象方面的自由"。

在专业技能与岗位对接中实现学生的全面发展，要注意以下具体问题：一是人的发展与社会发展的统一。培训目标的制定要使学生个体的发展与整个社会的发展统一起来，使个体发展服从社会发展需要；二是人的发展与社会发展的相互促进，即学生个体的发展是社会整体发展的前提，在培训过程中，既要考虑整个社会发展的需要，又要考虑学生个体发展的需要，力争使学生个体的发展与整个社会的发展相互促进，协调发展；三是人的全面发展与个性发展的协调。马克思所说的全面发展是以个体的自由发展为基础的，它指的是个体的体力、智力、道德和人格等诸要素发展的普遍性，而不是人的一切属性的平均发展。全面发展形成的是个性丰富的人，而不是样样完美的人；四是人的现实发展与未来发展的结合。注重第一任职需要与长远发展需求、教育的工具价值与本体价值、职业能力教育与科学文化教育统一起来，使学生具有长远发展的动力、潜能和后劲。

（2）专业技能岗位对接的教育生态性

专业技能与岗位对接促进个体全面发展的基本功能和生命本性，决定了其必须具有生态性。教育的生态性是教育的自然本性，它强调的是教育系统的平衡、有机、亲和、融洽，追求的是教育系统内外部主客体之间的相互依赖和互促互利，以及整个系统的动态性、生长性、自主性和建构性，其目的是要创建一种自然、和谐、开放、创新的教育环境，进而实现其促进个体生命成长和全面发展的基本功能。

其实，在步入知识经济时代的今天，建设生态化的教育已经是摆在我们面前的一项现实任务。具体到专业技能与岗位对接，我们的教育生态建设是：树立生态和谐的对接理念。不仅关心如何把一个自然人培养成为一个职业人、社会人，更关心如何使其学会与自然、与社会乃至与自身和谐共处。换言之，它不仅要使人学会认知（learning to know）、学会做事（learning to do），还要使人学会共同生活（learning to live together）。

构建开放弹性的对接系统。从对接岗位的确定，到选定对接内容，再到教学活动的组织，都应从社会广泛获取信息，都应满足社会需要，与社会各界密切合作。这种开放不仅是观念上的开放和信息获取上的开放，而且是决策上的开放、资源上的开放和具体行动上的开放。它要求行业、企业和社区共同参与，要求行业专家和教育专家共同开发，要求利用社会各方面的资源共同完成，而且能够根据时代的发展和职业岗位的变化随时调整对接岗位和对接内容，从而始终保持对接岗位的针对性和对接内容的有效性。

形成平等宽容的对接氛围。树立师生人格平等的观念，真心诚意地热爱学生、帮助学生，平等地看待学生和与学生交往，设身处地地为他们的发展着想，相信只要给以足够的时间和适当的帮助，他们都能成为有发展前途的学生。

3. 大学生专业技能岗位对接模式的心理学基础

（1）知识、技能和能力的关系研究

心理学把能力界定为直接影响活动效率、顺利完成某种活动必须具备的个性心理特征，有实际能力与潜在能力两个纬度。实际能力是指已经发展出来或表现出来的能力，如会开汽车，代表个人当前"所能为者"；潜在能力是指各种实际能力展现的可能性，是在一定条件下某人的某种行为可能达到的水平，代表个人将来"可能为者"。在现实生活中，潜在能力和实际能力是紧密相连，不可分割的。潜在能力是实际能力形成的条件和基础，而实际能力是潜在能力的展现，潜在能力只有通过学习才能变成实际能力。心理学研究表明，要成功地完成某种复杂的活动，仅仅具备一种能力是不够的，通常需要多种能力的完备结合。能力高的人之所以能取得较好的活动效果，是因为其心理特征的综合与活动的要求相符合。任何活动都是复杂的和多方面的，它们对人的智力和体力提出的要求也是不同的，如果一个人的能力的某种结合符合活动的要求，那么这个人就能顺利地高水平地从事某种活动，表现出有能力。反之就很难从事这种活动，表现出没有能力。能力作为符合活动要求并影响活动效果的个性心理特征的综合，是在个体中固定下来的概括的心理活动系统，它与知识、技能既有联系又有区别。技能是由于练习而巩固了的行为方式，能力不是行为方式巩固了的结果，而是借以调节行为和活动的心理过程巩固的结果。如果说技能是通过反复练习而使行为方式固定下来，那么能力的形成便是调节行为方式的相应的心理过程的概括化，从而达到从一种活动到另一种活动的迁移，并在个体身上巩固下来。知识是头脑中的经验系统，而能力则是调节认识活动的心理活动的概括化体系。

在心理学家看来，从知识、技能到能力的转化是有条件的。能力是掌握知识、形成技能的必要前提，并制约着知识掌握、技能形成的快慢、难易和巩固程度。能力又是在知识掌握和技能形成的过程中形成的。但知识和技能不会自动转化为能力。只有那些能灵活运用并可广泛迁移的知识和技能才能转化为能力。因此，专业技能与岗位对接必须重视学生的专业技能到岗位职业能力的迁移。

（2）动作技能学习理论研究

虽然我们并不能把职业能力狭隘地理解为动作技能，但心理学有关动作技能学习的理论研究，却可以为我们理解专业技能岗位对接中职业能力的形成和改善专业技能岗位对接方式提供有价值的参考，其中影响最大的应该是施密特（Schmidt）于1975年在发展了巴甫洛夫的条件反射（conditioned reflex）学说、华生的行为主义学习理论、斯金纳（B. F. Skinner）的操作条件作用理论及亚当斯（Adams）的闭环理论（A closed——loop theory of motor learning）基础上提出的图式（schema）理论。施密特认为，在学习一个动作技能时，有关动作的四种信息被储存下来：一是运动的起始条件；二是概括化的动作参数或变量（方向、力量、速度等）；三是动作完成结果的信息反馈；四是动作知觉序列。在具体的学习过程中，这几组信息只是暂时储存在记忆里，但当它们之间的关系被概括出来之后，即形成动作图式，这种关系就会成为长时记忆的一部分。

随后，鲁梅尔哈特（Rumel Hart）等人对图式理论进行了修正，更多地强调了认知活动在动作学习中的作用，认为，一项动作技能可能包括多个动作图式，它们构成了概括程度不同的多个层次。图式所属的层次概括程度越低，就越接近具体的外显动作和细微的知觉；而图式所属的层次概括程度越高，就含有越多公式、原理之类的认知成分，与具体的动作行为和知觉就越远。以图式理论为导向的动作学习策略主要有变式练习策略、认知控制策略和有机练习策略。

（3）情境认知理论研究

情境认知（Situated Cognition）理论是一种能提供有意义学习并促进知识向真实生活情境转化的重要学习理论，不但提出了"学习是知识的建构，是意义的制定"的学习隐喻，而且使我们对专业技能岗位对接中职业能力的形成过程和形成机制有了更加深刻的了解和认识。情境认知理论认为，知识是具有情境性的，知识是活动、背景和文化产品的一部分，知识正是在活动中，在其丰富的情境中，在文化中不断被运用和发展着。学习的知识、思考和情境是相互紧密联系的，知与行是相互的——知识是处在情境中并在行为中得到进步与发展的①。

为了进一步探讨情境的作用，莱夫于1991年提出了"合法的边缘性参与"（legitimate peripheral participation）概念，认为，在某些场合，"置于情境之中"好像仅仅意味着人们的某些想法、行动处于某一时空中；而在另外场合，这似乎又意味着思想和行动仅仅在狭义上是社会性的，即仅仅涉及他人，或者是直接依赖于引起某些思想和活动的社会场景的意义，主张"学习是情境性活动，没有一种活动不是情境性的"，"学习是整体的、不可分的社会实践，是现实世界创造性社会实践活动中完整的一部分"。莱夫认为，基于情境的学习者必须是共同体中的"合法"参与者，而不是被动的观察者，同时他们的活动也应该在共同体工作的情境中进行。"边缘性"参与是指这样一个事实，即作为新手的学习者部分地、不充分地参与共同体的活动。"参与"意味着学徒（或新手）应该在知识产生的真实情境中，通过与专家、同伴的互动，学习他们为建构知识而应该做的事情。"合法的边缘性参与"应该是学习者获得文化的机制，它既包括了学徒与专家之间的联系，也包括了与其他所有作为实践文化组成部分的参与者、人工制品、符号、技能和观点的联系。

情境观认知学习理论对专业技能岗位对接的要求是：

将概念性知识看做一整套工具。因为概念既是情境性的，又是通过活动和运用不断发展的。

为学生提供实践机会，帮助学生有效地进入知识的真实应用领域，使学生有可能在真实的、逼真的活动中，通过观察、概念工具的应用以及问题的解决，形成相关领域的职业能力。

通过仿真技术提高教学的真实性和有效性，以保证知识向真实情境的迁移。

重视新手的合法性边缘参与，重视个体与共同体的关系中活动的重要性，以及共同体之于合法的个体实践的重要性。

例如，南阳师范学院从2006年开始，在中国就业培训技术指导中心的指导下，启动了大学生专业技能岗位对接培训项目。到目前为止，

---

① 王文静：《情境认知与学习理论研究述评》，《全球教育展望》2002年第1期。

共开发对接岗位 40 个，培训并结业学生 5000 余名。经过近四年的实践，这一项目已发展成为一套行之有效的教育模式，探索出了一条提升大学生职业能力、增强大学生就业竞争力的新路子。经过培训，学生的职业素养明显提高，职业能力显著增强。用人单位普遍认为：学生在学校期间已经掌握了岗位技能，毕业生可以直接从事岗位工作，省去了用人单位的岗前培训，因此，对这些学生十分青睐。学生的就业意识明显增强，职业规划从此真正开始。绝大多数参加过培训的学生，把已掌握的岗位技能作为自己就业的首选方向，部分大四学生已根据自己所学技能，找到了对应的工作岗位。同时，南阳师范学院把岗位对接培训的教学模式推广移植到大学课程的教学之中，有效地促进了学校的教学改革，受到了广大师生的一致认可和欢迎。

南阳师院启动的大学生专业技能岗位对接模式，关注的是大学生职业能力的提升，体现出"两高两强"的培训特点，即：这种培训是建立在大学专业知识和技能之上的岗位对接，起点高；采用中国就业培训技术指导中心的培训技术和认证体系，权威性高；培训是对某一岗位的核心技能进行专门培训，针对性强；它是建立在与人才市场密切联系之上的培训，就业的目的性强，这实际上是找到了为大学生开展就业服务的新办法。大学生在面对社会、面对用人单位时，可以自信地说：我虽无工作经验，但我有一技之长！

（四）大学生专业技能岗位对接的教学模式[①]

教学模式是指在教学原理和教学思想的指导下，围绕一定的教学内容，为实现教学目标而进行的规范化的教学程序和操作体系。成功地运用有效的教学模式可以简化教学过程，减少教学资源的浪费，提高教学效果。大学生专业技能岗位对接培训旨在提升大学生的职业能力，常用的教学模式主要有以下几类：

1. 案例教学模式

案例教学是在学生掌握了有关基本知识的基础上，教师根据教学目的和教学内容的要求，运用典型案例，将学生带入特定事件的现场进行

---

① 宋争辉：《高校职业能力课程开发与实施》，河南大学出版社 2008 年版，第 90 页。

案例分析，让学生通过独立思考或集体协作，进一步提高其识别、分析和解决某一具体问题的能力，同时培养其正确的管理理念、工作作风、沟通能力和协作精神的教学方式。案例教学不仅解决了理论教学枯燥与实践教学困难之间的矛盾，而且满足了学生学习的心理需求。在注重教学改革、注重教学方法的现代教育中，案例教学已被提上了学校教育改革的议程。著名教育家杜威曾说过：最好的一种教学，就是牢牢记住学校教材和实际经验相互联系的必要性，使学生养成一种态度，习惯于寻找这两个方面的接触点和相互的联系。

（1）案例的特征

①真实性

教学案例是在实地调查的基础上，从社会实际和工作中精心选编的。这种真实案例具有典型性、代表性、非偶发性，这是案例的关键特征。案例来自于工作和现实生活中，其内容要符合客观实际，表述要有血有肉，引用数据要真实、准确，不是凭借个人的想象力和创造力杜撰出来的。

②完整性

案例讲述的应该是一个完整的故事，要有一个从开始到结束的完整情节，并包括一些戏剧性的冲突，而且要有故事发生的背景描述。

③经典性

案例不是随手拈来的故事，而是经过精心挑选的具有一定代表性的典型事例，代表着某一类事物或现象的本质属性，概括和辐射许多理论知识，包括学生在实践中可能会遇到的问题，从而使学生在掌握有关的原理和方法的同时，也学会如何将这些原理和方法运用于实践。

④启发性

教学中所选择的案例是为一定的教学目的服务的。案例必须是经过研究后能够引起讨论、分析和反思的事件，不是只具有发生和发展的一般事件。因此，每一案例都应能够引人深思，启迪思路，进而深入理解教学内容。

⑤针对性

教学案例的选择要针对教学目标、教育实际、学生的兴趣和接受能力来组织筛选。教学目标总的来说是要提高学生分析问题和解决问题的能力。这些能力有广泛的内涵，它可以使学生在复杂的案例分析和艰难的决策实践中，不断思考、归纳、领悟，促使学生对重点和难点的理解和掌握，从而形成一套独特的适合于自己的思维方式和工作体系，从更高层次提高学生发现问题、分析问题、解决问题的能力。

知识性。案例内包含着丰富的知识，作为人类智慧的结晶，知识本身就蕴含着丰富的认知方法。个体只有在掌握知识的过程中才能把人类的智慧和认识方法内化为自我的智力与能力。

问题性。案例并不纯然是一个文学故事，它里面还有一个个促使学生思考的问题。这些问题没有固定的标准答案，不同的人有不同的解读，会形成个性化的理解。在案例分析和讨论中，每个学生的"成见"在这里相遇，经过交流与辩论，达至解释学所推崇的"视界融合"，形成思维共振，这正是案例教学的精髓所在，也是当代教学论努力追求的境界。

（2）案例教学的主要特征[①]

学生主体地位凸显，教师适当引导监管。案例教学法的一个基本宗旨是，要充分发挥学习者的自主性。学生要先独立思考和分析案例，准备好自己的看法和方案，之后参与讨论，最后形成案例分析报告。讨论过程中教师起引导、指导者的作用，让学生形成自觉思考、自觉学习的习惯，最终使学生成为活跃在课堂上的真正主体。案例教学把以教师为中心的传统教学方式转变为以学生为中心的方式，学生的学习方式从被动接受知识转变为主动探索，让学生置身在一个"当事人"的环境中去思考问题，训练学生分析和解决实际问题的能力。

信息传递由"点对面"转变为"点对点""面对面"的多向互动。传统的教学方法主要是单向的独白灌输式，师生之间的互动是"师—生"的"点对面"单方、静态课堂交互形式，交流有限。案例教学以课堂讨论为主，师生之间彼此充分交流，形成"师—生""生—生""教师—学生群体""学生个体—学生群体"多向交流的立体、动向的课堂交互模式。通过多方位的互动交流，集思广益，相互促进，形成较

[①] 马慧：《案例教学在大学物理教学中的研究与实践》，湖南大学硕士学位论文，2009年，第6页。

为完善的解决方案。这种方法有利于学习者能力的提高。

凸显过程的开放性、信息的对称性、思维的多元性与创新性。教师、学生作为能动个体，对同一案例会根据自己的知识结构和生活经验，从不同角度进行分析、思考、讨论，在讨论中，学生当堂发表自己的看法，每人都有机会发言，相互不保留、不隐藏，信息保持对称。这种多元化的视野有利于对案例进行全面、深入的认识，从而打破一个问题、一个答案的思维定式，反对教条和标准答案，注重批判反思，让学生学会追求新奇、多样的结论。从而给学生提供了充足的创新思维空间，可以有效地培养学生的创造力和科学素养，整个教学过程中充分体现开放性、多元性、互动性和创新性。

轻结果，重过程，突出较强的实践性。案例教学不是建立在已经被验证的知识或信息基础上的，而是以客观发生的、业已存在的事实为出发点，它的目标不是让学生去接受某个不容置疑的、唯一的正确答案，而在于探讨复杂问题发展的多种可能性，通过自己的分析、思考，得出自己的判断，作出自己的决策，实现从理论到实践的转化。因而，案例教学的重点在于过程，而不是结果。

师生平等对话，体现研究性学习。案例教学强调师生的共同参与，教师不再完全是课堂教学的主体，不会再以知识权威的身份出现在课堂。与学生一样，教师也是问题的探索者，师生共同探讨问题、共同参与、相互启发、相互辅助，从而实现了师生双方的平等对话。

（3）案例教学的基本环节

①从理论出发，精选案例

案例教学效果如何，在很大程度上取决于教师能否选择恰当的案例。精选出的案例应当是典型的、有代表性的，最能揭示所学理论的案例。教师要想精选出案例必须要吃透教材，不仅要弄懂教材的每个概念原理，而且要搞懂知识之间的内在联系，即知识结构体系，这是精选案例的基础；同时要选择与教学内容和教学目标密切相关的正面与反面的典型案例，寓理论于案例之中。

②情景描述，介绍案例

最简单的情景描述，是将编写的文字资料提供给学生，让他们自行阅读。就内容来说，它要求有比较完整的情景过程，有时还需要运用小标题将其分成若干部分；就表现形式来说，单纯的文字介绍最常见，也可辅以表格、示意图等；在文字处理上，以第三人称或旁观者的记叙式最为多见，也可采用第一人称自述或采纳对话的形式。总之，这些以文字叙述为主，图表说明为辅的案例，应当让人阅读之后对整个事件概况有清楚而具体的认识，有时为了加强这种认识，还可以将幻灯片、录像等视听手段结合起来使用。应注意的是，对长篇叙述的综合案例，学生需在教师指导下阅读，否则不易抓住重点；对图文并茂的案例，教师应安排好充足的阅读时间，提出相应的阅读要求。

③提炼理论，分析案例

通过案例的分析，师生共同总结归纳出带有普遍规律性的理论，这是案例教学最重要的一步。提出什么样的问题关系到能否总结归纳出所学的理论。因此教师一方面在吃透教材和案例的基础上，要依据教材内容的逻辑结构，针对案例提出带有逻辑结构的问题，使师生双方通过对这些问题的分析，逐步地得出所学的理论。教师要把问题一个个地提出，引导学生渐次分析，并对学生的各种回答做恰当的评价，以保证分析沿着预定的目标进行。

④应用理论，审视案例

这一环节要求学生站在理论的高度，重新审视案例，分析案例应用理论的成功所在或失败之处。也可分析在改变案例客观环境的假设条件下，可能出现的另外结果。由此使理论回到实践，使理论指导实践，进一步加深学生对理论的理解，巩固所学的理论知识。教师还可以改变角度，就当前的案例，从多方面向学生提出新的问题。通过分析，学生会进一步了解理论的意义。教师也可展示新的案例，让学生运用提炼的理论去分析，进一步调动其思维，增加其应用理论的机会。

⑤归纳总结，形成体系

案例教学始于实践，但是它得出的理论往往是独立的。因此，教师每堂课最后必须对理论进行归纳总结，让其形成一个具有内在逻辑联系的知识体系。归纳总结可以由教师进行，也可由教师引导学生来进行。

（4）案例教学应注意的问题

一是案例教学对教师的要求比较高，有时候难以达到预期的教学效果。它常常要求教师必须经过良好的训练，尤其是教师想自己写出优秀的案例，这对教师无疑不是一种考验，在这一点上教师所需要的准备时间一般要比运用其他方法进行教学的时间长。

二是案例教学方法同样对学生的要求也比较高。学生在对案例进行分析之前，应该具备一定的专业知识储备，并具有较高的自主学习能力。如果学生的知识掌握不足，有的时候可能看到案例后不知道从何下手，甚至在讨论的时候没有人发言，出现所谓"冷场"的窘境。同时，学生还要有积极主动的参与意识，勇于质疑的问题意识，逻辑清晰的言语表达等。这些均要通过教师和学生较长时间的实践，让学生能够尽快适应。

三是案例教学以学生的主动积极地参与为前提，以教师的有效引导和组织为保证，以设计或编写出来的能达到教学目的的案例为材料，需要一定的时间保证和学生的广泛参与，而要做到这些方面的有机结合往往较为困难，有时甚至产生耗费时间较多而收效甚微的效果。

四是案例教学适宜中、小班教学，有助于训练学生的思维能力和实际操作能力，不太适合理论性、基础性知识的教学，容易导致学生知识的不完整。

2. 行为导向教学模式

（1）行为导向教学的内涵

所谓行为导向教学，实质上是在学校整个教学过程中，创造一种学与教互动的职业交往情境，它强调学生作为学习的行动主体，通过学习活动构建知识，形成以专业能力、方法能力、社会能力整合后形成的行为能力，使受教育者既能适应职业岗位的要求，又能将这种构建知识的能力运用于其他职业，进而达到学以致用的教学效果。

行为导向教学以职业情境中的行动能力为目标，以基于职业情境的学习情境中的行动过程为途径，以独立地计划、独立地实施与独立地评估即自我调节的行动为方法，以师生及学生之间互动的合作行动为方式，以强调学习中学生自我构建的行动过程为学习过程，以专业能力、方法能力、社会能力整合后形成的行动能力为评价标准，在培养大学生综合职业能力中发挥着重要作用。

（2）行为导向教学的基本特征

①强调学生行动性，注重行为导向，培养学习主动性

行为导向教学通过完整的教学环，培养了学生的行为性和参与性。

学生在整个教学过程中均处于主体地位。学生总是把注意力首先趋向于所感兴趣的问题，教师要设计和为学生准备合理的学生感兴趣的教学情境，营造真实的学习环境，教师不单纯作为知识的传授者，而是紧紧抓住学生的注意力，更多扮演学生行为的指导者和组织者，是疑难问题的咨询者，更像课堂上的主持人。

②强调师生、生生互动，注重学习行为的合作性

行为导向教学模式注重学生将知识转化为应用的能力和解决问题的能力，尤其是在解决实际问题的过程中强调合作式学习，强调师生之间及学生之间的交流。所有需要学生解决的学习问题，由学生共同参与、共同讨论、共同承担不同角色，从而有利于培养学生与人协作共事的能力。在互相合作的过程中，学会学习，获得经验。

③强调全面学习，注重教学过程的完整性

传统学科体系的教学强调知识的系统性和完整性，但具体操作中却往往只涉及个别阶段的学习，如只注重信息的获取，忽略计划、实施与检查等学习环节。行为导向教学追求教学过程与工作过程相统一的完整性，通过完整的教学环节协同，学生独立制定工作计划，独立完成工作内容，从而培养其独立解决问题的能力，使学生能够真正感受到真实工作的状态和程序，真正品尝到实用的知识技能之益处。

④强调教学过程开放，注重教学评价的多元性

在检查和评价的环节中，除了教师提出相应的大方向外，允许学生自己制定评价标准并检查自身的学习效果，这就使得学生学习的积极性空前高涨，增强了学生的学习动机。所有的评价结果是多元开放的，学生从旁观者变为参与者，从被动评价者变为主动评价者，提高了学生的求知欲。评价的标准不再是能够背诵多少死知识，而是多大程度上能够帮助学生改进自身的学习，帮助教师更好地优化教学过程。

（3）行为导向常见教学方法

①模拟教学法

是一种在模拟现场（或仿真现场）的环境里学习某职业所需知识和技能的教学法。在工科类学校，它一般在校内建立的模拟实习基地进行；在文科类学校，它一般在校内建立的模拟办公室或模拟公司进行。教师在模拟现场的教学中给学生做一些辅导性的工作。模拟的职业或岗

位训练给了学生身临其境的感觉，更重要的是提供了许多重复练习和随时进行过程抽测评价的机会，而且成本较低。

②项目教学法

将一个相对独立的项目，交由学生自己处理，从信息收集、方案设计、方案可行性分析到项目实施及最终评价等，都由学生分组（或分工）负责，而教师在此过程中要进行观察、督导并控制进程，以及对最终优秀项目进行剖析。学生通过对该项目的操作及对优秀项目的剖析，可以了解和把握整个项目过程每一环节的基本要求和实施方法。

③角色扮演法

让学生通过扮演不同的角色，既体验自身角色内心的活动，又体验对方角色的心理活动，从而充分展现出现实社会中各种角色的"为"和"位"。教师应在角色扮演过程中或过程结束时给出相对合理和恰当的角色评价及较好的角色内涵分析，促成学生在学习过程中由知识向能力的转化。角色扮演特别适用于培养学生的交际能力。

（4）行为导向教学的教学过程

行为导向教学模式的基本原则是"行为导向"，学生为了"行动"来学习，并通过"行动"学习。在教师设计和布置出科学合理的项目或任务后，表现出信息（资讯）—计划（决策）—实施—检查—评估五个完整的行为序列。

①收集获取信息

由学生独立收集所要解决问题的信息，主要途径有图书馆、书店、现场调研、网络资源等。在这个过程中，教师应结合自己的资源和经验，为学生提供资料的搜索路径，节省相应的教学时间。

②决策与计划

学生以小组为单位，根据收集的信息进行讨论，决策出解决问题的方法和途径，并预测可能达到的效果。再按照决策的相应环节制定完整、可操作的项目工作计划，包括学习小组制定计划和学生自己讨论计划的可行性，必要时教师和学生可以共同讨论计划的可行性。

③实施

由学生小组自己独立承担。在小组同学的互相配合下，以团队形式完成制订的计划。这也是整个行为导向教学的学生经验获得部分，即学生通过独立处理现实工作岗位中的问题之后所获得的经验，这些经验对于其今后进入职业生涯十分宝贵。

④检查

先由学生对自己的工作过程和结果进行自查，再由教师进行检查辅导。

⑤评估

按照工作计划要求进行自我工作的评价和同学之间相互评价，最后再由指导教师进行点评。指导教师和小组间进行总结交流，客观评价计划实施情况。将各组或者各类方案和结果进行总结和分析，得出一个较为客观的结论，并对取得的成果及行为过程予以反思。

以上教学环节结束后，可以在最后进行回顾反馈和为下一课题做准备，由教师将培训效果反馈给每一个学生，肯定成绩，提出努力的方向和注意事项，使他们的思维方式向更切合客观现实的方向转化，并及时提出下一任务。

3. 体验式教学模式

（1）体验式教学的内涵

所谓体验式教学是在教学过程中通过创设一定的情境，使学生在亲历和体验过程中理解知识、发展能力、建构意义、生成情感的教学价值观、教学方法论、教学策略与方法。其主要特点是在学生特定情境中参与具体的活动，通过切身体验获得特定的知识、技能和态度。体验式教学，强调的是先行后知，是通过个人在活动中的充分参与，来获得个人的经验，然后在教师的指导下，团队成员共同交流，分享个人体验，提升认识水平。或者说，凡是以活动开始的，先行后知的，都可以算是体验式教学的范畴。B.约瑟夫·派恩在《体验经济》一文中提到："阅读过的资讯，我们学习到10%；听到的资讯，我们能够学到15%；但经历过的事，我们却能学习到80%。"

（2）体验式教学的过程要素

体验的过程要遵循马克思主义哲学关于认识的两次飞跃。首先，主体以外部行为直接作用于客体，感性地认识客体，随着认识的逐步深入，客体又反作用于主体，并且开始通过改变主体的意识和心理世界来影响主体进行体验活动，这时主体的认识在这一过程后会达到另一个新的高度。其次，主体站在这一新的高度上集合体验的客体要素，再次对客体进行含有评价性因素的体验。体验的过程要求主体立足于感性的感受，而这样的感受又具有一定的层次性：第一个层次是指具有一定感受能力的主体感知对象，获得模糊的体验；第二个层次是指在初步感知对象的基础上，进一步加深理解、充分领会；第三个层次是指在内化这种深刻感受的基础上进行有效的组织、转化和运用。由于这三个层次中，每个层次都包括了前一个层次，因此，我们可以通过分析第三个层次来理清体验的过程要素。

感知 —— 掌握知识、理解知识 —— 内化
（模糊体验）　　（具体体验）　　（升华体验）

图 6-1 体验式教学的过程要素

（3）体验式教学模式的操作流程

第一阶段：情境设置。教师的行为在体验式教学过程中是以隐性的引导和激发活动为主。在这一阶段中，教师侧重于引导学生共同营造情境，充分调动他们的思维来共同参与情境的创设。它不同于教师将已有的情境设想呈现给学生，也不同于教师在严格监控下按部就班的操作活动。教师作为助手的身份参与到情境中，同时又以顾问的身份作出及时的指导。学生在此阶段的首要任务是在老师提出课题之后，调动已有的认知和情感感受，通过辅助的教学手段自主建构情境，表达自己的认知和情感渴望，即目标的定向和情感的预期。

第二阶段：主体体验。其重点在于学生的主体地位在体验活动中的彰显。学生在自主建构的活动中，通过技能的操作、言语氛围的营造、角色扮演等方式参与知识、情感的呈现和接受的全过程。学生既是作为客体的知识呈现者，又是对所呈现的客体验证加工的组织者。呈现知识是客观的行为，按照知识本身的规律加以客观再现，而知识的接受则是体验的初步结果。教师在此阶段扮演一个对学生活动的关注者和建议者。

第三阶段：评价体验。教师从幕后走到台前，以指导和评价者的身份加入到学生体验活动中来，通过指导学生对知识、情感进行内省，达到帮助学生自我体验、与同伴进行体验交流的目的。这种做法能否成功

的关键，在于教师能否进行有效的调控，即能否调动学生内省体验的积极性，能否抓住学生的共鸣点，能否对学生的认知冲突给予合理的指导。学生的体验活动就由对知识、情感过程的体验转化为对所获得体验内容的评判，从而使学生在自省、交流、接受老师指导的基础上，建构合理的知识，形成积极的情感，最终超越以前的认知和情感局限，得以进步。

第四阶段：迁移体验。这是一个超越课堂意义的阶段。教师引导学生将视野拓展到课堂以外，利用学生对知识的共识，对情感的共鸣来激发学生的求知欲和体验其他情境的向往，从而使学生认识到体验这一学习活动的价值所在，并且愿意在不同知识背景、情境中自主体验，从而达到体验的升华。

总之，在教学实施中不仅要强调结果，更要强调过程中学习者的体验活动。体验式课程教学就十分重视在教师指导下学习者的自我主动体验，以促进学习者人格的完善、知识的获得、情感的陶冶以及行为能力的发展。另外，体验式教学模式是一种新兴的教学模式，它的发展与完善需要广大教育工作者的共同努力。

4. 合作学习教学模式

（1）合作学习模式的内涵

所谓合作学习，是指一系列能促进学生在异质小组中彼此互助，共同完成学习任务，并以小组总体表现为奖励依据的教学策略。综合各国合作学习专家对于合作学习的认识，合作学习的内涵主要体现为：合作学习是一种以小组活动为主体的教学活动；是一种同伴之间的合作互助活动；是一种目标导向活动；是以各个小组在达成目标过程中的总体成绩为奖励依据的活动；是由教师分配学习任务和控制教学进程的活动。

（2）合作学习的特点①

①小组奖励

即奖励是建立在小组成功的基础上的，这要求每个成员都认识到自己与小组及小组内其他成员之间是同舟共济、荣辱与共的关系，它意味着每个人都要为自己所在小组的其他同伴的学习负责。

---

① 王琼芝：《合作学习在人力资源管理教学中的运用》，《黑龙江高教研究》2006年第3期。

②人人负责

在合作学习教学模式中，由于是以小组的总体成绩为考核依据，一个小组内的学生构成一个"利益共同体"，在这个共同体中，学生通过共同的学习目标、学习任务分工、学习资源共享、角色分配与扮演、团体奖励和认可，小组成员之间形成了"休戚相关"、"荣辱与共"、"人人为我，我为人人"的关系。

③均等的成功机会

所有成员的努力结果都将在自己原有基础上受到奖励，而不是相互比较各自的成果的多或少。这样的发展性评价方式激励集体的每个成员都努力为提高成绩而投入学习。

④面对面的相互作用

合作学习要求学生进行面对面的交流，组内学生相互促进彼此学习的成功。

⑤平等师生关系

在合作学习教学模式中，以学生的自学、讨论、交流为主，学生成为学习的主体，成为课堂活动的主角，形成师生之间相互交往、积极互动的教学过程。

（3）合作学习教学模式的基本要素

第一，合理的小组构建。合理的构建合作学习小组，既是学生合作的基础，也是实现学生群体合作的基本手段。一个学习小组应该是一个班集体的缩影，它应根据学生的智力、能力、喜好、性格、心理素质、家庭背景、性别等情况将学生进行分组，采取组内异质、组间同质模式，将内向的学生与善谈外向的学生组合，将成绩较差的学生与成绩较好的学生组合，并兼顾男女比例，以保证学生能够最大限度的互补互助，使小组合作在短期内便能获得成效。

第二，精心的任务设计。任务的设计在很大程度上决定着学生是否能够有效地进行合作性的活动。因此，在任务设计上要本着趣味性和教育性结合的原则，尽量保持任务的多样性和真实性。另外，在任务的布置过程中应注意遵循阶梯性原则，由简及繁，由易到难。

第三，积极的评价。合作学习应定期地对小组活动进行评价，哪些活动可以继续或需要改进，以确保小组活动的有效性。但在实际的教学中，由于教学时间紧，教学任务重，教师往往忽略了这一环节，使得小组合作缺乏真实的反馈，也就无法在实践中得到改善与提高。因此，在教学活动中，教师应给小组留出足够的时间让其进行自评。

合作学习给我们的课堂带来了生机与活力，使得学生能够自主合作地学习、探究，并学会与他人合作的技巧，快乐地竞争，但在具体的课堂教学中，它还存在着很多的问题。如何进行多角度思维，优化改善合作学习，提高课堂的实效，是一个值得我们长期探讨和研究的问题。

第七章

大学生职业能力教育师资队伍建设

随着我国经济体制由计划经济向社会主义市场经济的转变,国家对大学毕业生也经历了从实施"统配统分"的毕业分配制度到"自主择业"市场型就业的过程。在新的历史时期,由于高校的大规模"扩招",大学毕业生的结构性就业矛盾日趋显现。因此,高校必须为大学毕业生就业提供完善的服务,建立一支大学生职业能力教育师资队伍就显得尤为必要和迫切。

一 大学生职业能力教育师资队伍内涵及职业特征

(一) 大学生职业能力教育师资队伍的内涵

从职业分类的广泛性上看,大学教师是一种职业。而职业化的实质是将专门化职业的具体要求逐步转化为个体所具备的职业基本素质的过程。大学生职业能力教育师资队伍就是职业化的结果,大学生职业能力教育师资队伍的角色一方面是教师职业的本职,即传授文化和技能,更重要的另一方面是由于他们与社会的密切结合,各行各业里职业化的规范要求还必须通过他向学生进行灌输和教育,这两个角色的确定也更加明确了大学生职业能力教育师资队伍职业化的具体内涵,即大学生职业能力教育师资队伍必须是一支具有良好职业道德和具备大学生职业能力教育能力的群体。

从职业分类的层次性上看,大学教师可以分为三类:第一类是专门从事科研的,第二类是专门从事教学的,第三类就是两者兼具的。专门从事教学的教师又可细分为从事基础课教学的，从事专业课教学的，等等。大学生职业能力教育师资队伍属于大学教师群体，是从事大学生职业能力教育教学的群体。但是，从事大学生职业能力教育师资队伍该如何界定，逐渐形成了三种代表性观点[①]：

第一，大学生职业能力教育师资队伍是指对大学生进行职业能力教育的主体，即实施大学生职业能力教育的教育者，既包括实施职业能力教育教学的教师，又包括开展职业咨询和指导的教师，还包括从事职业能力教育的管理干部。

第二，大学生职业能力教育师资队伍是指在高等院校中从事大学生就业指导和大学生就业工作的群体，包括高校大学生指导机构专职的就业工作人员，以及高校中从事大学生就业工作的诸多兼职人员。

第三，大学生职业能力教育师资队伍分为三个族群，即高校就业指导中心服务人员、高校职业指导（职业咨询人员）和高校院系的基层指导人员。

这些观点概括了国内目前的主要观点，对三种观点进行总结和概括，可以将大学生职业能力教育师资队伍分为狭义和广义两种。狭义的大学生职业能力教育师资队伍包括职业能力教育课程的授课教师、大学生职业生涯规划人员（包括职业指导师、职业咨询师）等，而广义的大学生职业能力教育师资队伍不仅包括上述人员，还包括与大学生职业能力教育相关的管理干部和其他服务人员。本书取狭义的概念。

（二）大学生职业能力教育师资队伍的职业特征

大学生职业能力教育教师是大学教师的一部分，从事大学生职业能力教育教学的教师与大学其他专业教师有许多相同之处，但也有自己的职业特征。

1. 大学生职业能力教育师资队伍与大学专业教师的相同点

第一，培养目标相同。高等教育的目的就是"培养德智体全面发展的社会主义事业接班人和社会现代化建设的高级专门人才"。高等

---

① 郭晶等：《大学生职业发展教育师资队伍建设研究综述》，《职业指导》2010年第2期。

学校的培养目标必须紧紧围绕着高等教育目的来制定。各种层次和类型的高等学校根据社会的需求、自身的特点，来确定自己学科、人才培养的特殊要求。国家中长期教育改革和发展规划纲要（2010—2020年）指出："高等教育承担着培养高级专门人才、发展科学技术文化、促进社会主义现代化建设的重大任务。""牢固确立人才培养在高校工作中的中心地位，着力培养信念执着、品德优良、知识丰富、本领过硬的高素质专门人才和拔尖创新人才。"这是高校人才培养的目标和要求，也是每位高校教育工作者必须遵循的工作准则，作为大学生职业能力教育师资，所开展的一切工作都是围绕着高等教育目的和高校培养目标的。

第二，服务对象相同。与高校的专业课教师一样，大学生职业能力教育师资队伍的服务对象是广大大学生。

第三，教学要求相同。大学专业教师，不仅要向学生传播文化科学知识，还要培养学生的专业能力。大学生职业能力教育的一项重要工作是开设职业能力教育课程，向学生介绍职业能力教育理论、择业技巧等知识。与大学专业教师一样，作为本课程的教师不仅要向学生传播有关知识，更要唤起大学生对职业世界的兴趣，培养他们的职业能力。

第四，师德要求相同。作为高校教师的一员，大学生职业能力教育师资队伍所有成员，必须忠诚于人民的教育事业，要把自身融入高等教育改革和发展的伟大事业中，把坚定的理想、信念与高尚的职业道德相结合，热爱学生，自觉做到尊重学生、了解学生、理解学生、信赖学生，以满腔热情关心学生的成长和发展。

2. 大学生职业能力教育师资队伍的职业特点

大学生职业能力教育师资是专门从事于大学生职业意识的培养、职业知识的传授、职业能力的培养、就业政策的指导、职业发展规划的咨询和择业技巧传授的工作，因此，它与大学其他专业教师有许多不相同之处。

第一，承担的具体任务不同。大学的专业学科教师，主要是系统传授学科的基础知识和专业知识，向学生介绍本学科的发展沿革及前沿领域，相关专业的行业发展趋势和职业岗位能力要求等。而大学生职业能力教育教师的职业属性，决定了其与大学其他专业教师不同的要求与个性化的特点。他们注重对学生进行职业意识的培养，系统地介绍职业的发展和分类，传授职业生涯发展理论、职业知识、职业能力、择业技巧等方面的知识，开展个别和团体职业咨询指导。

第二，工作方式不完全相同。大学生职业能力教育工作包含了教学、咨询指导、管理和市场开拓等，除了在教学上与专业教师的课堂教学有相似之处外，咨询指导、管理和市场开拓是其独特的工作[①]。

因此，大学生职业能力教育教师职业除了具有高校专业教师的共性之外，还具有自己独特的职业要求和职业特征，必须建立专门的培养制度和管理制度。

二　中国大学生职业能力教育师资队伍建设状况

近年来，我国高等教育蓬勃发展，为社会主义现代化建设培养了大批的高素质技能型人才。大学生职业能力教育教师队伍的规模也稳步扩大，素质结构不断得到优化。但是，我国大学生职业能力教育教师队伍建设状况仍不容乐观，因为其已难以适应高等教育快速发展的需要。

（一）师资队伍存在的问题

我国大学生职业能力教育起步较晚。在高校大规模扩招，大学毕业生就业暴露出一系列问题之后，各高校采取了一系列措施加强大学生职业能力教育，促进大学生顺利就业。近年来，我国各高校大学生职业能力教育快速发展，教师队伍不断壮大，队伍结构不断优化，有力地支撑了我国大学生职业能力教育的健康发展和教育教学改革的不断深入，但也存在一系列问题。

1. 师资队伍数量严重不足

根据教育部规定，高校从事大学生职业能力教育的专职教师和专职工作人员与应届毕业生的比例要保证不低于1∶500，但目前多数高校还没有达到这个比例。很多高校在就业指导人员严重不足时，就会临时

---

① 陈敏：《大学生职业发展教育师资队伍专业化研究》，华东师范大学博士学位论文，2006年，第46—48页。

抽调一些行政人员应急，使大学生职业能力教育的师资队伍总是处在一种临时拼凑的状态。由于大学生职业能力教育的专职人员不够，无法开展求职心理辅导、职业咨询和职业倾向度测试等个性化的求职指导，其他方面的就业服务也因人手不够而不能尽如人意。

2. 师资队伍专业化程度不高

大学生职业能力教育是一项专业性很强的工作，需要从事这项工作的教师掌握就业政策、就业指导、职业生涯规划、教育学、心理学、社会学、人力资源管理和法学等多方面的专业知识。由于我国高校从事大学生职业能力教育的人员多是原来从事思想政治教育的教师或从事就业和学生工作的行政人员，没有与大学生职业能力教育相关的专业背景支撑，缺乏对专门知识的积累和研究，而学校也缺乏对大学生职业能力教育教师的系统培训，所以队伍的专业水平不高，很难适应大学生职业能力教育的要求。

3. 师资队伍职业素养不强

由于高校大学生职业能力教育专职人员人数有限，多数人员是兼职，他们既要完成本职、本岗工作，又要完成与大学生职业能力教育有关的、繁杂的事务性管理工作，或承担教学工作，任务繁重，这使得很多教师难以形成为学生就业服务的强烈意识，表现在工作态度不够积极，大学生职业能力教育研究不够深入，解答学生咨询不够耐心，对就业政策、法规了解不全面、不及时，致使大学生职业能力教育指导性不强，指导质量不高[1]。而大学生职业能力教育的特点决定了教师既要有专业理论素质，又要有丰富的实践经验，而现在我国高校从事大学生职业能力教育的教师大都缺乏职业能力教育的体验，有的教师根本没有在企业里工作过或到企业里接受过实际训练。这样就造成理论无法联系实践，无法保证大学生职业能力教育的成效，使大学生职业能力教育只能局限于"纸上谈兵"的阶段，无法确保大学生职业能力教育的目标[2]。

---

[1] 赵宇：《浅谈我国高校就业指导师资队伍建设》，《黑龙江教育》2009年第1期。
[2] 方芳：《二批本科院校创业教育师资队伍建设研究》，西安工业大学硕士学位论文，2011年，第32页。

（二）师资队伍职前培养中的问题

1. 培养目标不到位

大学生职业能力教育师资培养目标是要培养能胜任大学生职业能力教育教学工作的教师，这种教师的基本质量规格就是"双师型"，即教师＋专业工程师，而实际培养中这一目标没能落实到位。大学生职业能力教育教师相对于普通教师而言，其素质构成更具复杂性。除需掌握本专业的学科理论知识体系、教育教学方法，还必须有本专业的实践经验，了解一线的技术应用现状，能为学生进行示范讲解，即使作为文化课教师，也应对学生的专业情况有所了解，要达到学术性、教育性、职业性的统一。然而在实践中，这三者常有偏重，尤其是学术性与职业性，由于生源、教师、教学条件、培养机制等因素的影响，两者很难实现共同发展。而教育性由于课程设置的不完善及培养方式的局限性，也常常受到削弱。相比较而言，德国就非常重视职业教育教师在职业界的实际工作经历，大学毕业生要成为大学生职业能力教育教师，要有 5 年或 5 年以上的工作经验。澳大利亚职业教育专业教师必须具有 3—5 年从事本行业工作的实践经验[①]。

2. 培养模式不科学

在我国大学生职业能力教育师资队伍的培养仍然沿用普通师资的培养模式，即学校本位培养模式，在大学课堂进行理论学习的时间占了绝大部分，到企业、学校实习一般只有几个月的时间，而从普通高校来的毕业生则缺少学校见习和实习，很多新教师上岗前对自己即将工作的环境、工作性质一无所知，缺少在实际工作场景中的训练，不仅从教后适应期较长，对新教师的心理也会产生影响。与之相比，德国的职业教育教师上岗前的培养主要分为两个阶段。第一个阶段是在大学师范教育阶段，通常为 9—10 个学期，学习结束后参加第一次国家考试或是硕士结业考试。第一次国家考试合格，并且证明已拥有与专业方向相应的职业经历，或完成了职业培训的学生，才能进入第二个阶段。第二个阶段是为期 4 个学期的见习期，见习生既要参加教育学、专业教学法方面的大

---

① 马必学等：《工学结合的三种课程形式在高职教育中的适应性分析》，《中国高教研究》2009 年第 9 期。

学研讨班的活动，又要到职业学校去见习，从事每周10课时的教学。第二次国家考试要求撰写课外论文，同时在职业专业方向和基础课方向各上一堂公开教学实验课，还有有关专业教学法、教育学、学校法的口试。只有通过第二次国家考试才有资格成为职业学校的教师。这种典型的"双师型"职教师资培养模式值得借鉴[1]。

3. 培养课程不合理

长期以来我国教师教育的目标偏重于培养学科专家型的教师，因此在培养大学生职业能力教育师资的过程中其专业课程也都是向学术性看齐，过分追求学科的系统性与内容的专、精、深，忽视了应用性、实践性的技术知识，导致很多大学生毕业后不会教书，学的理论知识用不上。在课程结构方面，教育类课程设置比例偏低，实践课程、选修课程较少，不利于师范生职业能力的形成、实践应用能力的提高以及全面素质的养成。

（三）师资队伍职后培训中的问题

1. 缺乏规范、长期性的培训规划

教师的培训是一项长期甚至终身的任务，特别是大学生职业能力教育教师。由于科学技术的迅猛发展，无论是学科知识还是技术应用，更新速度都非常快。因此，职后培训是大学生职业能力教育教师教学保持先进性、生命力、竞争力的必要途径。然而现实情形却是只要学历达标了，大学生职业能力教育教师的职后培训就变成了可有可无、时有时无、无计划、无规范的事情了，缺少不断促进教师职业成长的长远的、可持续发展的培训规划。而德国各联邦州的法律规定，大学生职业能力教育师资需要不断进修，每年每位教师有5个工作日可脱产带薪参加继续教育。

2. 缺乏灵活、多样性的培训机构

随着高校结构调整以及教师教育体制改革的深入，教师教育一体化正成为改革的方向之一。但这对于大学生职业能力教育教师而言，仍然

---

[1] 丁钢：《比较视野中我国高职师资培养的思考》，《中国职业技术教育》2005年第2期。

存在不足。一方面，高校主要进行的是学历教育，且都在大中城市，承担繁重教学任务的一线教师不可能经常往返学习；另一方面，大学生职业能力教育教师除了理论进修外，更重要的是要接触生产实际，了解企业，企业培训应是职教师资培训的重要方面，但这个培训资源还没有得到有效利用，针对教师的有计划、有目的的培训还有待落实。

3. 缺乏自主、个性化的培训内容

教师职后培训应该是与教师的实际工作紧密联系，能帮助教师解决教学中的困难、提升其教学水平、促进其专业发展的。但在我国，教师对所培训的内容没有自主选择权，很多培训是作为任务、考核条件、评价标准必须完成的，至于每位教师各自需要什么内容的培训很少有人关注，甚至教师本人也逐渐淡漠了对自身专业发展的自觉性。教师进修的课程内容一方面存在着陈旧落后、缺乏新颖性的问题，另一方面还存在着盲目超前的问题。由于培训内容与教师工作实际脱节，导致教师缺乏参与培训的积极性，培训效果也很不理想，存在重形式、轻实效的倾向。而英国的教师培训非常注重教师的谈判权、参与计划权和选择权。在参加培训前，教师要和大学教师的培训机构进行谈判。谈判中教师提出自己的受训目标，适当的学习时间、地点、学习内容和方法，以及希望什么样的教师来执教等要求，培训机构根据教师的不同要求制定可供教师选择的培训草案。草案先交教师讨论，提出修改意见，再由负责培训的大学修改，直至教师同意才最后确定。在这个过程中，教师有充分的话语权。通过这样的程序制定出的培训方案针对性很强，能真正起到服务教育、服务教师的作用[①]。

4. 缺少激励、发展性的培训评价

导致大学生职业能力教育教师培训积极性不高、培训效果不理想的另一个重要原因是缺少有效的培训评价机制。所谓有效的评价，即评价活动、评价结果不仅仅是对被评价事物给出一个结论，而是能通过评价促进其更好地发展。长期以来，对大学生职业能力教育教师的培训评价主要是从管理与考核角度出发，有的甚至把培训当作考勤，而不管培训

[①] 郑秀英：《职业教育教师专业化问题研究》，天津大学博士学位论文，2010年，第32—34页。

内容、培训效果如何，造成教师对培训的消极态度甚至抵触情绪。而且，由于评价观念、内容、方法的落后，评价的结果不能说明教师培训的实效以及被评价教师的素质实况，其效度、信度较差。为此，必须提出激励性、发展性的培训评价，即从管理为导向转向促进教师专业发展，评价应注重教师专业成长的过程①。

三 大学生职业能力教育师资队伍建设比较研究

世界上发达国家大学生职业能力教育的成功经验之一，就是加强师资队伍建设来促进大学生职业能力教育健康、稳定发展。

（一）美国

美国大学生职业能力教育师资队伍具有职业化和专业化的特征。所谓职业化，即美国大学生职业能力教育由职业的生涯咨询师来承担；所谓专业化，即美国高校以专业硕士的形式来培养生涯咨询师。

1. 生涯咨询师教育的发展历程

20 世纪初到 20 世纪 30 年代，美国的生涯咨询师教育处于初期阶段。在这个时期，美国的职业咨询也处于初期阶段。确切地说，是美国的职业指导刚刚兴起。由于此时职业指导发展并不复杂，无论是理论还是实践都不完善，因此对从事此工作的人员素质的要求不高，培养与教育尚未受到足够的重视。

20 世纪 40—50 年代，美国的职业咨询师的教育进入快速发展阶段。职业咨询师教育的规模急剧增大，专业性不断增强。专门的培养机构、专业的培训人员、系统的课程和多样的培养模式开始出现。20 世纪 70—80 年代，随着美国职业指导向生涯咨询转变的完成，美国生涯咨询师教育也进入了一个新的阶段。在这一时期，美国职业指导人员的称谓发生了变化，从"职业指导者"和"职业咨询师"变为"生涯咨询师"。生涯咨询师的专业性进一步增强，培养过程更为复杂，培养机制

---

① 贺文瑾等：《我国职教师资队伍专业化建设的问题与对策》，《教育发展研究》2005 年第 10 期。

更为完善。

随着生涯咨询将职业指导取代，美国生涯咨询师教育也经历了发展初期、蓬勃发展阶段以及专业化阶段。如今的美国生涯咨询师教育已经发展成为一个较为完善的体系。

2. 生涯咨询师培养和培训

美国生涯咨询师教育主要由高校负责，进行硕士研究生以上阶段的培养，主要招收具有大学本科学历的学生。学生本科学习专业须为教育学、心理学、社会学或相关专业，并通过研究生入学考试。一般情况下，硕士学制为2年，毕业授予咨询学硕士学位。

目前，现在美国共有约200所大学开设生涯咨询课程，培养大学生职业生涯咨询专业硕士。生涯咨询专业硕士是以培养从事为在寻找职业以及生涯发展遇到问题的个体提供生涯咨询、信息支持等帮助方面工作的实践型、复合型高级人才为目标，是咨询学各个项目的总体培养目标。其应掌握的知识与技能大致划分为四个层次。

首先是要求包括学校咨询、生涯咨询、心理健康咨询等专业在内的所有硕士研究生需要掌握的知识与技能，包括人类成长与发展、社会与文化基础、帮助关系、团体、生活方式与生涯发展、鉴定、研究与评估、职业向导8个方面。这些是对各咨询专业学生都要求掌握的知识和技能，可以称其为准备阶段的能力要求，接下来针对生涯咨询专业课程可分为生涯咨询基础能力要求、生涯咨询相关能力要求和生涯咨询实践专门知识与技能。

在掌握了生涯咨询基础能力和生涯咨询相关背景知识与能力后，生涯咨询实践专门知识与技能明确要求掌握以下10个方面的内容。

第一，生涯发展理论：这是从事生涯咨询与发展工作的专业人员必备的理论基础知识。

第二，个人与团体咨询技能：这是进行有效生涯咨询所必备的对个人和团体的基本咨询能力。

第三，个人与团体测评：这是从事生涯咨询的专业人员必备的对个人和团体的测评技能。

第四，信息与资源：这是从事生涯咨询的专业人员所必备的信息数据与资源。

第五，项目管理与实施：这是在各不同机构中进行发展、规划、实施和管理综合生涯发展项目所需具备的管理与实施技能。

第六，讨论：这是与影响生涯咨询和发展过程的相关个人或组织相沟通的知识技能。

第七，特殊人群：这是关于影响生涯咨询和发展过程的相关特殊人群（如残障人士、育后妇女、特殊性取向者）的知识技能。

第八，督导：这是严格评估咨询师的现行表现、提升专业水平，以及在生涯咨询时必要情况下向他人寻求协助的知识技能。

第九，职业道德与法律问题：这是指进行生涯咨询实践过程当中必须掌握的职业道德以及相关法律的信息。

第十，研究与评估：这是指在生涯咨询和发展中能够实施研究与评估的知识技能。

修完生涯咨询硕士课程并取得生涯咨询硕士学位后还不能直接成为生涯咨询师。要想以一名生涯咨询师的身份从事生涯咨询领域的工作，还需要通过其资格认证。在经过了一定时间的实习，获得了资格认证后，生涯咨询师就可以到社区、企业、学校进行服务，或是自己开办生涯咨询事务所。统计表明，80%的生涯咨询师工作在高校，为大学生服务。就职之后，生涯咨询师主要在协会的支持下接受继续教育，以便在实际工作当中不断提升自己的生涯咨询技术，不断完善生涯咨询的过程[1]。

作为行业协会，国家生涯发展协会（NCDA）在美国生涯咨询师的继续教育中起到重要作用。NCDA通过举办年会以及远程教育等方式对生涯咨询师进行继续教育。国家生涯发展协会的大力支持和先进的远程教育技术对美国生涯咨询师继续教育起到了十分积极的影响，在生涯咨询师的职后发展过程中，对于提升其生涯咨询技术，完善其生涯咨询过程起到了重要作用。

（二）英国

英国是世界上最早开始工业革命和实现现代化的国家，其大学生职业

---

[1] 李国兴：《美国生涯咨询师教育及对我国的启示》，东北师范大学硕士学位论文，2008年，第13—15页。

能力教育师资培养与培训历史悠久，且非常重视大学生职业能力教育师资队伍建设，把提高师资队伍建设的质量视为教育改革的重要内容，并确立了系统而严格的大学生职业能力教育教师资格标准和规范化的培训制度。

1. 大学生职业能力教育教师的专业标准

英国没有专门的大学生职业能力教育教师的专业标准，对于大学生职业能力教育教师来说，必须具有与普通教育教师一样的专业标准，即与普通教师一样具备任职资格和能力要求。

英国的教师专业标准分为5个级别：合格教师标准、入职教师标准、资深教师标准、优秀教师标准和高级技能教师标准。合格教师专业标准包括3个一级指标、17个二级指标。具体如下：

——专业特性（4项）：（1）与孩子们、年轻人的关系；（2）组织；（3）交流与合作；（4）个人专业发展。

——专业知识及专业理解（6项）：（1）教与学；（2）评价与监督；（3）学科与课程；（4）读、写、算能力及信息交流技术；（5）成绩与差异；（6）健康。

——专业技能（7项）：（1）计划；（2）教学；（3）评价、监督、反馈；（4）教学反思；（5）学习环境；（6）团队合作；（7）持续的团队合作。

该标准从17个方面对合格教师提出33项要求，这些要求特别强调教师对个人专业发展重点的规划，反思并改进实践，并由自己负责鉴别、满足个人专业发展的需求；强调教师间的合作与交流，期望教师具有合作的意愿，能鉴别与同事合作、有效实践、共同发展的机会，认可并尊重同事、学生监护人在学生的发展与进步中的作用；对学生寄予高期望，理解学生的发展、进步、健康受社会、信仰、伦理、文化、语言等因素影响，尊重差异，在教学实践中提升平等与包容，因材施教，等等①。

2. 大学生职业能力教育教师的培养培训

英国大学生职业能力教育教师的培养培训采用"三段融合"的培养

---

① 赵惠君：《英国合格教师多元培养模式与最新专业标准》，《教师教育研究》2007年第7期。

模式：把师资的职前培养、入职辅导和职后培训三个阶段有机地联系起来，将教育与培训贯穿教师个人职业生涯发展的始终。通过职前教育，帮助有意成为教师的人员获得政府认可的教师资格；入职辅导则是帮助教师快速进入专业角色；通过职后培训，帮助教师不断更新自身知识体系，提升教学能力，成长为一名优秀的大学生职业能力教育教师。

职前教育主要在高等教育学院完成。培养方式大致为：首先在大学接受教育，获取教师资格证书。主要有两种情况：一是完成本科教育。一般在大学修读本科课程，学习的科目中包括一门或多门有关教育经验和教育理论的课程，本科毕业时获得学士学位和教师资格证书。二是完成研究生教育。研究生毕业时获得教育学研究生毕业证书和教师资格证书。科目包括科学、数学、英语、历史、地理、音乐、艺术、体育、宗教以及技术等。其次进行教学实习，获得教学所需要的经验。最后到企业或商业部门一线岗位工作，获得该行业最新的技术与管理技能。

入职培训一直受到英国政府的重视。英国要求新教师在入职前需要接受必要的入职培训，由最有经验的老师担任其指导教师，对他们的日常教学进行指导和帮助。指导教师要根据每个新任教师的具体情况制定适合其发展的目标和计划，并以此为根据开展指导工作。在英国，由于大学生职业能力教育具有其特殊性和重要性，这就要求大学生职业能力教育教师不仅要掌握本专业学科理论知识和教育方法，还必须要具有本专业的实践经验，随时更新本专业最前沿的技术应用成果，同时还能为学生进行示范讲解。由此可见，教师的学术性、技术性这二者的关系是一个难以平衡的问题。因此，要想解决这个平衡问题，大学生职业能力教育教师的标准就必须达到"教师+专业工程师"，也就是"双师型"教师，才能做到二者统一。而作为新教师要做到尽快胜任当前教学工作，入职培训是大学生职业能力教育师资培养中的重要一环。

职后培训主要分为两种：一种是提升大学生职业能力教育教师的教学能力。这种类型一般是由教师提出申请或是由任职学校推荐，进入到指定的培训学校，从而获得有关教学方法和能力的指导和培训。另一种是提升职教教师的专业实践能力。由此可见，教师的职后培训的主要目标是提高在职教师的教学水平能力，同时满足教师个人职业生涯发展的需要。通过职后培训，不仅促进了教师的个人专业发展，提高其自身素质、教学水平等能力，还提高了大学生职业能力教育的质量[①]。

"三段融合"培养模式体现了大学生职业能力教育教师的职前教育、入职辅导和职后培训的方方面面，从教师成长的整个过程来推动大学生职业能力教育教师的培养，充分体现了教师职业生涯发展理论、终身教育思想和资源优化配置等原则在大学生职业能力教育师资培养实践中的作用。

此外，英国还实行"效果导向"的大学生职业能力教育教师培养模式。"效果导向"是随着教师专业化运动的发展以及教师职业标准的确立而出现的，它为教师职业发展提供了方向。只有通过"效果导向"模式的大学生职业能力教育教师培训，达到大学生职业能力教育的教师标准，才能取得相应的职业资格。该模式的主要特征为：课程模块化，充分体现学习者的主动性；课程内容和顺序由学习者根据需要自行安排，以通过考核达到职业标准要求为获得职业资格证书的依据。

英国对大学生职业能力教育兼职教师的培养也很有特点。英联邦成员国成立的学习共同体，为大学生职业能力教育师资的培养培训开发了"在线课程"。该课程由17个模块组成，主要内容包括组织知识、教育学知识、经济学知识和教育技术知识，可以根据新教师培训和在职教师培训的具体情况灵活地选择学习内容，这就是所谓的"附加模式"。"附加模式"适用于将有经验的专业技术人员培养成大学生职业能力教育教师，这类教师的专业技能熟练，经过教育教学知识技能的培训后，能够很好地胜任实习车间（工场）里实训教师的角色，并能够促进行业界与学校的沟通[②]。

英国政府十分重视大学生职业能力教育教师的可持续发展，并采取了诸多措施，促进大学生职业能力教育教师的可持续发展。其中最重要的是于2001年颁布了改革教师专业发展的文件——《教学与学习：专业发展战略》。该战略试图通过加大资金投入，为教师培养培训创造更多的时间与机会、帮助教师选择那些可能对他们的教学产生最大影响的发展活动、规范地完善、鉴别和推广专业发展中的良好实践、提升学校

[①] 李黎：《英国职教教师的培训与专业发展》，《吉林省教育学院学报》2011年第5期。

[②] 吴全全：《职业教育"双师型"教师基本问题研究》，清华大学出版社2011年版，第63—66页。

和教师对专业发展的期望值、在专业发展机会及其对教学和学习的影响中进行高质量的研究和评价六个方面来促进教师的专业发展。

仅就第一个方面来讲，英国政府从2001年开始未来3年中将投入1200万英镑用到"最好实践研究经费"和"教师的国际性专业发展"；投入3000万英镑用于拓展"专业奖学金"计划；为那些有5年以上工作经验的教师安排年休假，政府将为此拨款2500万英镑；政府将在教师教学的第二和第三年引导专业发展，以巩固其入职教学经验。为此，从2001年9月起将拨给2500万英镑的资金；预计到2003—2004年，政府用于支持教师专业发展的资金将比2001年增加4倍。未来3年中，这些增加的资金将为70000多名教师提供发展的机会。

制定这一战略的目的是给予教师更多相关的、集中的和有效的专业发展，并且把专业发展置于学校改进的中心地位。通过"专业发展"，提高教师的技能、知识和理解力以及他们在学校中的工作效率。

(三) 德国

德国高等学校教育体制从横向上可分为普通教育体系和职业教育体系。德国普通高等学校偏重于"纯科学、无目的研究和教学"，高等职业教育是由高等专科学校和职业学院实施的。高等专科学校接近于中国的本科学校，其在德国高等职业教育体系中占据了最高的位置，以培养应用型高级人才为主，教学的基本任务是对学生实施应用性的教学以准备今后的职业生涯，是德国工程师的摇篮，同时也是德国高等职业教育的主体。

1. 师资的准入资格

德国高等职业学校只有一个职称层次，即教授，其他均为教辅人员，如指导实训、协助科研等。教授一般要求符合五项基本条件：综合大学相应专业毕业；具有相应专业的博士学位（若无博士学位，需在科研上具有突出贡献）；5年以上的专业工作经验，其中至少3年在企业；具有将科学技术成果转化成实际应用的能力和突出表现；发表相应的专业学术论著或专利。这样的教授既有扎实的科学理论知识，又有丰富的实践经验[①]。

2. 师资的培养和培训

1969年《职教法》和1973年《高等教育、职业教育专业培训及考试细则》的颁布，使德国职教师资培训实现了规范化。细则规定，职教教师应掌握两门专业课及教育学、社会学知识。职业学校教师的培养（职前）分为两个阶段，首先是大学师范教育阶段（9—10个学期），学习一个职业教育主修专业，选修一个辅修专业，学习结束后参加国家考试Ⅰ或硕士结业考试。第二个阶段是为期4个学期的见习期，受训者一方面参加大学的教育学、专业教学法等方面的研讨，另一方面还要到职业学校见习，从事每周10课时的教学以及咨询、辅导、"学校构建"等。见习期结束，参加国家考试Ⅱ，主要是撰写论文、上公开教学实验课，还有相关专业教学法、教育法、学校法的口试。考试通过者获得教师资格证书，有资格成为职业院校教师[②]。

在培养模式上，依照国家职业分类标准及对学生就业有实际帮助的相关职业证书的要求，调整教学内容和课程体系，把职业资格考试课程纳入教学计划之中。将证书课程考试大纲与专业教学大纲相衔接，改进人才培养方案，创新人才培养模式，强化学生技能训练，使学生在获得学历证书的同时，顺利获得相应的职业资格证书，增强毕业生就业竞争能力。开发高等职业教育资格标准，建立高等职业教育院校学生职业资格鉴定认证体系，试行高等职业教育专业技能考核与国家职业资格考试和社会化技能证书考试接轨。

根据德国法律规定，职教教师需参加继续教育。建立了职业教育教师到企业实践的制度。鼓励教师从事产学研结合，加强学校与企业的经常性沟通与联系，使高等职业教育更紧密地贴近生产、锻炼、造就一支既有理论知识，又具有专业技术实践能力的"双师型"教师队伍；支持专业教师走出学校，面向企业、面向生产，主动开展技术开发、技术服务、咨询等；安排专业教师定期到企业或生产服务一线从事工程实践，开展行业或专业的社会调查，了解自己所从事专业目前的生产、技

[①] 舒光伟：《德国高等应用型人才培养的特征和启示》，《全球教育展望》2005年第3期。
[②] 翟法礼：《德国职业教育发展模式概述》，《英才高职论坛》2006年第2期。

术、工艺、设备的现状和发展趋势,以便在教学中及时补充和反映生产现场的新科技、新工艺;采取积极措施让实践性较强的专业教师申请评定第二个专业技术资格。鼓励教师在职进修,树立开放式师资队伍培训观念,建立全方位、多渠道、"立体式"培训模式。为教师提供参加以提高教学水平为内容的骨干教师进修班,参加学术会议和以课程改革、教材建设为内容的短期研讨班、讲习班的机会;鼓励教师攻读硕士学位,让教师最大程度地获取相关专业领域的前沿知识和具有现代性、创新性的教学方法①。

为了激励教师参加进修,德国还规定每4年由各教育局督学对教师进行一次严格考核,并将考核成绩与教师晋升相联系。近年来,德国很多职业教育学校成立了教师参与的专门管理小组,对教师继续教育、学习效果等进行监督。

德国高等职业教育严格的教师资格准入、完善的师资培养以及对教师继续教育的要求,造就了一支高水平的职教师资队伍,为其高质量的教育水平提供了保障。

(四) 澳大利亚

澳大利亚职业教育的师资队伍建设主要体现在师资培养、师资管理和师资培训等方面。

1. 培养和培训

澳大利亚大学生职业能力教育师资主要由高等教育学院和大学培养。在高等教育学院,其专任师资培养的学位证书制度包括:为非教育专业的大学本科毕业生所设立的教育证书,学制1年;为大学本科毕业生设立的特殊教育证书,学制1年;教育学士学位,学制4年;教育硕士学位,学制1年。在大学,其专任师资培养的学位证书制度包括:教育证书,学制1年,招收已取得文理科非教育学位的本科生;单科教育证书,如教育管理证书、音乐教育证书、教育技术证书等,学制1年,招收本科毕业生;教育学士学位,学制4年;教育硕士学位,学制1

---

① 李坚利:《感受德国高等职业技术教育》,《长春理工大学学报》(社会科学版) 2006 年第3期。

年；博士学位。以上可见，澳大利亚高等教育学院和大学通过设立多种专业、多级水平的教育证书，共同组成了一个完整的专任师资培养的学位证书体系。

为了适应能力本位大学生职业能力教育的需要，澳大利亚非常重视大学生职业能力教育教师的能力培养。对专任师资，除要求必须具有丰富的专业知识外，还必须具有从事跨学科的教学能力，特殊教育能力，环境教育能力，运用现代教育信息能力，编写教学计划、讲授理论课和指导学生实践的能力。一专多能是对专任职业教育师资的基本要求。

澳大利亚大学生职业能力教育专任教师必须具有3—5年从事本行业工作的实践经验。为了丰富职业教育专业教师的专业实践经验，学校一方面加强与企业用人单位的联系，让学生到企业生产车间去专业见习，以开阔学生的视野，深化对专业理论知识的感性认识；另一方面聘请有丰富实践经验的企业技术人员到学校讲授有关专业知识，请企业技师到学校示范专业技能操作；还派学生到企业生产第一线接受专业实习，由企业工程技术人员手把手地进行指导。

澳大利亚一方面通过高等院校大量培养高学历、高素质的大学生职业能力教育专任师资，另一方面从社会大量选聘专业技术人员接受师范教育而成为兼职教师。专兼职结合是澳大利亚大学生职业能力教育师资的主要特色，专兼职结合较好地解决了因专业转换所导致的大学生职业能力教育专业教师的不足，并且专任职业教育教师和兼职职业教育教师因各自所具有的优势和不足，可以互相交流，取长补短，有利于师资队伍整体水平的提高。

2. 师资管理

澳大利亚重视职业教育的师资管理，注意运用竞争机制、激励机制和约束机制来调动教师工作的积极性，提高教学质量。教师管理的特点是：第一，教师采取聘任制，通过发布招聘广告、个人申请、面试和录用等几个步骤向社会公开招聘。一旦应聘者合格，教育部门就给予其录用通知。新教师的聘任由学校人力资源部负责，由学校理事会签订任职合同。教师被正式录用前，须经过一年试用期。第二，注重对教师的教学评估。通过定期对教师的教育教学工作进行评估和报告，以此作为奖惩的依据。评估包括评价教师所教学科的知识水平、钻研精神和教学效果，评价教师的视野、进取精神和对学生能力发展的重视程度；评价教师的工作能力、教学技巧和对学校政策理解情况等。第三，实行科学的师资管理制度，如采取特殊的工资制度，职工定编定员工作与年度经费挂钩；制定教师岗位职责并严格执行，明确规定教师的招聘、辞呈或辞退等；颁布了若干有利于新教师迅速成长的特殊政策，最主要的两条是减轻新教师的工作量和为新教师提供观摩邻近学校教学的机会①。

四 大学生职业能力教育师资队伍建设的对策

影响大学生职业能力教育质量的因素是多方面的，但师资队伍建设的水平，无疑是最重要的决定因素。当前我国高等教育改革发展进入了一个新的阶段，办好让人民满意的高等教育，对大学生职业能力教育师资队伍建设提出了新的更高的要求。如何有效打造高水平的大学生职业能力教育教师队伍是高等教育发展过程中所必须回答的问题。

（一）"双师型"师资队伍建设

1. 大学生职业能力教育教师专业化

（1）教师专业化

教师专业化是职业专业化的一种类型，质言之，教师专业化是指一个人在接受专业教师教育之后，具备作为一名教师的基本素质，并在整个职业生涯中，通过终身专业训练，获得教育专业知识技能，实施专业自主，表现专业道德，并逐步提高自身从教素质，成为一个良好的教育专业工作者的专业成长过程，也就是一个从"普通人"变成"教育者"的专业发展过程。

那么到底什么是教师专业化呢？我们可以从动态和静态两个方面来理解教师专业化的相关内容。从动态的角度来说，教师专业化是指教师在严格的专业训练和自身不断主动学习的基础上，逐渐成长为一名专业人员的发展过程。这一发展过程的实现不仅仅需要教师自身主动的学习和努力，以促进和提高自己的专业能力，而且良好的外部环境的创设也

---

① 吴全全：《教育"双师型"教师基本问题研究》，清华大学出版社2011年版，第4页。

是教师专业成长所必不可少的重要条件，如积极地为教师提供接受专业职前教育、在职培训的机会和条件；在教师的成长过程中，其自身和外部环境这两个方面的因素是相互作用、相互促进，缺一不可的。而从静态的角度说，教师专业化是指教师职业真正成为一个专业，教师成为专业人员得到社会的认可的这个发展结果。因此，教师专业化不仅是教师教育的过程，而且是教师教育的目标和发展趋势，体现了对教师专业水平和社会地位的一种肯定和认可。简言之，教师专业化是指教师个体的专业水平提高的过程以及教师群体为争取教师职业的专业地位而进行努力的过程，前者是指教师个体专业化，后者是指教师职业专业化。教师个体专业化和教师职业专业化共同构成了教师专业化。

（2）大学生职业能力教育教师专业化的职业性

大学生职业能力教育教师作为教师队伍的一个组成部分，其专业化当然也具有教师专业化内涵的共性。根据专业本身的特点，采取灵活的教学手段进行技术能力训练，将教育理论运用于专业教学之中，这是任何一个学科或专业的教师都面临的任务。但由于大学生职业能力教育的教学目标、教学内容和教学对象的特殊性，因此，大学生职业能力教育教师专业化又具有自身的特殊性，具体表现在：

第一，大学生职业能力教育教师专业化具有多维性。多维性体现在四个方面：其一是对大学生职业能力教育理论及相关知识的学习，强化对大学生职业能力教育的特征及规律的认识，掌握大学生职业能力教育的专业教学法；其二是必须具有一定的专业理论知识，这是现代生产模式对大学生职业能力教育提出的要求；其三是强调教师的专业实践技能，因为大学生职业能力教育培养的是在生产、服务、技术和管理第一线工作具有综合能力的高素质劳动者，培养目标不是再现知识，而是完成具体情境下的职业任务。因此对教师专业知识的实践转换能力及相应的情境性提出了较高的要求。由于职业活动所需要的往往是多学科的综合知识和技能，这就提出了大学生职业能力教育教师专业化的第四个维度，即跨专业的知识和技能。

第二，大学生职业能力教育教师专业化特别强调发展性。由于职业领域的持续变化，大学生职业能力教育与经济和社会关系更为密切，教师的专业理论知识、实践技能以及跨专业的知识和技能必须随着技术的发展和企业组织模式的变化而不断发展。教师应该随时保持对专业领域前沿的技术知识、先进的生产设备的了解，并将其引入教学。从上面的分析中可以看出，大学生职业能力教育教师的专业化体现出了强烈的职业性。对大学生职业能力教育教师而言，其专业化的具体表现——职业教育教学的能力，就应从职业性的需求出发去思考教育性的结果：它不仅应该涵盖普通教育学和教学论知识，而且必然涉及大学生职业能力教育学与大学生职业能力教育教学论的知识范畴；它不仅应该掌握普适性的关于专业及其学科结构的科学知识，而且必须掌握特殊性的关于职业及涉及职业运行的工作过程知识。

具体来说，根据现代职业教育对于大学生职业能力的教育教学所提出的要求，大学生职业能力教育教师除了应该具备过硬的与职业相关的专业理论功底、专业技术能力，同时还必须掌握与工作过程、技术和职业发展相关的知识；除了能致力于专业知识的传授，同时还要具备从教育学角度将这些知识融入教育教学的能力；除了必须具备发现问题的能力，同时还必须具备制订解决问题的方案和策略的能力；除了必须熟悉相关职业领域里的工作过程知识，同时还必须有能力在遵循职业教育教学论规律的前提下，将其集成于课程开发之中并通过行动导向的教学实现职业能力培养的目标。

由此，大学生职业能力教育教师的教育教学能力就凸显了其在两个职业领域里进行：一是作为大学生职业能力教育教师的教学实践，它存在于教学的具体组织与实施过程中；二是作为专业技术人员的生产实践，它存在于生产劳动的具体组织与实施过程中。大学生职业能力教育师资的任务，是使学生具备在企业从事专业技术工作必须具备的职业能力，因此大学生职业能力教育师资的教学实践必须与不断变化的专业技术人员的职业实践相适应。

（3）大学生职业能力教育教师专业化发展要求

无论是职前还是职后，大学生职业能力教育教师的专业化发展必须符合以下四个方面的要求。

第一，要强化专业理论知识的更新，即掌握与职业领域相关的本专业领域的最新理论以及涉及前沿技术和关键技能的理论知识，以便使其有能力在入职后的漫长职业生涯中，随时跟踪社会现实职业工作的不断变化，及时吸纳与职业领域相关的专业领域里的最新出现的知识与技能，重构教师自身动态的、与职业相关的专业理论知识体系，以满足实施高质量的大学生职业能力教育教学的要求。为此，应该建立大学生职业能力教育教师专业知识更新的长效机制。要针对新产品、新材料、新工艺、新技术、新设备，以及新职业、新岗位中所产生的新技能的新需求，选取和补充相关的学习内容。

第二，要强化企业职业实践的训练，即直接参加与职业有关的企业实际工作的训练，通过职业考察、企业实习、顶岗工作、脱产代岗等多种方式，熟悉并掌握相关的典型的职业工作任务和职业工作过程知识及经验。企业实践训练不仅应该贯穿于从事大学生职业能力教育教师入职初期的适应阶段到多方面积累教学经验的成长阶段，直至专业素养趋于稳定的成熟阶段的全过程，而且在大学生职业能力教育教师职前培养的过程之中，就应该成为教育教学内容的不可或缺的一部分。只有这样，才能以此促进大学生职业能力教育教师专业工作能力的增强。

第三，要强化职业教育理论的学习，即学习与职业有关的基本的教育理论。通过大学生职业能力教育教育学和大学生职业能力教育教学论等相关理论的学习，促进大学生职业能力教育教师教育理论水平的提高，强化对大学生职业能力教育的特征和规律的认识，尤其是对大学生职业能力教育的对象、专业、课程与教学过程的特征的认识，掌握大学生职业能力教育的专业教学法。目的在于，"大学生职业能力教育的师资，必须有能力从教育者的角度，既可对职业性专业工作的内容及其关系进行开发，又可对实践者非学科性的知识（即经验）予以处置，使其结构化并予以评价。前者涉及基于职业工作过程的、与专业科学相关的实践及其知识储备，后者则涉及基于大学生职业能力教育教育过程的、与教育科学相关的实践及其知识储备"。在这里，尤其要掌握作为任何一种教育都必须关注的核心能力课程开发和课程实施的能力。这里凸显的是"基于工作过程的教学过程的设计能力"。

第四，要强化职教教学实践的效果，即参加与职业有关的教育过程的设计与实施。通过在具体的职业领域的教学活动中，在熟练掌握职业工作任务和职业工作过程实践的基础上，运用大学生职业能力教育教育学和大学生职业能力教育教学论的理论，开发大学生职业能力教育课程，成为驾驭大学生职业能力教育教学过程的能手，并能根据自己的教学实践开展教学研究，以促进大学生职业能力教育教师教学行动能力的提高。鉴于大学生职业能力教育受教育对象的智力特点，因此，通过从实践（企业实践）—理论（教育理论）—实践（教学实践）的过程，使大学生职业能力教育教师始终保持与企业最新职业情境的紧密接触，始终保持对大学生职业能力教育理论最新发展的跟踪学习，始终保持对教学实践最新改革的不断反思，以此不断提高自身的专业化素养，促进自身的专业化进程[①]。

2. "双师型"教师与师资队伍的专业化

（1）"双师型"教师的含义

"双师型"教师是中国职业教育界提出的一个概念，是中国职业教育"发展到一定阶段产生的一个独特概念"。早在20世纪90年代初，"双师型"教师的概念就已出现。1990年12月5日，《中国教育报》发表了王义澄《建设"双师型"专科教师队伍》的文章，介绍了上海冶金专业专科学科培养"双师型"教师的具体做法。该文第一次提出了"双师型"教师的概念。

在国家层面上，"双师型"教师概念始见于1995年原国家教委《关于建设示范性职业大学的通知》。其中，关于"申请试点建设示范性职业大学的基本条件"的第四条曾明确指出：要"有一支专兼职结合、结构合理、素质较高的师资队伍。专业课教师和实习指导课教师具有一定的专业实践能力，其中1/3以上的达到'双师型'教师"。

关于"双师型"教师的含义，国内许多学者进行了专门研究。归纳起来，可以分为三类：一是基于教学能力的"双师"——既能传授理论，又能指导实践；二是基于资格证书的"双师"——既有教师资格证书，又有专业资格证书；三是基于知识结构的"双师"——既精通专业技术，又掌握师范技能。

基于教师个体，"双师型"教师的含义被解释为两种：一是具有"双职称"、"双资格"或"双证书"的教师即为"双师型"教师。卢

[①] 吴全全：《高等职业教育"双师型"教师基本问题研究》，清华大学出版社2011年版，第100—101页。

双盈认为：教师在获得教师系列职称外，还需要获得另一系列的技术职称，如"教师+中级以上技术职务（职业资格）"，或者"教师+技师（会计师、律师、工程师等）"。① 姚贵平也认为：凡是持有"双证"（教师资格证和职业技能证）的教师就是"双师型"教师。也就是说，具有工程师、工艺师等技术职务，取得教师资格证并从事职业教育的教育教学人员，即为"双师型"教师。② 二是具有"双能力"、"双素质"的教师即为"双师型"教师。吴诗芬从能力角度出发，指出："双师型"教师具备两方面的能力：一方面他们具备坚实的基础理论和专业理论知识，熟悉高等教育规律和教学方法，在课堂上能言简意赅、深入浅出地为学生传道、授业、解惑；另一方面他们又必须对于工程实践有足够的了解和经历，具有较强的实际动手能力，理论联系实际，在实践教学环节或实验教学中充分展示出高超、娴熟的技能。成为学生获取专业实践技能的表率。③ 贺文瑾从素质角度出发，指出："双师型"教师是根据职业教育培养应用型人才的需要对专业课教师提出的素质要求。"双师型"教师应当是具有教师应当具有的全面的职业素养，即一个专业教师既具有教师的职业素质，又具有其他行业的职业素质。④

能力说从职业教育教师所承担的教学任务和能力两个方面，对"双师型"教师能"做什么"进行了描述。这种解释的好处在于能够紧扣职业教育理论与实践紧密联系的特征，并由此审视教师所承担的任务及其能力要求，从而将职业教育教师与普通教育教师加以区分；素质说重视职业教育专任教师的企业经历，对职业教育专任教师的基本素质提出了要求。尽管"双职称"说对"双师型"教师的理解相对简单，也即简单地将两方面能力的相加，而没有综合考虑并界定职业教育教师必须具备的职责，以及应具备的综合能力。但是"双职称"说从形式上容易界定"双师型"教师，由此对"双师型"教师的培养、认定、提级

---

① 卢双盈：《职业教育"双师型"教师解析及其师资队伍建设》，《职业技术教育》2002年第23期。
② 姚贵平：《解读职业教育"双师型"教师》，《中国职业技术教育》2002年第6期。
③ 吴诗芬：《适应专科教育，大力培养"双师型"教师》，《教育与现代化》1994年第2期。
④ 贺文瑾：《"双师型"职教教师的概念解读》，《职教通讯》2008年第7期。

和管理相对简单。① 因此,该观点被许多研究者所支持,本书也持这一观点。

(2)"双师型"教师的教育教学能力

普通专业课教师依据其履行的职能,应具备两个方面的能力:一是传授专业知识的能力,二是掌握并应用相应的教育学、心理学和教育教学方法去传授与专业教育相关知识的能力。这两方面的能力既要通过职前专门的学习和掌握,更要在教学实践活动中得到巩固和提高。但是,教育教学能力对"双师型"教师还有特殊的要求,即职业教育的教学能力。它也包括两个方面:一是传授职业性知识(如职业道德、职业技能和职业知识)和职业实践活动经历的能力;二是掌握和运用职业教育学、职业教育教学法以及专业教学论和实施职业教育教学的能力。也就是说,要根据相关职业对劳动者在职业道德、职业技能和职业知识方面的要求,将其转化为教育内容和教学过程,使受教育者获得在职业工作岗位的就业本领以及在职业生涯终生发展的本领。因此,"双师型"教师必须掌握四个方面的教育教学能力。

第一是掌握专业理论知识的能力。这一能力主要涉及"双师型"教师对于本专业领域的最新理论成果、前沿技术和关键技能的掌握和熟练应用的水平。随着科学技术的不断发展,大量新设备、新工艺和新技术在各行业的实践生产领域得到了广泛应用,且更新速度不断加快。这一方面为大学生职业能力教育教学内容的更新与发展提供了极其丰富的素材;另一方面,也对大学生职业能力教育的教学及教师的专业能力提出了更高的要求。

从职业工作的现实需求出发,各行业对于从业者专业知识及技能水平以及知识、技能更新能力的要求不断提高。这就要求为生产岗位培养人才的大学生职业能力教育必须相对及时地将已经或即将在生产中应用的各种新成果、新方法和新需求反映到教学过程中,并通过各种教学活动的实施最终使学生即未来的从业者掌握相关专业知识、构建相应职业

---

① 吴全全:《职业教育"双师型"教师基本问题研究》,清华大学出版社 2011 年版,第16—17页。

能力。其中,教师作为教学活动的组织和实施者,其专业理论知识水平的高低将直接影响到大学生职业能力教育的教学效果,因此,教师必须首先掌握相关专业知识、具备从教育学的角度将相关知识融入大学生职业能力教育教学的能力,并不断跟踪技术的变革从而对教学内容作出适时的调整和补充。这样,"双师型"教师就不能仅仅满足于建立在入职前所接受的专业教育基础之上的对于静态专业理论内容的理解与掌握,而必须在入职后的漫长职业生涯中随时着眼于社会现实职业工作的不断变化,及时吸纳本专业及职业领域最新出现的知识与技能,构建其自身的动态与职业相关的专业理论知识体系,以满足实施高质量的职业教育教学的要求。

因此,为了"双师型"教师的教学能力的提升,就要建立大学生职业能力教育教师专业知识补充、更新机制。其中,在学习内容方面,应针对新产品、新材料、新工艺、新技术、新设备,以及新职业、新岗位中所产生的高新技术、高技能对大学生职业能力教育产生的新需求,及时选取和补充相关的学习内容;在组织形式方面,可采取短期或长期、脱产或在职相结合的方式,以及真实与虚拟、真实与仿真互补的教学手段和现代教育技术,采取课堂教学、企业考察、远程教学、网络教学等多种学习形式。

第二是掌握与该专业相关的职业工作过程知识的能力。随着大学生职业能力教育教学改革的不断深化,传统的照本宣科的教学方式再也不能满足现代大学生职业能力教育教学的要求。"双师型"教师必须善于把工作岗位及工作过程转换为便于学生学习的工作任务及与之相应的学习情境,并指导学生在专业工作中进行自我建构式的学习。为达到这一目的,"双师型"教师必须首先了解与本专业相关的职业,了解该职业领域的职业工作过程。

通过强化企业真实环境的职业实践训练,要安排"双师型"教师直接参加与职业有关的企业实际工作的训练,通过职业考察、下厂实习、顶岗工作、脱产代岗等多种方式,使他们熟悉并掌握与本专业相关的典型职业工作任务和职业工作过程的经验和知识。这种企业实际训练应贯穿于从"双师型"教师入职初期的适应阶段到多方面积累教学经验的成长阶段,直至专业素养趋于稳定的成熟阶段的全过程,并以此促进

"双师型"教师专业工作能力的增强。

因此,要求"双师型"教师掌握职业工作过程知识,以弥补教师因"从校门到校门"而导致的职业实践的缺失,为此,应该采取以下措施:在教学内容方面,就行业和地区经济结构调整对企业发展、技术革新和从业人员能力提出的新要求,开展有针对性的培训。在组织形式方面,可采取"走出去"和"请进来"的方式。所谓"走出去",即充分调动和发挥企业的积极性,依托创新能力强、效益高、信誉好、影响大的大型及中小型企业建立相对稳定的由企业和学校联合举办的职教师资实习和培训基地,组织教师定期赴基地参加实践训练;所谓"请进来",即定期聘请来自企业的工程技术及管理人员来职业学校授课、举办讲座、聘为兼职教师等多种形式。

第三是掌握职业教育的教学论与方法论的知识的能力。"双师型"教师应该从思想观念上深刻认识到,大学生职业能力教育是有别于普通教育的相对独立的另一种类型的教育,要深刻认识和研究大学生职业能力教育的研究对象,必须从研究职业开始;要深刻认识大学生职业能力教育学是"对人们就业以及在社会上承担社会与生态责任的生活所需要的资格与能力获取过程的前提和条件、目标、可能性与现实性进行研究"[1]的科学;深刻认识大学生职业能力教育学知识与普通教育学知识间的区别与联系。只有这样,"双师型"教师才能在整个教育的大视野之下,从探寻大学生职业能力教育自身特定规律的角度,对于大学生职业能力教育教学开展深入研究并将相关研究成果有效地运用于教学实践。

要使"双师型"教师的大学生职业能力教育学知识水平和教学能力提高,必须强化大学生职业能力教育理论的学习,特别是大学生职业能力教育专业教学论的学习。通过大学生职业能力教育学和大学生职业能力教育教学论等相关理论的学习,促进"双师型"教师教育理论水平的提高,强化教师对大学生职业能力教育的特征和规律的认识,尤其是对大学生职业能力教育的对象、专业、课程与教学过程的特征的认识,

---

[1] Lipsmeier A. Genese der berufspaedagogische forschung. In: Kauner F, (Hrsg.). Handbuch Berufsbildungs Forschung, W. Bertelsmann Verlag, 2005: 9.

并掌握大学生职业能力教育的专业教学法。目前，在我国的大学生职业能力教育师资培养与培训中，大学生职业能力教育学相关知识内容的缺失和不足，是一个普遍存在的现象，突出反映了大学生职业能力教育理论的研究较为薄弱，特别是与职业相关的大学生职业能力教育师资培养和培训课程的缺乏。

因此，"双师型"教师教学水平的提高，要求在教学内容方面，应从国家层面采取有力措施，组织力量开展关于大学生职业能力教育学的专项研究，开发专门针对"双师型"教师培养与培训的相关课程、教材及培训方案，其中既包括普适性的教育学和教育心理学部分，也包括专业性的，也就是针对不同职业性的专业及与之相关职业领域的专业教学论和专业教学法部分，以确保"双师型"教师在具备通用教学论及教育心理学知识的基础上，掌握与普通教育不同的大学生职业能力教育的教学法和教学论知识；在组织形式方面，应突出强调现有师资培训基地的课程更新，改革传统的"普通教育学＋教育心理学＋专业科学"的课程模式，开设大学生职业能力教育的专业教学论和专业教学法课程。

第四是掌握职业教育教学过程的能力。强化"双师型"教师的教学实践能力，就要鼓励教师积极参加与职业有关的教育过程与实施，通过在具体的教学实践中，在熟练掌握职业工作任务和职业工作过程的基础上，运用大学生职业能力教育学和大学生职业能力教育教学论的理论，开发大学生职业能力教育课程和教学方案，成为驾驭大学生职业能力教育教学过程的能手，并根据自己的教学实践开展教学研究，以促进大学生职业能力教育教师教学行动能力的提高。这就要求教师要善于开展"行动导向"教学。"这里所说的行动，既包括个体的主观意识行动，又包括个体的客观具体行动，即要实现动作行动与心智行动的整合。大学生职业能力教育行动导向教学强调，学生作为学习的行动主体，要以职业情境中的行动为目标，以基于职业情境中的行动能力为目标，以基于职业情境的学习情境中的行动过程为途径，以独立地计划、独立地实施与独立地评估即自我调节的行动为方法，以师生及生生之间互动的合作行动为方式，以强调学习中学生自我构建的行动过程为学习过程，以专业能力、方法能力、社会能力整合后的行动能力为评价标准"①。因此，要求在教学内容方面，应针对技术类和非技术类职业的特点，学习和掌握项目教学、案例教学、任务驱动、角色扮演等教学方法；在组织形式方面，可采取学术报告会、经验交流会、征文比赛、教学观摩、请专家讲学和开展精品课程建设等方式，同时建立相应的激励机制，鼓励大学生职业教育教师积极投入到教育教学改革中，并开展行动研究，以此来提高"双师型"教师的教育教学能力和水平。

综上所述，"双师型"教师应具备"双重实践"和"双重理论"的能力结构特征。其中"双重实践"是指，"一是作为大学生职业能力教育教师的教学实践，它存在于教学的具体实施过程中；二是作为专业技术人员的生产实践，它存在于生产劳动的具体组织与实施过程中"②。"双重理论"则是指，大学生职业能力教育师资需要同时掌握专业理论和教育理论。在内涵上"包括两个方面：一是从职业活动的视域对职业领域里实际的职业工作所需的具体知识和方法知识，进行研究并使其系统化；二是从职业教育的视域对职业领域里职业工作应用的科学的专门知识和方法知识，进行研究并使其系统化"③。

（3）"双师型"教师与大学生职业能力教育师资队伍专业化的同一性

"双师型"教师是在职业教育教师专业化探索过程中提出来的，"双师型"的本质是大学生职业能力教育教师的职业素质特征。不同职业劳动者具有不同职业素质特征。职业素质特征是不同职业劳动者或同一职业不同专业领域劳动者在职业素质方面的特点和区别。大学生职业能力教育教师职业素质特征，是从事大学生职业能力教育的教师在职业素质方面区别于从事其他教育教师的特点，"双师型"即是对这种职业素质特征的概括。"双师型"特征是由大学生职业能力教育教师从事职业的特点决定的，即大学生职业能力教育及其教育教学

---

① 姜大源：《职业教育学研究新论》，教育科学出版社2007年版，第22页。
② 姜大源：《基于职业科学的职业教育学科建设辨析》，《中国职业技术教育》2007年第4期。
③ 吴全全：《职业教育"双师型"教师基本问题研究》，清华大学出版社2011年版，第103—106页。

的特殊性决定的。大学生职业能力教育及其教育教学的特殊性集中体现在教育与职业的紧密联系性——教育的内容从职业来，教育的成果要到职业中去并直接接受实践检验。大学生职业能力教育教师不仅应具备普通教育教师的职业素质，而且需要具备相关行业从业人员的一部分职业素质，主要是对相关行业（职业）基本知识的了解和相关行业（职业）基本能力的掌握。"双师型"则是这种不同职业素质兼备性的形象描述[①]。

"双师型"教师是教师所具有的教育教学能力的结果形态的表述，而大学生职业能力教育"双师型"教师的培养，管理、建设、提高的过程，则是其专业化的过程。所以，"双师型"教师与大学生职业能力教育师资队伍专业化，是一个问题的两个方面，具有同质性。

3. "双师型"师资队伍的培养培训途径

从静态方面讲，专业理论、专业理论的职业实践、职业教育理论、职业教育理论的教育实践构成了"双师型"教师的能力要素。从动态方面讲，与之对应的是职业专业理论知识的解构与重构的能力、与专业相关的职业领域的职业技能、职业教育理论知识迁移与处置能力以及与专业相关的职业领域的教学技能。因此，"双师型"的能力结构形成了四对静态—动态要素，即专业理论——专业理论的解构与重构；职业实践——专业相关的职业技能；职业教育理论——职业教育理论的迁移与处置；教育实践——专业相关的教育技能。

基于此，针对不同的培养培训对象，需要开展有针对性的培养培训方法，才能取得更好的效果。

（1）具有职业技术师范教育培养背景的教师

接受过专门的、正规的职业技术师范培养的教师，专业科学知识和普通教育理论均不缺乏，但是，由于他们"在职业技术师范学院接受专业学习的同时，或者在完成专业学习后，再接受普通教育学和教育心理学的学习"，往往"专业学习与教育学、心理学的学习是分离的"，特别是"由于没有明确提出专业教学论的概念，或者说没有单独开设相关专业的专业教学论课程，导致在专业科学的学习与教育科

[①] 王继平：《"双师型"与职业教育教师专业化》，《职业技术教育》2008年第9期。

学的学习这两者之间无法建立有机联系",换句话说,"专业科学的学习等同于培养工程师或经济师的学习,教育科学的学习则类似于培养基础教育师资的师范教育的学习"。这种"算术加法"的方式难以培养集成性的"双师型"教师①。

所以,基于第一类的培养培训对象,其针对性的内容选择是:由于这些教师在能力结构的四对静态—动态要素中,其一是能力结构中第二对要素"职业实践—职业技能"缺失,所以要强化职业技能培训,加强在企业的职业训练;其二是能力结构中第三对要素"职教理论—迁移与处置"以及第四对要素"教育实践—教育技能"的缺失,故此,无论采取何种培养培训形式,都应该专门为其开设职业教育"专业教学论"课程,以使其在职业教育专业教学论的基础上,掌握以该专业所对应的典型职业活动的工作能力为导向的教学目标设计、以该专业所对应的典型的职业活动的工作过程为导向的教学过程设计、以该专业所对应的典型的职业活动的工作情境为导向的教学行动设计,提高自身的教育教学能力。②

(2)毕业于普通高等院校的专业教师

接受过专门的、正规的专业培养,但却是以工程师、经济师为目标而非以教师为目标培养的教师,尽管他们具有系统的专门化的专业理论知识,但是,由于他们没有接受过普通教育的理论,更没有接受过职业教育的理论的学习,对职业教育的课程开发、教学实施都比较陌生。

所以,基于第二类的培养培训对象,其针对性的内容选择是:由于这些教师在能力结构的四对静态—动态要素中,第二对要素"职业实践—职业技能"与第一类教师相同,故也要强化职业技能培训,加强在企业的职业训练;但其第三对要素"职教理论—迁移与处置"和第四对要素"教育实践—教育技能"的缺失,虽然与第一类教师相同,但在程度上更甚,不仅缺失职业教育理论知识,而且连普通教育理论的经典内容也不掌握,还没有职业教育教学的经历。基于此,首

---

① 姜大源:《职业教育专业教学论初探》,《教育研究》2004年第5期。
② 同上。

先要学习基本的教育理论和心理学；其次还要与第一类教师一样，在开展培养培训时，无论采取何种形式，都要开设职业教育专业教学论和教学方法的课程，并通过基于工作过程的教学过程的实际与实施，将已有的专业理论知识与职业教育的教学有机地整合在一起。

（3）毕业于普通院校并有普通高校教学经历而调入的专业教师

受过专门的、正规的专业教育且有过普通高校教育教学经历的教师，他们也具有系统的专门化的专业理论知识，并有一定的学校专业教学经验。但是，他们同样也不了解职业教育的规律和特点，因而对于职业教育的课程开发、教学实施也不熟悉。其能力结构静态—动态要素的缺失，包括第二对要素"职业实践—职业技能"、第三对要素"职教理论—迁移与处置"和第四对要素"教育实践—教育技能"，与第二类教师类似，但其"教育实践—教学技能"这对静态—动态要素中，其教学技能要比第一类或第二类教师经验多一些。

所以，基于第三类的培养培训对象，其针对性的内容选择是：为弥补第二对要素的缺失，也要强化职业技能培训，加强在企业的职业训练；而其第三对要素和第四对要素的缺失虽然与第二类教师相同，但是涉及第四对要素的教学经验要强于第二类教师，故在开展培养培训时，一要补充基本的教育原理和教育心理学的知识；二要深入学习职业教育的专业教学论和教学方法，其有机联系的纽带依然是具备基于工作过程的教学过程的设计与实施的方法论的能力。

（4）来源于企业有工作经历而调入的专业教师

具有与相关专业有关的职业实践经验，掌握了很好的职业技能的教师，一部分具有高等学校学历；另一部分则是学历不高的"能工巧匠"型高技能人才。显然，对于前者，主要的能力缺失为：第三对要素和第四对要素。所以，基于此，在开展培养培训时，其重点内容是补充基本的教育原理和教育心理学的知识，深入学习职业教育的专业教学论和教学方法，在自己熟悉的工作过程基础上，进行教学过程的设计与实施。对于后者，虽然第一对要素缺失，但没有必要去补修大学课程，在培养或培训时，更多的注意力要放在第三对要素层面，补充必须够用的职业教育学和心理学知识以及第四对要素层面，学会将自身熟悉的工作过程转化为教学过程。

（5）毕业于普通师范院校或普通高校的公共课教师

这些接受过良好的文化课或基础自然科学或经济科学的教育，但是从事大学生能力教育时，往往将公共文化课与公共基础课仅仅视为培养学生通识能力的课程，不考虑其与专业课的关系。由于"双师型"教师是对大学生能力教育教师的基本要求，在培养培训时，必须考虑自身的专业化问题，以适应大学生能力教育的需求。

所以，在能力结构中，虽然他们都缺失第一对要素，但没有必要去重修大学的专业课程，在进行培养或培训时，对毕业于普通师范高等学校的公共文化课和公共基础课教师，要填补第三对要素的缺失，掌握有别于普通教育学的职业教育学知识；还要补充第二对要素，强化企业实践，以及第四对要素的缺失，要求其应与专业教师一起，开发基于学生行为过程的、为专业课程服务的公共文化课程和公共基础课程。而对于毕业于普通高校的公共文化课和公共基础课教师，其能力结构的缺失与毕业于普通师范高校同类教师的缺失一样，在培养或培训时，要进行同样内容的学习。但鉴于其第三对要素的缺失更为严重，还需补充适度够用的普通教育学知识[①]。

（二）兼职教师的选拔与管理

1. 兼职教师的选拔与培养

大学生职业能力教育与社会各行各业的紧密联系，具有职业性的特征，决定了从事这类教育的教师来源的多样性。也就是说大学生职业能力教育师资队伍不仅直接来自高等学校，还应从行业一线吸纳遴选。在发达国家，由于教师录用制度较为完善和人才的社会共有共享，大学生职业能力教育入职前大多有从事相关行业（职业）实际工作经历经验。在我国，大学生职业能力教育师资来源渠道比较单一，并缺乏实际工作经验经历，因此，必须促进企业让具有实践工作经历、符合教师资格要求的专业技术人员、企业经营管理人员、高技能人才到职业学校担任兼职教师。广泛吸引专业技术人员、企业经营管

[①] 吴全全：《职业教育"双师型"教师基本问题研究》，清华大学出版社2011年版，第118—120页。

理人员、高技能人才到职业学校兼职任教，对于拓宽大学生职业能力教育教师来源渠道，优化教师队伍素质结构，密切大学生职业能力教育与职业世界的联系，形成大学生职业能力教育教师队伍特色具有重要的作用。

由于我国绝大部分高校没有建立广泛认可的校企合作机制，许多不确定因素导致兼职教师的聘任阻力重重。为此，要完善校企合作机制，把校企合作关系通过一定的形式稳固下来。比如对兼职教师的聘任要签订完善的协议，对知识产权、技术保密要求等敏感问题作出严格的界定和要求。这既是有效的约束，又是有力的保障。

同时，要完善兼职教师选聘机制。成立兼职教师选聘小组，拟定兼职教师选聘标准，确定兼职教师的职称要求，比如兼职教师一般具有中级以上技术职称，其中高级职称人员占30％以上；而且兼职教师的专业结构要与学校的专业设置相适应；优先选聘具有一定的政治素质和思想文化水平，遵守职业道德，实践能力强，教学能力相对好的兼职教师。

兼职教师虽然具有实践经验和操作技能，但往往缺乏大学生职业能力教育理论知识和教学经验。大学生职业能力教育有其自身的规律性，是培养技能型人才的一门科学。因此，兼职教师不仅自己是"能工巧匠"，而且还要善于育人，要按照教学规范组织教学过程。对于兼职教师，要补充必要的大学生职业能力教育学理论以及心理学知识，学会将熟悉的工作过程转化为教学过程。在此基础上，针对兼职教师，要制订培训大纲和培训内容，并在实践中不断总结经验，完善兼职教师的培养和培训措施。

2. 兼职教师的管理

加强对兼职教师的管理，建立健全兼职教师管理制度，确保兼职教师在能"引进来"的同时，也能"用得上"，这样才能保证教育教学质量。

一是要在与相关企业签订合作协议基础上，与兼职教师签订合作协议，明确双方的权利、义务和工作职责。签订协议时要与兼职教师积极沟通，广泛征求并充分尊重兼职教师的意见，校方提出的要求要具体、明确。

二是要建立兼职教师个人业务档案。兼职教师个人业务档案是指兼职教师在学校兼职期间校内形成的档案，其内容要经双方协商认可，每一份档案都要由兼职教师本人签字。要做好兼职教师业务档案保密工作，由专人保管，除校方和兼职教师本人外，非经校方和兼职教师本人授权，其他人不得翻看档案内容。

三是建立兼职教师考核制度。兼职教师要遵守学校的规章制度，在此基础上，校方要针对兼职教师的实际情况和学校的教学需要，制定兼职教师考核制度。考核制度的制定也要征求兼职教师的意见。

四是合理安排兼职教师的教学时间和地点。在完成教学任务这一根本前提下，兼职教师所在系（部）要与兼职教师充分协商，合理安排兼职教师的教学时间和地点，同时要考虑学生的实际需要和愿望。条件具备的，兼职教师的教学可与学生实习结合起来。

五是营造和谐工作氛围，确保兼职教师既能"引进来"、"用得上"，又能"留得住"。

留住人才，首先用工作、业务留人，要让兼职教师感到在学校兼职确实能施展才华，自己的业务特长确实为学校教学工作需要。有成就感的工作才能成为喜欢的工作，才能成为热爱的工作，兼职教师能够用有所长，才尽其用，有强烈的成就感，才能由喜欢而热爱。留住人才，还要靠感情，靠真情。比如：定期召开校企联谊会，对工作优秀的兼职教师进行表彰；一视同仁参加学校的年度评选，评选优秀的张榜公布；定期召开师生之间、教师之间、学校领导与兼职教师之间等各种形式的座谈会，交流感情，增进了解，加深友谊；在教师节重大节日或纪念日，开展送温馨活动，让兼职教师有亲如一家的归属感。

第八章

大学生职业能力教育实践基地建设

在传统的教育理念影响下,普通高等院校普遍存在着"重理论、轻实践"的现象,具体表现在课程体系建设方面就是理论课程多,实践课程少,理论课与实践课设置的比例严重失调。其导致的直接结果是学生动手能力差,实践能力弱。在当今大学生就业形势日益严峻的情况下,直接影响着毕业生的就业竞争力和就业前景,反过来又在一定程度上影响着学校的招生工作。因此,近年来,普通高等院校为适应社会对人才需求的变化,日渐重视大学生职业能力教育,积极开展实践教学,着力提高大学生职业能力。开展大学生职业能力教育,强化大学生的实际操作能力、运用知识能力以及独立分析和解决问题的能力,其中一个重要保障就是必须通过多渠道建立一批稳定的、技术设备先进的校内外教育实践基地。

一　大学生职业能力教育实践基地的功能与重要性

实践教学是高等教育教学体系的重要组成部分,是培养学生创新能力和创新精神的有效途径;是深化学生对基础理论的理解,进一步巩固所学专业知识,掌握专业技能、基本操作程序和方法的必需环节;是培养学生理论联系实际,综合运用所学知识解决实际问题能力的重要手段。在高等教育由精英化向大众化转变的大背景下,只有不断加强实践教学,才能推动创新教育,培养创新人才,确保高等教育教学质量和人才培养质量,担负起时代赋予大学的历史使命。

（一）大学生职业能力教育实践基地的特征

大学生职业能力教育实践基地是实践教学的前提和基础，是培养大学生职业能力和综合素质的载体和重要手段，是高等教育实践教学体系的重要组成部分。大学生职业能力教育实践基地是指大学生开展实习实训，从事实践教学，提升基本技能、专业技能以及综合能力所必需的物质条件。从狭义上讲，大学生职业能力教育实践基地是指能为实践教学提供稳定的、能满足大学生职业能力教育需要的、规范有序的实践场所，它主要包括实验室、实验仪器设备、厂房、机器、办公室、网络等硬件设施；从广义上讲，大学生职业能力教育实践基地还应包括实践教学计划、实施方案、实践指导教师及教育实践基地管理规章制度等诸方面。大学生职业能力教育实践基地由校内教育实践基地和校外教育实践基地两部分组成，其中校内教育实践基地包括实验室、实训室和校办工厂。高校校内实验室、实训室主要是满足教学实验的基本需要，培养学生实践能力与综合素质的主要场所，也是实现高等学校培养高层次专业人才的目标和学生完成学业的必备条件。校办工厂则是组织学生实习实训，实现理论知识与生产实践相结合，促进学生提早进行角色转换的重要平台。校外教育实践基地主要是利用社会资源，把学生放到生产、管理、服务、教学的第一线顶岗实习，让学生在真实的工作环境中感受生产、工作、服务、教学的全部流程，使他们的知识、能力、素质在实践中得以巩固、增强和提升，从而全面达到本科教育人才培养目标的基本要求。校外教育实践基地的设置会根据各类学校学科专业性质的不同及教学实践的计划和目标的差异，依托不同的单位进行建设，例如，党政机关、司法机构、企业工厂、科研院所、学校、医院、社区等，都可以经过双方平等协商，成为大学生职业能力教育实践的基地，实现共建双赢。

（二）大学生职业能力教育实践基地的功能

1. 教学实训功能

实践教学的主要目的，在于解决大学生在认知实物、获取科技知识的过程，从理论到实践，从抽象到具体，使学生加深对专业理论知识的理解，体验理论知识的实用价值；同时，通过实践教学，使大学生掌握分析问题、解决问题的正确方法，以及从事工程、社会实践必备的基本技能，为今后的就业、创业打下坚实的基础。大学生职业能力教育实践基地是专业理论知识的实践、检验基地，承担主要专业实践教学任务和学生的职业技能训练，是大学生专业技能的培训基地，它能够创造职业岗位的实践环境，有利于学生关键技术能力和综合职业能力的养成。大学生通过前期的专业理论学习，具有了一定的专业基础知识和理论素养，但掌握的主要还是书本知识，是前人经过实践验证得来的东西，而通过在教育实践基地具体的教学实践，使大学生原本在教科书上学到的抽象的、概念化的知识变得感性化、生动化，从而加深对理论基础知识的理解与掌握。通过学生动手操作和亲身实践，使学生实现从有所知到有所为，从知识型向技能型转化的转变和跨越，从而强化学生的实际操作能力、知识运用能力、理论联系实际能力以及独立分析问题、解决问题的能力，进而培养大学生的创新思维和创新能力。

2. 职前岗位培训功能

当前，大学生就业形势总体上不容乐观。不少用人单位都提高了用人门槛，要求求职者须具有一定的工作经验，而这正是急于就业的应届大学毕业生的软肋。针对就业市场需求的这种变化，不少高校调整了人才培养方案，开始注重强化学生的教育实践环节，加强以能力为中心、以满足岗位或职业需要为导向的素质教育。在教育实践基地这种仿真或真实的职业环境中，不仅可以激发学生动手操作的兴趣，强化学生的动手能力，实现理论知识与实践能力的高度融合，培养适应市场需求的、一专多能的高层次应用型人才，以提升大学毕业生的就业竞争力；而且，通过实践教学中的合作与分工，可以加强学生团队意识和团结协作的精神。通过综合性、创新性的训练项目可以锻炼学生刻苦钻研，勇攀科学高峰的意志；通过开放性、自主性实训实践，可以培养学生独立思维与自立的能力；通过各种流程的训练，以及安全与质量教育可以培养学生的质量意识与安全意识。另外，通过教育实践教学，还可以强化学生的社会责任感和社会竞争意识，提高学生的捕捉信息能力、社会适应能力以及科学技术推广能力。总之，通过教育实践能够使学生的综合素质得到普遍提升，使其尽快成为一个广受用人单位欢迎的合格的职业人、社会人。

3. 技能鉴定和职业资格认证功能

随着人才市场对复合型人才需求的增加，国内许多高校实施了"双证"人才培养模式，即大学毕业生除了专业学历毕业证外，还需拥有至少一本专业技能培训合格证书。因此，开展专业技能培训、技能鉴定和职业资格认证便成为大学生职业能力教育实践基地，特别是校内教育实践基地的又一重要职能和任务。随着我国由学历型社会向资格型社会的逐步转型，就业准入制度的逐步推行，普通高校校内实践教学基地作为区域职业技能培训、职业技能鉴定与职业资格认证的功能也将会得到强化。因此，要充分利用校内教育实践基地的教学资源、人才和技术优势，拓展基地功能，不断深化实践教学内容的改革，使学生的专业技能训练与国家资格证书认证全面接轨。普通高等学校通过进一步深化实践教学改革，充分发挥教育实践基地的功能与作用，将相关职业资格的知识、技能要求融入实践教学的课程设置、教学计划与教学大纲之中，并与劳动部门及有关行业协会开展合作，积极做好毕业生的职业资格证书的考核与认证工作，使学生在毕业时，不仅拿到有关大学毕业证书，还能拿到相关的职业资格或技能等级证书，帮助毕业生拓展就业门路和空间。

4. 科技开发功能

教育实践基地也是高校教师进行课题研究、技术服务的重要阵地。高校教师利用指导学生实习的机会或教学之余深入教学实践基地，与基地技术人员、工人师傅接触、交流，或参与企业的产品设计、制造与管理，会从中发现新的问题，提出研究课题，有效地促进其学术水平和实际动手能力的提高；同时，还能帮助企业解决实际生产中遇到的技术难题。教育实践基地则为高校教师提供了技术研发的场所及丰富的管理经验，促进科学技术成果的转化。可以说，教育实践基地是一个产学研合作的大平台，以教育实践基地为立足点，建立起科技成果孵化与转化的服务平台，可以使教育实践基地成为高新技术企业的孵化器，推动学校科技园建设，加快成果转化和产业化步伐；而以教育实践基地为载体，建立健全产、学、研、用一体化办学模式，也可以培育学生的科学素质和创新思维，有利于创新型人才的培养。

5. 教学改革功能

在当今普通高等院校的教学模式中，"重理论、轻实践"的倾向仍然很普遍，在课程体系建设中，基础理论课所占比重高，实践课程比例偏低，直接导致学生动手能力差，就业竞争力不强。因此，通过教育实践教学，了解企业及用人单位的需求，会极大地促进教学改革。一方面有利于建立与实践教学相适应的课程体系。学校根据岗位能力需求，由专任教师与企业管理人员、技术骨干一起，参照高技能人才培养的特点和规律，共同开发专业课程，编写适应岗位能力需求、合乎学生认知结构的教材，实现课程体系的重新建构；另一方面，能够促进教学方式方法的革新。实践教学的一个重要特征就是让学生在"做"中"学"，在"学"中"做"，使学生真正成为学习的主人、实践的主人。实践教学可以推动专业课程教学方法的相应变革，包括拉近课堂与实际工作的距离，强化工作任务仿真教学，大力推行项目导向教学法，采用情景模拟教学、案例分析教学等，实现教与学、师与生之间的"零距离"互动。因此，利用教育实践基地建设与管理积累的经验，反哺理论教学，促进理论教学与实践运用的结合，对深化教学改革，提高教学质量具有不可替代的作用。

6. 社会服务功能

社会服务是大学的三大功能之一，作为高等教育培养人才不可或缺的教育实践基地，更具有其明显的优势。在保障学生教育实习实训的同时，高校可利用校内教育实践基地先进的装备与技术人才资源为生产第一线和社会服务，是高校回报社会的一种重要方式，此外还是增强教育实践基地造血功能的主要手段，对实践基地的持续、健康发展具有重要意义。不仅可以解决教育实践基地设备更新、扩大规模所需的资金，为实践教学基地的稳步发展提供保证，也有利于大学充分发挥其社会服务功能，扩大高校的影响力和辐射力。

(三) 大学生职业能力教育实践基地的重要性

教育实践基地建设是实践教学体系的重要组成部分。在实施素质教育的今天，建设一批高标准、高质量的教育实践基地有利于增强学生的实践经验，保障人才培养质量，实现产学研用一体化，充分发挥大学功能，促进区域经济与社会的协调发展。

1. 加强教育实践基地建设，是提高学生实践能力的主要途径

大学生通过2—3年的课堂理论学习，基本上系统地掌握了所修专业的基本理论知识，这种知识对于一个大学生的成长、成才是十分必要的。但这些来自书本的知识仅是前人从生产实践、科学实验中得来的抽象性东西，对于大学生来说仍属于死的知识、间接的知识。只有经过亲身的实践、实验，才能做到既知其然，更知其所以然，使枯燥的书本知识变得生动起来，从而激发学生自觉学习的兴趣，以达到巩固已学的基本理论知识的目的。只有经过教育实践的环节，使学生走出校门，走进车间，走上讲台，将较陌生的书本概念和具体实务相对应，并经过自己动手实践、感受、体验，将书本上的理论与实践融为一体，才能加深对专业课基本内容的理解，才能对课程的实践技能有所真正掌握；否则，只会纸上谈兵，存留一些概念与符号于脑中。大学生也只有经过教育实践的锻炼，才能强化自己的实践操作能力、知识运用能力、理论联系实际能力以及独立分析与解决问题能力的目的，克服当今大学生普遍存在的"眼高手低"毛病，提升大学生的综合素质，以适应社会对人才的需求。

2. 加强教育实践基地建设，是促进大学生就业的需要

现在，大学生就业难已成为全社会普遍关注、党和政府高度重视的一个社会问题。追根溯源，大学生就业难，难就难在我们的大学教育已经跟不上市场需求的脚步。随着高校扩招，大学教育已由过去的精英化教育转向大众化教育，但随之出现了大学生就业难的问题。这个问题表面上看，是大学扩招直接带来的，但从深层次上讲，是目前大学教育普遍重理论、轻实践，重科研、轻实习的教育模式已经完全与市场经济制度的需要脱轨。尤其是受到社会诸多因素的影响，高校现有的教育实践基地的数量远远不能满足不断增加的待实习学生的需要；物价的上涨更使得有限的实习经费捉襟见肘，造成大学生教育实践环节更加弱化，教学实践的质量更加难以保证。近些年来，在人们持续关注大学生就业难问题的同时，社会上又出现了企业用工荒的尴

尬局面，这更加显现当今普通高校固有的教育理念，导致大学生普遍的动手能力差，不能满足用人单位的实际需求，才是大学生就业难问题的症结所在。

教育实践基地是实践性学习与训练的平台，是大学生职前职业能力准备和就业竞争力提升的重要渠道，关乎学生专业素养与非专业素养的培育与提升，是大学生实现有效就业的重要支撑。教育实践基地的优劣，直接影响学生动手能力的强与弱，也直接影响到普通高校人才培养质量的高与低。学生通过规定时间段的教育实习实训，尤其是通过"顶岗实习"，不仅能够获得日后工作所需的实际工作经验，更重要的是培养和提高其与团队、群体沟通、协作的能力以及组织管理能力，从而顺利地实现专业基础知识与岗位职业技能的无缝对接。因此，只有加强大学生职业能力教育实践基地建设，强化大学生的实践教学环节，使毕业生不仅具有扎实的理论功底，还具有较强的实践动手能力，实现与职业岗位"零距离"对接，全面提高学生的综合素质，是破解大学生就业难问题的根本出路。

3. 加强教育实践基地建设，是建设"双师型"教师队伍的需要

教师是教育质量的重要保证。教育质量的好坏，人才培养质量的高低，关键在教师。要提高学生的实践操作能力，就必须具备一支理论功底扎实、科研和动手能力强的"双师型"教师队伍。在这方面，国内一些高职高专院校主动适应市场的需要，走在了前面，做得比较好。但普通高校这方面的意识还不强。随着实践教学在高校培养人才过程中所起的作用日益突出和显现，加强实践教学教师队伍建设，提高教学质量，培养与建设一支高素质的"双师型"教师队伍已显得十分迫切和必要。但是，目前普通高校存在的教学实践教师数量不足、素质不高、梯队结构不合理等问题，已成为制约实践教学质量提升的主要因素。所以，要通过政策的导向，着重选拔一批专业素质好、事业心强的青年教师担任教育实践指导教师。一方面，教师可以利用假期或其他适当的时间深入企业，为企业进行理论培训，或为企业解决技术难题；另一方面，教师本人也得到锻炼。他们在从事教学实践指导中积累实践经验，并通过实践基地的锻炼，既丰富了理论知识，又提高了操作技能，还会在教育实践管理中发现新的科研课题和技术难

题进行攻关，推动自身的科学研究。此外，以实践教学基地为媒介，从企业选拔、聘用一批有实际工作经验的技术骨干作为兼职实习指导老师，形成一支校内外结合、专兼职结合的实践教学师资队伍，也是解决高校实践教学指导教师不足，保障实践教学质量的重要途径。

4. 加强教育实践基地建设，是促进产学研结合，发挥高校服务社会功能的需要

产学研结合是指学校与相关企业在互惠互利的基础上，充分发挥各自的资源优势，就实际生产与教学、科研等方面进行全方位地合作。产学研结合也是培养应用型人才的根本途径。企业为学校提供实践教学和科研成果转化的必要场所，学校则为企业培训员工及提供相关的技术支持。目前，普通高校从数量上看，占全国高校总数的80%以上，且普通高校一般地处非中心城市，多为师范、农林、医学及民族院校，其中不少为近年来刚刚升本的高校。它们的办学规模、办学设施、人才资源、经费来源有限，生存空间相对狭窄，学科门类比较单一，在整体办学实力上无法与"985"、"211"等重点院校比肩抗衡。普通高校必须积极探索校企结合、产学结合的新路子，加强教育实践基地建设。应当说，教育实践基地建设是产学研结合的重要平台。一方面高校教师可以利用教育实践基地实现自身科研成果的孵化、转化，把科研技术转化为生产力，并在深入生产的过程中，发现新的研究课题，开阔自己的思路；另一方面，高校聘请企业的专家、工程技术人员任教学实践教师，参与实践教学环节的指导与管理，为提高高校人才培养质量提供重要保障。

服务社会是高等学校的重要职能，普通高校只有立足地方、服务地方，找准定位、发展自身的特色和优势，发挥自身智力密集和科研优势，加强与地方大中型企业等方面的产学研合作，在服务地方经济社会发展的过程中逐步壮大自身的实力，起到辐射带动作用，才能不断提升自己的影响力。以教育实践基地为纽带，高校教师发挥智力优势，通过为企业培训员工，进行技术指导，共同推动产业发展。

二 大学生职业能力教育实践基地建设的现状和瓶颈

实践教学是高校教学工作的重要组成部分，是培养学生实践能力和

创新能力的重要环节，也是提高学生社会职业素养和就业竞争力的重要途径。高校教育实践基地建设的成效如何直接关乎着为社会输送什么样的人才问题，而破解教育实践基地建设的难题则需要社会方方面面的共同努力。

（一）大学生职业能力教育实践基地建设的现状

近些年来，随着大学生就业形势的严峻和国家教育主管部门将高校招生与就业捆绑式的管理政策的推动，普通高校毕业生就业率的高低不仅直接影响着学校的招生工作，而且关乎着学校的社会形象和影响力。因此，普通本科院校越来越重视毕业生的就业工作。由此，适应社会对人才需求情势的变化，适当调整人才培养方案，增加实践教育环节在整个课程体系中所占的比重，加强教育实践基地建设，提升学生的实践动手能力和综合素质，成为众多高校的必然选择。经过多年的努力，我国普通本科院校在教育实践基地建设上取得了一定的成绩，通过多种形式，建设了一批校内外的教育实践基地。但从全局看，教育实践基地建设仍是比较薄弱的环节，还远远不能满足教学实践的需要。特别是随着高校的扩招，许多普通高校为了办学的经济效益，不断增设新的专业，学校规模迅速扩张，在校学生人数骤增。目前，普通高校的在校生人数通常是少则一万多人，多则达到两万以上。由之而来的是办学设施的滞后，师资的数量与质量，教室、实验室及教学实践基地的数量与设备远远不能满足正常教学的需要。

从 2004 年开始，教育部为了确保普通高校人才培养质量不因高校的扩招而受到影响，在全国范围内广泛开展了本科教学质量评估工作，制定了详尽的本科教学质量评估指标体系，并作出硬性规定：本科教学质量评估不达标者，将限制招生。在这一政策指挥棒下，各高校纷纷把"迎评"作为关系学校生死存亡的大事、要事来抓，不惜借贷征地建设新校区，大兴土木盖教学楼、学生宿舍楼；突击大量引进博士、硕士以满足评估指标中师生比方面的指标要求。一时间高校成了火热的建筑工地，成为带动经济增长的新亮点。教育部本科教学质量评估工作虽然受到社会上的一些非议，但对规范本科院校办学，改善本科院校办学条件确实起到了一定的推动作用。但是，由于在本科教学质量评估指标体系中，对教育实践基地建设方面的规定并不十分明确和强调，因此，对推动普通高校教育实践基地建设的作用不甚明显。随着高校规模的进一步膨胀，这一矛盾愈加突出，重理论、轻实践的办学理念并没有得到根本性的扭转。

在教育实践基地建设方面，从目前掌握的情况看，师范性院校的师范性专业和行业性院校的传统基础专业的教育实践基地建设比较理想。其具有一定数量的稳定的教育实践基地，有一套比较严格、规范的操作、管理、考核制度，教育实践教学的质量具有较好的保障。而对于非传统专业来说，由于学校面临着繁重的建设任务，带来教育经费的困难，不少地方普通高校负债经营；加之，市场经济条件下，经济效益是企业的首要追求。无论是国有大中型企业，还是私营企业都不愿过多地接受无实践经验、不能直接给企业带来经济效益的实习学生，故普通高校教育实践基地的供需矛盾日益突出。在这种情况下，不少高校便采取鼓励学生自己联系实习单位的做法，然后由实习单位出具一份实习鉴定。这样，虽然在一定程度缓解了高校大学生教育实践带来的压力，但由于缺乏严格的监管和考核，教育实践的效果与质量难以保障。事实上，不少学生主要是通过家长的社会关系联系实习点，实习单位碍于情面而接收，但很少让学生参与实质性、关键性岗位的实习，甚至教学实习成了走过场。最后，由实习单位例行公事地为学生写一份合格实习鉴定。

（二）制约大学生职业能力教育实践基地建设的瓶颈

制约大学生职业能力教育实践基地建设的因素是多方面的，既有认识的问题，也有体制的问题；既有经费的问题，也有社会的因素。

1. 对教育实践基地建设重要性的认识不足

由于受传统教育观念的影响，不少普通高等院校的办学定位模糊，办学理念不清，教学手段滞后，重视课堂理论灌输，轻视实践教学的倾向仍相当严重。在校内课堂教学管理方面，有一套严密、科学的质量监控体系，但对学生教育实践的重要性和意义上则认识不足。在主观上觉得，学生在大学的主要学习任务就是掌握扎实的基础理论知识，至于职业实践能力的培养，则认为主要是学生走上工作岗位后的事情。因此，不愿把钱投在必需的教学实践基地的建设上，而是把主要建设经费用于校内教学条件和学生食宿条件的改善上。

2. 教育实践基地建设经费严重不足

近些年来，无论是师范类的普通高等院校，还是理工类的行业性普通高等院校，在专业设置上普遍追求大而全，在办学定位上都在向综合性院校发展。学科门类越来越齐全，专业设置越来越细密，学校规模越来越膨胀，在校生人数与十年前相比成倍、成几倍地增长。在学校急速膨胀发展的过程中，不少学校因征地、基础设施建设欠下了巨额债务，少则几个亿，多则上十亿元人民币。而随着物价的上涨，更使不少院校的学生实习经费捉襟见肘，难以跟上物价上涨的速度。加之，这些年来，中央、省市对普通高等院校的建设投入严重不足，普通高等院校的日常运转主要依靠学生的学费收入。因此，千方百计地多增设新专业，多招收学生成为许多普通高等院校创收和维持日常运转的主要途径。在这种情形下，学校的收入只能用来应付债务偿还、基本建设和教师福利等方面的开支，根本无力投资于教育实践基地的建设。

3. 企事业单位的热情度不高

由于受经费、场地等诸多因素的制约，高校建设大量的校内教育实践基地来满足学生教育实践的需要是不现实的。因此，只能寻求与校外的企业、学校、党政机关、司法机构等单位、部门的合作，建设校外学生教育实践基地，这成为目前普通高等院校的教育实践基地建设的主要形式。但是，企业、学校、党政机关、司法机构对与普通高校共建教育实践基地缺乏热情，基本上是高校主动找上门来，求到企业、学校等单位，属于"剃头挑子一头热"。这主要是因为，首先，在计划经济时代，企业把接收学生实习看成是一种社会义务，甚至是一种义不容辞的政治任务来落实；而在市场经济条件下，作为企业，是以营利为主要目的的独立法人单位，它首要考虑的是自己企业的经济效益，而不是企业应承担的社会责任。它需要的是熟练的技术工人，而不是学徒，更不希望因为学生的实习，影响其正常的生产、生活秩序和产品的质量。因此，许多企业把接收学生实习看成是一种负担，主观上不愿意接收学生实习。特别是出于保护企业核心技术、知识产权的需要，企业更不愿让实习学生到一些先进的、关键性的技术岗位上实习，这造成学生很难学到真东西，掌握先进的技术，不利于人才的培养；其次，作为师范生，各级中学历来都是其理想的实习场所。但是，在当今应试教育的指挥棒下，追求升学率成为绝大多数中学的主要目标，他们担心高校学生的实习会干扰其正常的教学秩序，影响其预期的升学率。因此，对于来校实习的高校学生，也只能是碍于情面勉强接收而已，他们通常安排实习学生以听课为主，很少让学生亲自走上讲台授课；而至于党政机关等权力部门，更不希望在校学生走进其神秘的机关大院，影响其正常工作秩序。据了解，目前，普通高等院校设置校外教育实践基地，主要是通过各种私人关系、渠道来联系、维持的。比如，学校、院系负责人与相关单位的领导系同学、朋友、同乡关系等，或者校外教育实践基地的负责人系本校毕业的学生等，就是靠着这种现存的私人关系维系着彼此的合作关系，否则，无论是党政机关、司法部门，还是企业、学校，大都是不愿接纳学生实习的。

4. "门槛低"问题也制约着校外教育实践基地的设置

所谓"门槛低"，主要是说普通高校办学层次方面的局限。由于普通高等院校多属于地方普通院校，在高考录取批次上基本上属于二本院校。其办学实力、社会影响力较之"985"院校、"211"院校明显低一个层次。这些院校在建设校外教育实践基地时，所遇到的困难就明显比部属院校、名牌院校大得多。无论是企业，还是学校，在其门前挂上一块北大、清华等名牌院校教育实践基地的牌子，那是为其脸上贴金的事；如果门前挂上几块普通高等院校教育实践基地的牌子，其宣传的效果就会逊色得多。因此，普通高等院校联系的校外教育实践基地往往都是一些层次比较低、规模比较小的企事业单位。例如，同样是新闻专业实习生，名牌院校的实习基地通常设在省市级以上的新闻宣传部门，而普通高等院校的学生则通常只能在市县级的新闻单位实习，这直接影响着教育实习的效果与质量。

5. 实践教学师资队伍不足，实践能力不强

由于受传统观念的影响，在普通高等院校的教师队伍中从事理论教学的教师较多，从事实践教学的教师严重缺乏。实验教师队伍的学历结构、年龄结构和职称结构也不尽合理，具有博士学位和硕士学位的教师所占的比例偏低，无法满足实验教学的需要。而由于目前高校职称评审

政策方面的原因,严重制约着教育实践师资队伍的建设,实验教师大部分都是毕业于普通高校,但在高校似乎是"边角废料",他们虽然具备高校教师资格,但普遍缺乏实践经验。多数专业教师的动手能力、实践能力、实训能力、现场教学能力都处于弱势,相当一部分教师与既能讲授理论课,又能进行实习实训指导的"双师型"教师标准要求还有很大的差距。"双师型"教师的缺失,严重制约了实践教学的开展。由于从事实验教学的教师在职称评定、教学津贴方面与专任教师相比存在着一定的差距,致使不少教师主观上不愿从事实验教学,也致使实验教学队伍不稳定。

三 大学生职业能力教育实践基地的建设原则与模式

大学生职业能力教育实践基地,承担着高校学生的实践教育任务,教育实践基地的建设与发展有利于促进高校和行业、企事业单位、科研院所、政法机关联合培养人才新机制的建立,有利于推动高校转变教育思想观念,改革人才培养模式,加强实践教学环节,提升高校学生的创新精神、实践能力、社会责任感和就业能力。

(一) 大学生职业能力教育实践基地的建设原则

教育实践基地是大学生将知识与技能应用于社会实践的有力平台,是检测学生几年下来学习效果的测试站,也是他们由学校最终跨入社会的中转站。建立教育实践基地也是高校由封闭式办学走向开放型办学,由高校一家培养人才走向与社会单位在某些专业领域联合培养高层次实用型人才的有效途径,也是当今中国高等教育与社会主义市场经济接轨,适应社会实际需要办学的一种具体表现,是高校办学在新形势下的明智之举。

1. 统筹规划原则

高校在建设教育实践基地时,要根据学校的办学定位、发展规划和人才培养目标,统筹规划,合理布局,突出特色,协调发展,加大对全局性、基础性、共享性比较明显的教育实践基地的投入,注意集中财力与条件建设好公共的基础性教育实践基地。既要防止资源过度分散配置、分散管理、局部使用、低水平低效益建设方式，也不能单一讲求规模，力戒片面追求高精尖，造成不必要的资源浪费。在确保满足教学实践需要的前提下，力求最大限度地提高资金的使用效益和实验室、实习基地的使用率，力求避免豆腐块式和条块分割式的投入与建设。在教育实践基地的建设中，还要根据学校未来发展整体规划和各学科专业发展的实际需要，分清轻重缓急，科学规划，分步实施，在规模与设备的技术水平上不要追求一步到位。同时，校内教育实践基地建设还要与各高校办学特色、学科专业优势相匹配，与课程体系建设、课堂教学内容和方法改革互为补充，使之成为与学校创新人才培养工作协调发展的重要育人环节和不可或缺的载体。

2. 适用性原则

所谓适用性就是在选择、确立校外教育实践基地的时候，要充分地考虑与本校的教学目标、人才培养方案相匹配、相适应，能完全满足相关专业教学实践的需求，能为学生的教学实践提供良好的设备条件和实习环境。学校在选择专业实践教学基地建设的形式与内容上，应该根据各专业具体特点和人才培养目标的不同而多样化。如法学专业可考虑将教育实践基地建在法院、律师事务所、监管所等单位；公共事业管理专业则可与党政机关或城市社区、村级委员会联合建立教育实践基地；新闻学专业可依托校外各级不同新闻媒体单位建立教育实践基地；制药工程专业应与各类制药厂建立广泛的合作关系，为学生搭建生产实习的平台；市场营销专业可依托于大中型公司、企业设立教育实习基地，开展实战型教学；旅游管理专业可利用校内外宾馆、酒店、旅游景点，为学生练成一技之能提供广阔的平台。这样，依托不同类型的既有社会资源办实践教学基地，可使各专业找到各自最佳挂靠点，而又显出实践操作这一共同特征，给学生以最合适的实践场地，使其学以致用，学有所获，真正提高学生的职业能力。

3. 突出特色原则

在高等教育办学竞争日益激烈的今天，任何一所高校都不可能齐头并进，全面发展，而是坚持有所为，有所不为的原则，根据自身的特色和优势，重点扶持和发展学校的优势特色学科和专业，以求在激烈的竞争中脱颖而出，不断提高学校的综合竞争力和社会影响力。综观国内外一些知名大学，也并非其所有学科、专业都是最强的、最棒的，往往就是那么两三个优势专业带动起来的，提高了学校的知名度。鉴于此，高校在建设教育实践基地时，在满足各专业学生教育实习需要的前提下，结合学校的特色和优势，突出重点，彰显特色，集中精力重点建设几个、十几个具有特色优势的教育实践基地，以提高学生的创新能力来带动整体教学质量的提升，扩大学校的社会影响力和学生的就业竞争力。

4. 校内外结合原则

教育实践基地的建设必须坚持校内外结合的原则，充分利用学校与社会两种资源开展教学实践，节省实习经费，提高实习效果。校内实习教学基地是高校办学必不可少的基础设施，但是，受各种办学条件的制约，高校不可能为所有专业建设全部实践教学所需的基地。因为，随着高校的扩招，每所高校的在校生人数都成倍增长，从经济实力上讲，学校无力为每一个学科专业的学生建立自己独立的实习基地；从经济使用效益上讲，具体到每一个专业，少则百余人，多则上千人，实习的时间多则一年，少则几个月，各基地设备的使用率也不尽相同。因此，为每一个专业建立独立的教育实践基地既不现实，也不经济。普通高等院校必须走出去，充分利用社会上的各种资源，依托社会广泛建立校外教育实践基地，这是开展实践教学，提升人才培养质量的有效手段，也是对校内实验室和实训室的重要补充。通过校外实习基地的建设，可以有效地拉近学生与企业、学生与社会的距离，为提高学生的实践能力和就业能力提供平台和机会。

5. 产学研结合原则

产学研结合是指学校与相关企业在互惠互利的基础上，充分发挥各自的资源优势，就实际生产与教学、科研等方面进行全方位的合作。企业为学校提供实践教学和科研成果转化的场所，学校则发挥自身的智力优势，为企业培训员工和技术上的支持。校外教育实践基地作为学校和企业联系的纽带，其功能是多元的。教育实践基地既是实习学生开展教育实习，实现理论与实践对接，提升职业技能的主要途径，也是指导教师提升自己教学、科研能力，将自己科研成果运用于实践的有机结合点。一方面，利用企业教育实践基地的设备优势、经验优势和高校的人力资源相结合共同开发新项目，从而提升学校的整体科研实力；另一方面，年轻教师还可利用指导实习的机会或教学之余深入企业，在生产实践中，促进自己的学术水平和实际动手能力的提高，在服务企业的过程中，使自身成长为"双师型"教师。学校通过建立这种产学研相结合的多模式的校外教育实践基地，促进以学为主体，学产结合，理论与实践相互联系；以研为源头、学研结合、教学与科研相互促进；以产为主导、研产结合、项目开发与成果相互转化的良性发展模式，以提升学校科研教学水平的不断提升。例如，近年来，南阳师范学院省级重点实验室——河南省宛英昆虫生物学实验室与南召县云阳柞蚕厂开展合作，取得了显著成果，学校与企业相得益彰，实现了双赢。

6. 互惠互利的"双赢"原则

在市场经济条件下，任何合作伙伴合作的前提都是双方能在合作的过程中实现各自的全部或部分利益目标，否则，这种合作就缺乏现实的基础和生命力，就不可能长期地延续下去。普通高等学校与地方企业、行政、事业单位合作共建教育实践基地也同样应坚持互惠互利的"双赢"原则，理应给合作双方的事业发展带来利益。如果合作不能够实现双方的各自利益与目标，双方都会失去合作的兴趣、热情与动力。一方面，学校的学生到合作的企业、行政、事业单位开展教育实习，完成了学校既定的教育实习任务，锻炼了学生的动手实践能力，提高了人才培养质量；另一方面，企业等单位在接纳学生实习的过程中，不仅会给自身带来先进的管理理念以及青春四溢的活力，促进企业等单位的规范化、科学化管理；更为重要的是，企业、行政、事业单位等能够从实习生这些青年才俊中考察、选拔自身事业发展所需的优秀人才，为自身未来的发展进行人才储备。

实践教学基地建设的一个重要前提，就是与校外能提供合适基地场所与条件的单位实行长期互利合作式办学，而不是单方面一时利用对方。高校学生可以走出校门进入基地去实践，基地单位的专家里手也可以被请进来作实践课讲学，或聘为兼职教师担任一定的授课工作。双方还可在人才培养、人员培训、课题研究、图书与智力资源共享、物质设备共用等方面进行互惠合作，从而建立起长期友好关系，使实践教学基地得到加强和巩固。高校与某企业共建教育实践基地，实习生在基地实习期间，直接利用实习基地的设备、技术和工程技术人员，这必然会给企业的正常生产带来一定的影响，甚至是物质生产材料的直接损耗，包括原材料和能源的消耗、设备的占用、食宿条件的提供以及意外事故风险的承担等。高校只有能为企业带来相应的补偿和利益，让企业在彼此的合作中尝到甜头，才能保证双方的合作长期的开展。当然，由于学校的实习经费困难，难以提供直接的经济补偿，但高校能够利用本身的科研优势吸引企业，为企业提供服务、人才、技术和信息，或与企业就相关技术难题联合攻关，或为企业的员工开办培训班，以提高企业员工的技术水平。

7. 开放共享原则

所谓"开放共享"原则，是相对封闭性而言的，是指教育实践基地在规划建设时，要统筹规划，合理布局，尽量避免设备的分散和重复购置，做到资源共享，提高投资效益。教育实践基地的各种实训场地、仪器设备、软件、师资、人员，各种管理与服务平台等都要考虑到各专业能够相互的共享，是基于合理使用有限的资金及提高投资效益而言的。现在，许多高校都在追求"大而全"，不断上新专业，而各自资源的有限性，也为教育实践基地的开发共享提供了可能；即使在校内，一些相近的学科专业都可能要用到相同的软硬件设备，这为建设一些带有公共性的实践教学基地，实现校内资源的共享，节省办学资源提供了必要。

要提高教育实践基地及设备设施的利用率，保障教学实习任务的全面落实和人才培养质量，就必须使教育实践基地成为对师生，乃至对社会完全开放性的实践训练场所。第一，对学生来说，实现资源共享，它不仅让学生在校学习期间就接触本行业的新技术、新技能，还能让学生在这个"学习工厂"自主学习，完成实训（验）项目，实现实践教学方式的"开放性"。尤其是根据学生特长兴趣，不局限学科专业，鼓励学生跨学校、跨院系、跨专业、跨年级利用基地实践平台开展创新实践活动，各取所需、各尽所长。有利于培养学生的特长兴趣，增强学生的科技创新能力；第二，对教师来说，校内教育实践基地的开放能为教师开展科学研究和科技开发提供便利条件，以提升教师的教学科研能力，更多地塑造"双师型"教师；第三，校内教育实践基地要向社会开放，大力开展产学合作，可以充分发挥大学的服务社会功能，为社会提供多方位的服务，包括与企业合作办学、为社会培训技术技能人才、推广新技术和直接完成某些服务项目，增强大学的科技辐射力。

近年来，许多省市都在规划建设大学城或大学园区。在同一座城市，同一个园区，不同院校之间，根据各自的优势和特色，或集中设置，或分散在不同院校设置实验实训等教育实践基地。各高校之间通过签订合作共享协议，科学规划、合理布局，分类建设公用性的实践教学基地，搭建资源共享的公共平台。对每一所学校来说，投资都不太大，可节省部分建设资金；几个院校的基地合并起来，功能就更齐全了。既可解决教育实践基地的建设资金不足问题，也实现了资源共享，提高了设备的利用效率，实现了教育实践基地的集约化建设与管理。例如，江苏常州大学城由常州信息职业技术学院等五所高职院校与一所本科院校组成，成立了资源共享协调机构来解决这类问题，产生了很好的效果。

（二）大学生职业能力教育实践基地的建设模式

服务地方经济，培养满足社会需要的合格人才，是高等院校的重要职责。普通高等院校多具有区域性或行业性的特性，紧紧围绕一方经济及社会发展的需求，坚持开放办学，积极探索产学研合作的新途径，充分利用各种社会资源，建设多元化、立体化的教育实践基地模式，是提升大学生职业能力和综合素质的必由之路。

1. 自主建设模式

校内实验室及基本的实训室建设是学校教学设备、设施的重要组成部分，也是学生从事教学实践、完成实习任务的必要条件保障。作为一所办学设施齐全、办学条件良好的高等院校，必须拥有一批自主建设开发、体现本校专业特色的校内教育实践基地，这是学校开展实践教学、培养合格人才必要的教育投入，也可以使学生足不出校便可从事最基本的实验、实践学习，节省了一定的时间成本和经费。因此，在力所能及的情况下，普通高等院校应立足学校发展的实际和专业设置的特色，着力建设一批独具特色的校内教育实践基地，以满足最基本的教育实践需求和人才培养的需要，不断优化自身的办学条件。校内教育实践基地建设包括实验室建设、实训基地建设，要与学科建设、课程建设相匹配，立足高标准、高起点，力求引进先进的设备和教学仪器，提高基地的科技含量，避免低水平的重复建设，努力改善实验条件，逐步淘汰落后的仪器设备，使学生能够通过实验真正了解到本学科最先进的仪器设备和工艺。同时，校内教育实践基地建设，应突破传统的仅限于感性认识、技能训练等一般实习实训的模式，瞄准就业市场的需要和社会化管理的发展实际，模拟工厂生产、社会化管理等实际，进行仿真化、综合化管理。

2. 校社共建模式

作为一所普通高校，大多拥有30—50个本科专业，在校学生人数通常在上万，乃至数万人，若仅仅依靠自身的资源条件，根本无法满足每一个学生教育实践的需求。从经济效益的角度考虑，也不是理智的选择。因此，必须坚持开放办学，开展广泛合作，走与企业、银行、学校、政府、社区等社会单位合作共建之路，实现资源共享、优势互补，才能满足高校自身发展的需要。

首先，高校必须依托众多的国有、私营企业，走校企共建之路，来解决学生实践教学的问题。近些年来，高职高专院校由于其自身办学的特性，与企业的合作比较密切。但对于普通高等院校来说，由于诸多实际情况，与企业的合作还不太紧密。校企合作的内涵是产学合作共同育人，其核心是"双向参与"，其具体的合作方式就是在资源共享，互惠互利的基础上，合作双方签订协议，规定双方各自的权利和义务。通常由企业提供学生实践教学所需的场所、机器、设备及技术指导人员；学校则发挥自身的理论及技术优势为企业提供必要的服务，如培训员工等。为了保障学生教育实习的效果，应实行双导师制，基本理论知识的讲授与学习由校内专职教师担任，实践课则聘请企业的领导、专家作为学生的实习指导老师，手把手地传授学生实践技能。

其次，高校根据各专业的不同特点和实践教学计划的要求，还必须依托党政部门、新闻媒体、司法机构、中学、社区等单位，与之合作建立教育实践基地，方能满足不同专业学生的实践教学的需求。如，公共事业管理专业的学生需要到行政部门，或社区实习；法律专业的学生需要到司法机构、律师事务所等部门、机构实习；新闻专业的学生可通过与省市报业集团、电视台等新闻媒体采取联合办专业的方式，借助他们的平台，为学生教育实践创造条件；旅游管理专业可以依托当地或域外的旅游景点、大酒店，开展教育实践活动；而师范专业学生的教育实习地点则通常在中小学进行。这就要求高校必须走出校门，与社会上各种机构、单位建立广泛的合作关系，为学生提供必要的实习场所。

校企、校社共建模式，可实现学校与企业、社会机构的双向互补，实现学校与企业、社会机构的物质和智力资源的共享，培养出符合社会需要的高素质的复合型人才，在人才供求关系上完成学校与企业及社会的良好对接，相互渗透，促进校园文化和企业文化的交融，以达到双赢的目的，为双方的长期合作注入活力。

3. 产学研结合模式

建立产学研相结合的教育实践基地是实践教学体系的重要组成部分和必备条件。对于参与实习的学生来说，作为产学研相结合的教育实践平台不仅能使实践教学起到对理论课教学的服务强化作用，又能促进学生实际操作能力、知识运用能力、理论联系实际能力以及独立分析与解决问题能力的提升，进而培养学生的创新思维和创新精神。在全方位地深入企业生产的过程中，使得学生能够接触到连续的生产过程，而不是以前那种割裂开的、单一的实训环节，使学生不但学习了关键技术要点，又培养了学生的综合职业素质。对于教师来说，产学研相结合的教育实践基地也是提升教师教学、科研能力的重要途径。通过"零距离"的接触生产实际，使得教师能够有针对性地进行科研选题。在产学研结合的过程中，产业作为一个平台，实现了科研成果的及时转化，为实践教学指明了方向，使教育实践走在了市场的前沿，有效地缩短了学生学习与就业之间的距离；通过产业经营产生的经济效益，又反哺了科学研究，大大调动了广大教师的科研积极性；另外，教育实践基地不仅为学生的技能实训提供了条件，还在自愿的前提下，为学生提供勤工助学的机会，解决了一些家庭贫困学生的实际困难。通过实践证实，产学研相结合，只要协调得当，必将是一个多赢的过程。

4. "顶岗实习"模式

所谓"顶岗实习"，就是学生完全履行其实习岗位的所有职责，使其与就业岗位实现"零距离"接触。"顶岗实习"是提高学生职业能力、创新能力和就业竞争力的重要环节，对学生的能力锻炼也是非常明显的。在目前众多企业普遍面临"用工荒"的情势下，这种模式受到广泛欢迎。对于企业来说，大学生到企业"顶岗实习"，不仅可以暂时缓解企业面临的工人不足的问题，企业还可以从中挑选一批有发展潜力的员工，为企业发展储备人才；对于学生来说，不仅可以得到一些薪资，更主要的是能够熟悉生产的全过程，通过"真枪实弹"的实习，学到实实在在的东西。而对于师范生来说，选派实习生到西部贫困地区或基层中小学顶替原任或缺岗的上课教师的岗位工作，按照在岗教师的要求履行教学工作和其他工作职责，不仅可以明显提高实习生的综合素质和实践能力，还大大缓解了西部山区中小学教师数量短缺和质量不高的局面。对于高校来说，也能够减轻学生实习基地不足带来的压力。在"顶岗实习"中，学生会将自己视为企业的一员，融入公司团队当中，不但汲取了丰富的社会实践经验，让实习企业看到了自己的价值所在，也使在校大学生与用人单位提前"对接"，为大学生日后就业铺出了一条新路。

5. 实习+就业模式

了解职业，熟悉某项职业的工作内容、工作环境、工作方式，尽早树立职业意识，是让学生及早做好就业准备的必经途径，而教学实习活动对于就业至关重要。近年来，随着高校的不断扩招，毕业生就业压力逐年增大。2013年高校毕业生达到727万人，大学生就业成了政府、社会、高校等各方面高度关注的十分棘手的社会问题。在这种情况下，许多院校，特别是理工类院校在积极探索"基地+就业"的新模式，成为实现大学生顺利就业的新支撑点，即学校在企业直接建立"实习实训就业基地"，企业在学校建立"人才培养基地"。校企双方签订"双基地"办学模式协议书，企业承担学生实习实训，并根据企业的需要，从中挑选企业所需要的人才，解决学生的就业，而学校成为企业人才培养培训基地，企业员工随时可以到学校接受培训，企业技术骨干直接承担学校的实习实训教学任务。企业和实习学生进行双向交流，双向选择。企业在学生实习的过程中对学生进行全方位地了解和考察，同时，实习的过程也是学生了解企业文化，逐步融入企业的过程。"实习+就业"模式较之于传统的实习基地，具有合作内容丰富性、多方共赢性、实习就业一体性等特点。这种类似于"订单培养"式的合作模式对拓宽学生就业门路具有积极意义和一定可行性。

6. 政府建设大学生创业园区模式

大学生就业问题是关系到千家万户的重大民生问题，历来受到党和政府的高度重视。近年来，一些地方政府积极探索拓宽大学生就业的新路子，取得了一定的效果。一些地方政府建设大学生创业园区，出台各种优惠政策，坚持以"创业带动就业"，成功破解了大学生就业和创业难题，为大学毕业生就业、创业提供强有力的支点和平台，收到了良好的经济效益和社会效益。例如，据2009年9月30日《吉林日报》的报道，吉林省创建的东北袜业纺织工业园于2009年初与市人社局、市就业局共同谋划，提出了"5232"大学生创业行动计划，即：用5年时间实现2000名大学生创业就业，同时带动3万人直接就业，2万人间接就业。创业行动计划实施一年来，由于市委、市政府的高度关注，各相关部门通力合作，创业扶持政策全面落实，东北袜业园坚持履行社会责任，88名大学生创办了56户企业，袜机设备达到870台，产量2800万双，产值4700万元，利润490万元，带动就业1120人。这种融就业创业于一体的大学生成长基地既为学生开展实践教学提供了很好的平台，也为大学生创业提供了难得的环境，被国家人力资源部和社会保障部确认为"国家级高校毕业生就业见习示范单位"，吉林省"大学生创业孵化基地"。

7. 分散实习模式

在传统的教学实践中，普通高等学校通常采用集中实习的方式，即在大三或大四学年，按照既定的教学实习计划，集中安排学生到企业或中学开展一至数月的教学实习活动。这种实习方式形式简单，便于操作，易于管理。但是，随着高校规模的日益扩张，任何一个企业或学校都无法，也不愿承担如此繁重的学生实习任务，而且有限的实习指导老师也难以应付这种局面。因此，近年来，一些高校便采取集中实习和分散实习相结合的方式。分散实习有两种情况，一种是学校鼓励学生自行联系实习单位实习，其他联系不到实习单位，或者不愿自行联系实习单位的学生再由学校统一安排实习基地。另一种是学校分期分批地安排实习学生到教育实践基地实习，尤其是充分利用暑假安排学生到基地实习，既缓解了教育实践基地不足的问题，也解决了因实习指导教师不足造成的实习教学质量下滑的问题。

（三）教育实践基地的管理模式

要确保教育实践基地的正常运行，充分发挥其功能，为教学实习计划的顺利落实奠定良好的基础，必须加强对教育实践基地的管理。

1. 校内教育实践基地的管理模式

校内教育实践基地的管理模式主要有：集中管理、分块管理和集中与分块相结合的三种管理模式。

集中管理模式是由学校相关职能部门对教育实践的资源进行集中管理，统一调配。在这种模式下，教育实践基地作为学校一个独立的教学、教辅、行政相结合的机构承担实践教学、培训、职业资格认证等各项工作。实践教学基地内配备有从事实践教学、职业技能鉴定、实习指导教师及管理人员等，能全方位地行使教育实践基地的各项职能，最大限度地发挥教育实践基地资源的作用。

分块管理模式就是校内教育实践基地按院（系）设置对口管理，每个系或学校下属二级学院都有自己独立设置与管理的实验室、实训室等实习基地。实验（训）室建设、实践教学等由院（系）独立完成。在这种管理模式下，专业与实验（训）室结合紧密，能很好地协调课程理论教学与实践教学的关系，有利于调动院（系）直接参与实验（训）室建设与管理的积极性，方便了实践教学的开展。当然这种条块分割式的管理模式容易出现重复建设，造成资源浪费，设备利用率低及不利于统一调配等方面的问题。

集中与分块相结合的管理模式是将全校性或几个相近专业院（系）共用的实验（训）室统一管理、调配，而专业性比较强的实（验）训室则下放到具体的院（系）管理。这种管理模式既便于宏观调控，资源整合，又能够有效地发挥院（系）建设实训室的积极主动性，做到实训室建设与专业建设协调发展，充分调动校、院（系）双方的积极性，提高资源的利用率。

2. 校外教育实践基地的管理

校外教育实践基地是校内实践教学基地的补充，是教育与生产劳动相结合、产学合作教育的有效手段，是高校培养学生专业技能与职业素质的实践教学场所，是大学生了解社会、认识国情、增强社会责任感、提高专业技能的重要途径。要建好、管好教育实践基地需要共建双方共同努力。

（1）建立学校、院系两级管理机制

校外教育实践基地的建立与管理应采取校、院（系）两级管理制。

学校教育实践的主管部门负责制定教育实践基地建设方面的管理规章制度，协调相关事宜。学院（系）具体负责基地的建设与管理，制定符合自身专业特色的教育实践计划、大纲等管理规范，并进行教育实践任务的落实，以保证教育实践质量。

（2）建立由校内外人员组成的教育实践指导委员会

校外教育实践基地是依托企业、社区、机关等现有的资源建设的大学生职业能力训练场所，较之校内教育实践管理难度较大，因此，要与共建方保持长期的合作关系，共同建好、管好教育实践基地，就必须建立由双方相关人员参加的教育教学指导委员会，共同制定、落实实践教学计划，不定期地召开专门会议，沟通情况，加强交流，研究、协调教育实践过程中遇到的具体问题，确保教育实践活动的计划落到实处，不走过场，不流于形式。

（3）实行"双导师"制，确保实践教学效果

由于校内教师多以从事理论教学为主，实践教学经验缺乏；而企业技术人员则掌握熟练的生产操作技术，但理论教学则略显不足。因此，要充分发挥双方的优势，取长补短。在教育实践环节，必须主动聘请企业优秀技术人员担任实习指导老师，给予较高的荣誉和经济待遇，充分调动他们的积极性。

3. 教育实践基地的管理内容

（1）制定实践教学计划

教学计划是人才培养目标、规格以及培养过程和方式的总体设计，是学校组织教学、落实教学任务、确定教学编制的基本依据。学校实践教学基地教学管理的主要任务就是确保专业实践教学计划的顺利实施。为此，要改变普通高校实践教学过于依赖理论教学的传统教学理念，根据学校人才培养目标的要求，建立相对独立的实践教学体系，并以此组织安排各个环节的实践教学工作。

（2）建设一支高素质的教育实践师资队伍

实践教学的教师队伍建设是基地建设的重要一环，要为基地配备有一定实践教学经历与丰富教学经验的管理人员，要有一大批来自生产第一线的实践教学教师。要按照"双师型"的要求，建立一支由学校、合作单位双方人员构成的素质优良、结构合理、专兼结合、相对稳定的

教育实践教师队伍，以满足实践教学的需要，确保教育实习计划的顺利完成，提高人才培养质量。教育实践师资管理的内容主要是通过规章制度、检查、考核、评定、奖惩、继续教育、思想工作等方式来规范教师的行为，提高教师的素质。其目标是在实践教学基地内形成一支结构合理、作风过硬、业务一流的师资队伍。

（3）建立健全教育实践基地管理制度

制度建设是实践教学质量的根本保证，要从影响实践教学质量的内外部各主要因素（教师、学生、管理、政策、体制等）入手，严格把好质量关，建立科学合理的教学评估督导体系，形成分析、评价、反馈制度，营造良好的教学环境，达到最佳教学效果。通过认真抓好教学全过程的管理，根据各实践教学环节规定的教学内容和技能训练项目的基本要求，制定出各实践教学的成绩考核办法。加强对实践教学考核方式的改革，通过科学的评价体系，促进学生实践能力和技术应用能力的提高。

（4）教育实践基地的考核

教育实践基地的建设、管理是实践教学质量的前提与保证，为了建好、管好大学生实践教学基地，保障大学生实践教学的顺利开展，必须加强对实践教育基地的考核。首先，要按照实践教学的各环节的要求，制定科学、合理的考核指标体系，包括教育实践基地的基础设施情况、师资队伍建设情况、实习计划的执行情况以及经费的开支等。其次，要根据实践教学基地考核评估指标体系，定期对教育实践基地进行考核。考核的形式包括实地考察、问卷调查、座谈、走访等形式。最后，要根据考核结果，对好的基地进行表彰；对于存在问题的教育实践基地提出整改意见；对于条件差、管理混乱，不能履行教育实践基地职能的基地，予以撤销，并及时建设新的教育实践基地，以确保大学生教育实践实习计划的落实。

四 构建多元化的大学生职业能力教育实践基地体系

普通高校教育实践基地建设是一项系统化的工程，单独依靠任何一方面的力量都不可能完成，因此，必须充分利用各种资源优势，建设以校内教育实践基地为基础,以政府创建大学园区为依托,以社会教育实践基地为主体,以网络虚拟实训平台为补充的多元化的大学生职业能力教育实践基地的体系。

(一) 校内教育实践基地是高校开展实践教学的基础平台

校内教育实践基地是学校基础办学设施的重要组成部分。近些年来,一些高职高专院校非常重视校内教育实践基地的建设,取得了很好的效果。但是,对于普通高等院校来说,由于办学理念陈旧、办学模式僵化、经费紧张等原因,校内教育实践基地的建设没有引起足够的重视,还远远不能满足大学生开展教学实践的需要。对此,上级教育主管部门应当出台相关政策与措施,支持普通高等院校建设以创新实践为导向的校内教育实践基地,进一步深化高校创新性人才培养模式改革,通过整合现有学生创新实践资源,丰富创新教育内涵,为广大学生开展创新性实验、科学研究、发明创造、学科竞赛、社会实践等活动提供平台和环境。

(二) 政府主导的大学园区建设,为大学生开展创业提供了重要的平台

大学生就业问题是一个重要的民生问题,理应引起各级政府的高度重视。各级政府应当把促进本辖区内大学生就业问题纳入政府工作日程,在大学相对集中的地方,建设大学园区。依托大学园区,结合高校学科建设和地方产业发展的需要,建设一些公共教育实践基地。这样既可发挥大学园区内高等院校和科研院所的科技人才和技术资源优势,使之成为区域内企业自主创新的技术依托、技术源头和人才培养基地,也为大学生开展创业提供重要的平台。

(三) 以社会教育实践基地为主体,增强大学生的职业技能

面对数十个专业及数万名学生的教育实践需求,任何一所高校都不可能单独依靠自身的力量来解决,必须坚持开放办学、社会办学的方针,充分利用社会资源,广泛建立各种社会教育实践基地。

第一,高校必须依托众多的各种规格、各种规模、各种性质的企

业，建设校企合作型的大学生教育实践基地。以企业为依托，建设互利、双赢、稳定的校外教育实践基地，这对高校办学而言是极为重要的补充。企业凭借生产设备设施等资源优势为学生提供实践实习实训的平台，高校以优秀的教学质量和可靠的毕业生质量，取得企业的大力支持，为毕业生提供更多的实习机会。尤其是在学生顶岗实习的过程中，可以提前接触真实的工作环境，及时了解到自身的不足与差距，根据岗位要求及时学习、调整，培养全面的个人业务能力，缩短就业适应期。而企业可以全面考察一个学生是否能胜任企业的要求成为合格的职业人，从而确定是否留用，保证了企业员工队伍的高质量。

第二，是校校合作类型的教育实践基地。校校合作模式包括两种类型和情况，一是普通高等院校与高职高专院校的合作共建。高职院校相比普通高等院校来说，一个显著的特点就是高度重视学生实践能力的培养，各种教学实践实训基地完善，与企业合作密切。这是许多普通高等院校所不能企及的。因此，普通高等院校的一些应用型专业与区域内高职高专院校展开合作，取长补短，实现合作共赢，既有利于提升基地、设备等的有效利用率，也可以弥补普通高等院校在教育实践基地建设方面的不足。二是普通高等院校之间的合作，由于各自专业设置的交叉与重合，在教育实践基地建设需求方面也会有相似之处，如果校际间本着相互协作、资源共享、共同发展的原则，实现合作共建，资源共享，对提高双方的教学资源利用率和办学效益都是非常有益的。从互联网、中国教育报等媒介上看，近年来，这种形式的校校合作日益活跃起来，产生了良好的社会效果。

第三，以中小学校为依托，建设师范性教育实践基地。对于传统的师范院校师范专业来说，其师范生多在中小学开展教学实习，学校与区域内中小学大多保持着密切的联系和良好的合作。一方面，高校师范生到中小学实习，给学校带来了新鲜的气息，促进了中小学教学方式、方法的变革，深受学生欢迎；另一方面，大学生在教学实习的过程中，积累了一定教学和学生管理经验，丰富了人生阅历，锻炼了自己的能力。一些表现出色的学生通过双向选择，最终还被所在实习学校留用。

第四，是与社区等合作建设教育实践基地。拓展社区实践基地，建立学校社区双结合教育机制，是开展大学生社会实践的最有效的途径之一。在社区建设大学生社会实践教育基地，可以解决大学生社会实践场所问题、规模问题、形式问题、专业建设问题等，无论是对高校人才培养体系的完善、学生素质的提高，还是对社会文化、教育等的发展都有十分重要的意义。尤其对公共事业管理等专业的学生来说，到社区进行教育实习，对于他们了解中国国情，深入了解基层社会实际，积累社会管理经验，促进大学生的健康成长十分有利。

（四）推广虚拟网络实训模式，提升大学生就业竞争力

随着现代网络技术迅猛发展，给我们的社会生活带来了巨大变化，网络技术也成为推动现代教学实践变革的重要手段。在高校实践基地建设中，充分利用现代互联网技术，结合专业特点，建设网络实训基地，对于软件开发、艺术设计、教育技术等专业来说，具有很大的潜力和价值。网络实训基地对提高网络教学水平意义重大，网络实训基地的建设不仅能提高教师的网络教学水平，而且为学生提供了真实的网络环境，可以让学生亲自搭建网络、亲自动手调试、配置网络，加深对网络原理、协议、标准的认识。通过网络实训基地的学习，提高学生的网络技能和实战能力，在将来的就业竞争中，形成非常明显的竞争优势，对学生就业意义重大。

附录　南阳师范学院大学生职业能力教育实践基地的建设经验

南阳师范学院是河南省省属全日制普通本科高校，2000年3月经教育部批准升本。目前，学校有本科专业56个，其中师范专业14个，非师范专业42个，涵盖文学、理学、工学、法学、经济学、教育学、历史学、管理学、艺术学、农学十大学科门类，在校学生达到21000人，已形成了师范教育和非师范教育并存、特色鲜明、优势互补、协调发展的办学格局。

学校高度重视教学实习和教育实践基地的建设，先后在本地及北京、上海、广州、深圳等大中城市建立了270多个教育实习实训基地，大力提升学生的实践能力和动手操作能力，取得了显著成效。近年来，

毕业生就业率稳定在90%以上，用人单位满意度超过90%。2009年，毕业生就业率达到95.07%。

（一）依托区域内基础教育资源，一如既往地抓好传统师范专业的教育实践基地建设

南阳师范学院作为一所地方师范院校，师范专业是学校的传统优势专业，也是学校的主要特色之一。学校高度重视师范专业教育实习基地的建设，积极与地方合作，建立了一批稳定的高质量的教育实习基地。目前，学校与南阳市教育局合作建立了84个教育实习基地；与信阳、驻马店等地市的高级中学签约，建立了11个教育实习基地；在校内建立了12个实训基地。通过定期召开实习实训工作研讨会，加强教育实习实训各环节的严格管理，切实保障了教育实习实训基地建设质量，充分满足了本科实践教学的需要。

为了彰显教师教育特色，切实提高学生的教师职业技能，自2004年起，学校建立了教师职业技能训练中心，配备有微格教学系统、数据服务器、多媒体服务器和文件服务器、PC机、网络计算机、摄像云台和投影仪，采用无键盘操作方式，实现了实时数字录像、无干扰教学评估观摩、数字音频及课件点播、电子巡查及听课等功能，目前在我国同类高校中处于领先地位。

学校结合国家在各个时期的教育政策，加强与南阳基础教育的合作与交流，形成了高师教育与地方教育协同作用、优势资源互补，高师院校积极服务并指导地方基础教育，地方教育行政部门、中小学广泛参与高师院校的人才培养，最终实现双方共赢的"良性互动"人才培养新机制。

1. 构建"三结合"教育实习基地建设模式

"三结合"教育实习基地建设模式即由高师院校、地方教育行政部门、实习基地学校三方结合共建实习基地。具体包括以下几个方面：

第一，制度规范"三结合"。南阳师范学院、南阳市教育局、实习基地学校共同制定了《教育实习基地建设工作条例》，明确和规范三方的各项权利和义务，确立年度三方联席会议制度，组织研讨基础教育发展的新问题。

第二，组织领导"三结合"。建立教育实习基地建设三级管理组织，一级组织是由南阳师院主管领导和南阳市教育局、各县（市、区）教育局主管局长组成的领导小组，二级组织是由学校教务处长、市、县（市、区）教育局师训科长、实习学校校长组成的管理小组，三级组织是由学校实习带队教师、基地学校领导、教研组组长组成的工作小组。

第三，评估督导"三结合"。建立健全教育实习基地建设评估及奖励制度，定期对教育实习基地建设工作进行评估。

第四，经费保障"三结合"。教育实习基地建设经费由学校、地方各级教育行政部门、实习基地中学三方共同筹资。对确定为实习基地的中学，南阳师院分年度向其投入专项经费，用于购置必备的实习、生活用具；地方教育行政部门对基地中学在财力、物力投入上采取倾斜政策，改善其办学条件；基地中学也大力筹措专项资金，用于改善实习条件。

2. 推行"双边协同"教育实习指导方式

"双边协同"教育实习指导方式是指实习基地学校教师与南阳师院教师通力合作，共同指导师范生教育实习工作，共同参与高师人才培养。其具体做法为：第一，实习前校内演练环节。学校以院（系）为单位，邀请基地学校的名师、优秀班主任来校，与南阳师院教师共同对学生的教学基本技能、班主任工作方法和教育调研方法进行指导。第二，基地学校实习环节。基地学校骨干教师受聘为实习生指导教师，与学校实习带队教师协作，指导实习学生的课堂教学（包括备课、教案规范、教学方法、教学过程、板书设计、作业批改等环节）、班级管理和教育调查实践。第三，返校后实习回讲环节。基地学校名师与南阳师院教师共同担任评委，对实习学生的教育实习工作总结、说课与教育教学技能展示、教育调查报告三部分内容进行验收。第四，成绩评定环节。实习前校内演练成绩由南阳师院教师评定，基地学校实习成绩、返校后实习回讲成绩由南阳师院教师与基地学校教师共同评定，三部分成绩汇总即为实习总成绩。

3. 以资源互补为手段，达成了双方合作共赢局面

一方面，南阳师院充分利用地方基础教育的人、财、物资源，改变了高师院校独自支撑教育实习工作的被动局面，促进高师教育教学的改

革,提升了学校实践教学和教师职业技能训练成效,保证了学生教育见习、实习质量,较好地解决了高师院校学生实习效果差的问题;另一方面,地方依托南阳师院高师人才资源优势,极大地提升了当地基础教育教学改革与科研成效,推动了地方教育事业的快速发展。如今,在南阳市39784名中学教师中,有南阳师院毕业生18746人,占总人数的47.12%。在省级骨干教师、地市级骨干教师培养对象中,南阳师院毕业生分别占其总数的47.94%、49.87%。在荣获地市级以上优秀教师、劳动模范等称号的教师中,南阳师院毕业生占总数的43.22%。这些优秀师资为南阳市基础教育事业作出了巨大贡献,是南阳基础教育飞速发展的力量源泉。另外,南阳师院每年都定期走访教育实习基地学校及地方教育主管机构,力所能及地为它们解决实际困难,深化交流,密切感情,促进了双方的持久合作关系。

(二)多策并举,提升非师范专业的人才培养质量

如前所述,目前南阳师院非师范专业数量及在校生人数已远远超过了传统的师范专业数量和学生人数,成为一所综合性院校。非师范专业的发展给学校带来巨大经济效益的同时,也给学校带来不小的压力。如何保障非师范专业的人才培养质量,对学校未来的生存与发展具有举足轻重的影响。随着非师范专业日益增多,学校结合自身发展实际,逐步探索出能满足当代人才评价标准、适应地方经济建设发展需要的非师范专业新型人才培养模式。

具体来说,在培养目标上,培养具有一定扎实的理论知识和娴熟的实践操作能力的高层次应用型人才。在教学内容上,改变传统的理论教学脱离实际,教学内容滞后于产业发展的状况,增加实践教育学环节在整个教学过程中的比重。在教学方式上,改变以往填鸭式、满堂灌、照本宣科,重知识的传授和获取的倾向,着力培养学生对知识的加工和问题的思考,增强学生提出问题和解决问题的意识与能力,培养其创新能力和批判性思维。

加强学生的实践教学,增强学生的动手操作能力,提升毕业生的就业竞争力,是改革非师范专业教学的重中之重。为此,学校采取一系列措施,加大投入,加强校内教育实践基地建设;广泛联络,拓展校外教

育实践基地的数量规模；建章立制，进一步规范教育实践基地的管理。着力做到实践性教学的计划落实、大纲落实、指导教师落实、经费落实、场所落实、考核落实，确保教育实践效果和质量。

1. 加大投入，加强校内教育实践基地建设

教育实践基地是高等院校开展实践教学，提升学生实践能力的必备场所，是培养高技能人才的基本支撑条件，是实现实践教学的前提和保证。为此，近年来，南阳师院一方面积极争取上级财政资金，加大学校财政倾斜力度，建设一批校内教育实践、实训基地；另一方面，注重对校内原有实践基地的整合和升级改造，改善实践实训条件。先后建立和改造了 40 余个校内实践实训基地，为保障非师范专业人才培养质量奠定了坚实基础。

新闻与传播学院自建立以来投入数百万元，建设了国内一流的教学与学生实习设施，主要设施有：演播大厅、电视模拟播控中心、视频演播中心、图像采集与制作实验室、语音合成与分析实验室、非线性编辑实验室、线性编辑实验室、广播节目编辑实验室、摄像技术实验室和摄影技术与艺术实验室等。承担着学校电视台和广播电台大部分节目的采编和播出任务，多次参与校内外大型活动。

数学与统计学院现有数学软件和数学建模实训室 1 个，计算数学实训室 1 个，数学建模实训室 10 个，能够基本满足学生教学实训的需要。

物理与电子工程学院物理实验教学中心实验室总面积约 4500 平方米，包括力学、热学等 9 个专业实验室。实验室有实验教学人员 14 人，其中高级职称 9 人，中级职称 5 人。实验仪器设备 2600 多台（件），总价值 400 余万元。物理与电子工程学院光电信息处理实验室 2009 年晋级为南阳市光电信息处理重点实验室，拥有先进的仪器设备和一支高素质的实验教学队伍。

环境科学与旅游学院的 GIS 与遥感实验教学中心创建于 1998 年，学校投资 80 多万元建立了遥感制图、地理信息系统实验室。现有实验室 3 个（GIS 实验室、卫星遥感与灾害研究实验室和测绘工程实验室），GIS 与遥感应用实验教学中心为校级实验教学示范中心，卫星遥感中心被南阳市科技局定为"南阳市卫星遥感减灾重点实验室"。

该学院的旅游专业现有客房实验室、中餐练习室、西餐练习室、形

体训练室、模拟导游实验室、茶艺室等实验和实训室。不仅能够基本满足本专业教学实训的需要，还经常为南阳市大型酒店服务业培训员工。

化学与制药工程学院分析测试中心拥有仪器设备价值达500余万元，并具有一支以博士、教授为学术骨干的专业实验教学队伍，2009年，被批准为河南省高校工程技术中心培育基地。

经济与管理学院实验教学中心建成国际商贸综合、物流沙盘、模拟导游等19个实训室，建筑面积达3000多平方米，拥有设备价值400余万元，能同时容纳700名学生进行实训学习，能很好地满足国际经济与贸易、工商管理、物流管理、财务管理、旅游管理、会计学、行政管理、公共事业管理8个专业学生和本校其他院系学生的经济与管理类课程的实训要求。该实训中心凭借自身良好的资源，正式成为阿里巴巴电子商务认证的培训考试点，是目前南阳市唯一获得该资格的单位。

土木建筑工程学院现有建筑材料、土工、建筑CAD、工程测量、建筑物理、建筑模型、建筑制图等实验室。仪器设备200万元，建筑面积2100平方米。实验室涵盖了土木工程、工程管理等专业学生的实验课程教学，为土木建筑工程学院实验课程教学和教师科研提供了较充足的实验场地和仪器设备。

2005年6月，南阳师院与英国皇家研究所——洛桑研究所签订协议，联合建设"中英·南阳洛桑昆虫生物学联合实验室"，这是河南省第一家与国际著名研究机构联合建立的实验室。2006年6月被列入省科技厅国际合作研究机构名单，并被命名为"河南省宛英昆虫学实验室"。2008年11月，河南省科技厅批准该实验室组建"河南省伏牛山昆虫生物学重点实验室"。实验室面积1200平方米，采用全封闭净化空调系统，达到万级净化安全实验室标准，走廊净化级别为十万级；实验室仪器设备固定资产366台（套），设备价值上千万元。

这些校内教育实践基地的建设，为进一步深化实践教学改革，提高本科生综合素质和实践能力提供了充分的保障。

2. 充分利用社会资源，广泛建立校外实践教育基地

校外教育实践基地不仅是校内教育实践基地的重要补充，也是学校充分发挥服务社会功能，实现产学研结合的主要平台。近些年来，学校采取主动走出去的办法，广泛利用各种资源和渠道，努力拓展教育实践

的空间，在深圳、珠海、广州等地建立了76个教育实习实训基地；通过定期召开实习实训工作研讨会，加强实习实训各环节的严格管理，切实保障了实习实训基地建设质量，充分满足了本科实践教学的需要。并在一定程度上实现了学生实习与就业的结合，不少学生因表现好、素质高最后被企业录用，为学生的就业开辟了新渠道；不仅为企业解决了一些技术难题，也扩大了"卧龙学子"在省内外的影响，实现了"互惠双赢"的目标。

例如，新闻与传播学院近年来先后在山东卫视二套、山西卫视、河南卫视、南阳电视台、南阳电台、大河报社、南阳日报社、南阳晚报社、南阳广播电视报社等多家新闻媒介单位建立25个实习基地。环境科学与旅游学院与广州燕岭大厦、东莞宾馆、深圳中油酒店、老届岭迎宾馆、鹳河中州国际饭店、丹江大观园景区、南水北调渠首景区等单位签订协议，建立了校外实习基地，不仅为学生的实践教学提供了良好的条件，而且学生的良好表现深得实习单位的好评和欢迎。

化学与制药工程学院在河南天冠集团有限公司、雅兰国际广州雅纯化妆品制造有限公司、南阳市农产品质量检测中心、南阳凌宝珠光颜料有限公司、唐河县山区经济产业化示范中心等单位建立了教育实践基地。

在如何维系与校外教育实践基地的关系上，学校主要以感情投入为主，通过双方平素勤走动，经常保持友好联系，增进感情，使基地得以巩固和长久。同时尽己所能满足对方一些合理要求（如接受人员培训、提供校内专家学术咨询服务和校内文献信息资料等）。

（三）以人劳部"中国职业培训基地"为依托，实现大学生职业技能与专业岗位无缝对接

随着经济的发展和社会对人才需求的变化，大学毕业生就业问题日益突出。怎样解决大学毕业生就业难的问题？南阳师范学院进行了积极有效的探索。从2006年开始，在国家劳动与社会保障部相关专家的指导下，学校启动了大学生专业技能岗位对接培训，使大学生在校期间通过适当的动手能力训练，将所学知识转化为岗位技能，实现了专业技能与岗位技能的有效对接。

学校一方面组建了由 20 多名教师组成的职业指导培训教学团队，为大学生开设《职业指导》课程，义务为就业困难的学生开展职业咨询与指导；另一方面，积极争取中国就业培训技术指导中心的支持，开展大学生专业技能岗位对接课程培训。目前，学校已开设了多种专业技能和岗位对接课程。首次试点的四个专业确定了 12 个岗位。其中，美术专业有家装设计师；生物专业有植物组培师、园林植物配置师、菌种师、动植物检疫师。其具体做法是：

一是紧紧抓住课程开发这一关键环节。学校为每个专业确定了 3 到 5 个就业岗位。比如，为美术专业的学生设计的就业岗位就有家装设计师、广告公司设计员两个岗位；为生物专业的学生设计有植物组培师、园林植物配制师、菌种师、动植物检疫师、保健品和药品营销师 5 个岗位；为汉语言文学专业学生设计有记者编辑、播音主持、广告策划和文案创作员、公关秘书 4 个岗位；为心理学专业学生预设有心理咨询员、人力资源管理员两个岗位。

二是为每门课程界定核心内容。如汉语言文学专业的学生，增加新闻采访、新闻编辑等项核心技能，可以适应报社记者岗位技能的基本要求。目前，南阳师院研发出 13 种岗位培训教材，并通过了中国就业培训技术指导中心的审查。

三是采用实战教法。在培训教学活动中，学校聘请一线岗位富有实践经验的高级技术人员引领培训教学工作，注意实践教学、岗位演练、案例教学、情景模拟等教学方法的应用，其中演练学时占总学时的 2/3 以上，使学生在学完对接课程后，能够把自身专业技能顺利拓展为岗位技能。

四是实行"双证制"。从 2006 年开始，劳动和社会保障部下属的中国就业培训技术指导中心在南阳师院设立了"大学生职业指导教学训练基地"。按照有关标准，对培训、考核、鉴定合格的学生，由中国就业培训指导中心颁发《专业核心技能培训合格证书》。这样，学生除了毕业证外，又可拿到至少一个专业核心技能培训合格证书，增加了就业筹码。

2007 年 2 月 26 日，《中国教育报》以"给毕业生一把就业的金钥匙"为题，对南阳师院的大学生专业技能岗位对接培训进行了报道，引起了社会的广泛关注。2007年6月14—15日，由劳动和社会保障部中国就业培训技术指导中心主办的"全国大学生专业技能岗位对接培训现场观摩会"在南阳师院隆重召开。来自全国六十多所高等学校和培训机构的代表参加了会议。劳动和社会保障部就业中心领导高度评价南阳师院开展的专业技能岗位对接培训的做法。田光哲处长说："南阳师院的做法，使我们耳目一新、眼前一亮，找到了为大学生开展就业服务的新办法。"张春林总监在会议总结中说："大学生岗位对接培训起点高、权威性高、针对性强、就业目的性强。可以有效解决大学生就业问题。"他号召全国的高校和培训机构，学习南阳师院的经验，努力为大学生做好服务工作。教学观摩活动后，北京、上海、广州等高校及科研机构的代表说：这是一种全新的教学理念和教学方法，对推动我国高等教育教学改革和大学生就业有着十分重要的意义。

开展大学生专业技能岗位对接培训产生了积极的效应，为大学生实现顺利就业提供了重要推力。许多学生通过参加培训，提高了就业竞争力，顺利找到了满意的工作。例如，南阳师院大三学生岳川涵勇夺全省大学生"十佳职业规划之星"第二名，并取得全国大学生职业规划大赛第26名的好成绩，该校大四学生张超日前与南方一家企业签订了就业合同。他是在学校经过岗位技能培训后，到这家企业实习时被对方"相中"的。

第九章

大学生职业能力教育质量保障

一 大学生职业能力教育质量与质量保障

教育质量一直是教育理论界研究的一个重要课题。自20世纪50年代开始,教育质量就引起了世界各国的广泛重视,80年代中期在世界范围内掀起了一场保证质量、提高质量的浪潮。鉴于目前人们对质量、教育质量、质量保障等基本概念的认识还存在诸多不同,本研究首先对此作适当辨析和界定,进而引申出大学生职业能力教育质量及职业能力教育质量保障的内涵。

(一) 大学生职业能力教育质量

1. 质量

究竟什么是质量?目前仍是仁者见仁、智者见智。世界著名的质量管理专家朱兰,从用户的使用角度出发,把质量的定义概括为产品的"适用性"(fitness for use);美国的另一位质量管理专家克劳斯比,从生产者的角度出发,把质量概括为产品符合规定要求的程度。国际标准化组织 ISO 对质量作出如下的定义:质量是事物满足明确或隐含需要的能力特性的总和。美国高等教育鉴定委员会的定义,质量就是"适切于目的",或者符合普遍公认的由鉴定或质量保证机构定义的标准;英国高等教育质量保证机构认为,质量是为学生提供适当的和有效的教学、支持、评价,帮助学生完成学业的学习机会的程度。[1] 在我国,目前对

---

[1] 蒋立文等:《高等教育的质量和质量保证》,《江苏高教》2006年第5期。

于"质量"这一概念的界说也是林林总总。物理学中的质量概念是量度物体惯性大小的物理量,有时也指物体中所含物质的量;现代汉语词典解释为:产品或工作优劣的程度;我国国家标准 GB/T6583 中的定义,质量是产品、过程或服务满足规定或潜在要求(或需要)的特征和特性总和。如此等等,莫衷一是。为此,有人将其进行了大致的梳理,归纳为九类[①]:第一类属"不可知论"观点,认为质量是什么,很难说清楚;第二类是"产品质量观",即从工业产品质量的纬度分析,将质量界说引入到教育领域;第三类是"测量观"或"达成度观",即事物达到既定目标的程度;第四类是"替代观",主张用高质量代替质量的本义;第五类是"哲学观",认为质量本质上指事物的内在规定性,是此事物区别于其他事物的根本属性;第六类是"实用观"或重实效的、适应社会的"外适性质量观";第七类是"绩效观",从投入和产出的维度来考察质量;第八类是"内适性"或"学术性"质量观,立足于未来的基础教育和研究,而不注重短期结果;第九类是"准备观",认为质量是前期学习的知识为后期学习准备的充分程度。

以上这些研究,尽管表述不尽相同,倾向性也各有侧重,其观点都或多或少地表达了这样一种信息,即质量是事物(特别是作为产品)的特性,而这一特性又是以满足需要、达成目标或求得发展为外在表现形式。一方面,质量具体表现为事物的一组特征,包括:(1)性能。指产品满足使用目的所具备的技术特性。(2)寿命。指产品在规定的使用条件下完成规定功能的工作总时间。(3)可靠性。指产品在规定的时间内,在规定的条件下,完成规定功能的能力。(4)安全性。指产品在制造、储存和使用过程中保证人身与环境免遭危害的程度。(5)经济性。指产品从设计、制造到整个产品使用寿命周期的成本大小,具体表现为用户购买产品的售价和使用成本。且这些特征是客观存在、价值中立的,我们可以用客观的方法来认识它;另一方面,质量是以满足要求为外在表现形式的,这又体现了这一客体满足其主体需要的关系属性价值,从而构成了事物的价值属性。但是这一属性并非独立存在的,它是在事物的特性与其价值主体的需要结合时才形成的。主体的

[①] 朱莉琴:《对教学质量内涵的新认识》,《教育情报参考》2007 年第 7 期。

不同必然导致需要的不同。即使同一主体在不同的时期，不同的条件下也会有不同的需要，这就形成了同一事物不同的质量特性。所以，要想清楚地了解和认识事物的质量，就必须仔细地分析事物的特性和与之相连的价值主体的需要。

综上所述，质量作为事物的一组特性，以满足价值主体的需要为外在表现形式，并且是事物的特性与其价值主体需要的统一体。由此，我们可将质量界定为"事物的特性满足其价值主体需要的程度"①。

2. 教育质量

就教育质量而言，也是一个公认的难以界定的概念。从教育的质量要素、层面和维度来讲，如：教育满足经济社会需求（正当性）；学习结果满足人们的期待（满意度）；教育目标的实现（有效性）；教育资源的有效利用（效率）；课程适应社会现实和人们的生活期待（适切性）；教育计划给人们的未来生活带来正面影响（价值）；对教育机会、过程与结果平等保持关注和敏感（公平）；师生全面、自觉、主动、有效参与（民主）；等等。既有涉及师生个体层面，又有涉及学校机构层面、课程等项目层面和整个学校系统层面的质量要素和维度。

由此可见，教育质量既包含了不同要素，又涉及不同层面，还存在不同的维度。它既是依赖一定过程存在的教育服务的一种状态的刻画，又是反映特定背景条件要求的某种程度的界定，更是对于某种状态和某一程度所标识的教育服务过程及产品的固有的和（或）外赋的特性的描述。②

因此，大致来说，作为一个功能性概念，教育质量可以用来描述教育服务过程状态或产品终极形态所反映的在一定条件下和一定程度上实现自身功能、达成预期目标和（或）带来其他合理影响的固有的和（或）外赋的某种和（或）某些特性。鉴于教育质量是质量的下位概念，我们可将它套用为"教育的特性满足教育价值主体需要的程度"。教育的特性具体表现在教育教学活动中，而与教育教学发生需求关系的价值主体主要包括两大方面——个人与社会。由此，可以把教育质量定

---

① 朱莉琴：《对教学质量内涵的新认识》，《教育情报参考》2007年第7期。
② 苏教园：《也谈教育质量及其保障》，中国高等教育学会评估分会学术年会论文，北京，2011年12月，第79页。

义为"教育活动满足个人与社会两方面需要的程度",即在一定的社会条件下,在教育活动客观规律与学科自身逻辑的限制下,一定的教育促进受教育者个人身心发展的程度与所培养的人才满足社会需要的程度。需要指出的是,教育质量首先是指学生发展质量,即学生在整个学习过程中,在认知、技能、态度等方面的收益是衡量教育质量的核心标准。[①]

3. 大学生职业能力教育质量

大学生职业能力教育质量是教育质量的下位概念,因此,可以把大学生职业能力教育质量定义为"大学生职业能力教育活动满足个人与社会两方面需要的程度"。但这里重点要强调的是,在当下的社会条件下,在高等教育活动客观规律与学科自身逻辑的限制下,高校教育满足、促进大学生职业能力发展的程度,以及这种能力适应和促进社会发展的程度。

该定义揭示了大学生职业能力教育质量的以下特性:首先,大学生职业能力教育质量的"合目的"性,即有质量的大学生职业能力教育应满足、实现一定的教育目的,而这样的教育目的存在着"内在"和"外在"两个方面,"内在"目的是指每一位大学生职业能力教育目标的实现,即通过接受职业能力教育以满足自身对职业能力发展的内在需求[②];"外在"目的是指接受了职业能力教育的大学生走向社会,能够实现职业功能来满足国家、社会以及用人单位的需要。

其次,大学生职业能力教育质量的"适应"性。大学生职业能力教育需求的满足受一定社会现实条件的制约,同时大学生职业能力教育要适应、符合或遵循高等教育发展的客观规律性,以及科学与学科发展的内在逻辑性。

最后,大学生职业能力教育质量的"发展"性。大学生职业能力教育质量应有助于高等教育的发展,为高等教育的发展服务,大学生职业能力教育质量中存在的问题应该通过高等教育发展得到解决。同时,还包括了教育质量观的发展性,即大学生职业能力教育质量观不能固守僵化,应随着高等教育的发展而不断发展。

---

① 王爱萍:《高等教育质量保障的人学向度》,《黑龙江高教研究》2010年第6期。
② 祝贺:《高等教育主体性质量观与高校内部质量保障体系中学生的主体性研究》,中国高等教育学会评估分会学术年会论文,北京,2011年12月,第145页。

(二) 大学生职业能力教育质量保障

1. 质量保障

所谓质量保障（quality assurance），亦称质量保证。在中文释义里，前者侧重于制度层面，后者侧重于价值层面。作为质量管理学的核心概念，质量保障是指为了提供足够的信任表明实体能够满足质量要求，而在质量体系中实施并根据需要进行证实的全部有计划和有系统的活动。质量保障有内部和外部之分：内部质量保障指在组织内部，质量保障向管理者提供信任；外部质量保障指在合同或其他情况下，质量保障向顾客或他方提供信任。质量保障与保险相类似，两者都意味着用较少的花费获得一种免于更大损失的保护。质量保障的保护来自一种可能避免更大损失的早期预警。保险的保护则表现为发生损失后的补偿。

随着科学技术的发展，产品结构愈来愈复杂，用户、消费者对产品质量的要求，尤其是对产品的可靠性、安全要求也越来越高，加之国际贸易频繁，贸易量增加，必然产生一系列的产品质量争端和产品质量责任等国际问题。为保证产品质量，促进提高生产者质量管理水平和质量保证能力，适应国际贸易发展形势的需要，质量保障运动率先在西方发达工业化国家出现，随即波及世界各国。1987年，国际标准化组织正式发布了ISO9000质量管理和质量保证系列标准，是质量保障运动国际化的标志。

2. 教育质量保障

肇始于工业生产部门的质量保障理论一经形成，即在教育领域产生了广泛而又深远的影响。在当今教育界，"质量保障"已经成为人们的热门话题，各国际组织举办了大量学术交流活动，成立了国际教育质量保障网络。[①]

教育质量保障，是指特定的实体依据一套质量评估指标体系，按照一定的过程和程序，对于教育，主要是学校的教育质量进行控制、审核和评估，并向学生和社会相关人士保证教育的质量，提供有关教育质量的信息。其基本理念是对学生和社会负责，保持和提高学校的教育质量

[①] 陈玉琨：《发展性教育质量保障的理论与操作》，商务印书馆2006年版，第16页。

和办学水平，促进教育的整体发展。教育质量保障是一个内部和外部保障相结合的有机整体，学校是内部保障的主体，政府和社会是外部保障的主体。

通过教育质量保障，把教育者与教育的服务对象或消费者联系起来，建立一种信任和依存关系，使教育的服务对象或消费者对教育者所提供的教育服务质量感到确有可靠保证；教育者则通过质量保障赢得教育消费者，使学校获得最大的发展。①

3. 大学生职业能力教育质量保障

大学生职业能力教育质量保障，是指高等教育机构为实现既定的大学生职业能力教育质量规格要求而必须具备的办学条件和实施全部有计划有系统的活动。大学生职业能力教育质量保障同样包括了高校提供的内部质量保障和政府、社会所提供的外部质量保障两部分内容。

二 大学生职业能力教育质量保障的理论基础②

由于大学生职业能力教育质量保障是从属于质量保障的一个下属概念，因此，需要从质量保障理论中获取其理论的支撑。下面主要介绍全面质量管理思想以及基于全面质量管理的教育质量保障思想。

（一）全面质量管理思想

20世纪50年代后，随着生产力的迅速发展和科学技术的日新月异，人们对产品的质量从注重产品的一般性能发展为注重产品的耐用性、可靠性、安全性、维修性和经济性等。在生产技术和企业管理中要求运用系统的观点来研究质量问题。在管理理论上也有新的发展，突出重视人的因素，强调依靠企业全体人员的努力来保证质量。此外，还有"保护消费者利益"运动的兴起，企业之间市场竞争越来越激烈。在这种情况下，美国 A. V. 菲根堡姆于20世纪60年代初提出全面质量管理的概念。他提出，全面质量管理是"为了能够在最经济的水平上，并考

---

① 邱国锋：《高等教育质量保障：系统及其运作》，《辽宁教育研究》2005年第9期。
② 石恒真等：《高校教学质量保障与监控的理论与实践》，河南大学出版社2008年版，第15—25页。

虑到充分满足顾客要求的条件下进行生产和提供服务，并把企业各部门在研制质量、维持质量和提高质量方面的活动构成为一体的一种有效体系"。后经美国质量管理大师戴明、朱兰、克劳斯三人各自演绎和发展，20世纪60—70年代盛行于日本工业界，80年代初又引入美欧企业界并得到迅速推广。

全面质量管理思想认为，质量是产品或服务的生命。质量受企业生产经营管理活动中多种因素的影响，是企业各项工作的综合反映。要保证和提高产品质量，必须对影响质量各种因素进行全面而系统的管理。全面质量管理就是企业组织全体职工和有关部门参加，综合运用现代科学和管理技术成果，控制影响产品质量的全过程和各因素，经济地研制生产和提供用户满意的产品的系统管理活动。这种管理体系从系统的理论出发，以最优生产、最低消耗和最佳服务，使用户得到满意的产品或服务。

全面质量管理有以下主要特点：

1. 以适用性为准

在传统的质量管理中，一般都是以符合技术标准和规范的要求为目标，即所生产出来的产品只需要符合企业事先制定的技术要求就行。但全面质量管理要求产品的质量必须符合用户的要求，始终以用户的满意为目标。这就意味着全面质量管理将涉及所有参与到产品生产过程中的资源和人员。

2. 以人为本

全面质量管理是一种以人为本的质量管理，必须十分重视整个过程中所涉及的人员。为了做到以人为本，企业必须做到以下四个方面：高层领导的全权委托，重视和支持质量管理活动；给予每个人均等机会，公正评价结果；让全体员工参与到质量管理的过程中；缩小领导者、技术人员和现场员工的差异。

3. 突出改进的动态性

全面质量管理的另一个显著特点就是突出改进的动态性。在传统的质量管理中，产品生产的目标是符合质量技术要求，而现在对产品质量的要求是能够符合顾客的要求。但是，由于顾客的需求是不断发生变化的，顾客的需求通常会随着产品质量的提高而变得更高，这就要求我们有动态的质量管理概念。全面质量管理不但要求质量管理过程中有控制程序，而且要有改进程序。

4. 综合性

全面质量管理还有一个特点就是综合性。所谓综合性，指的是综合运用质量管理的技术和方法，并且组成多样化的、符合的质量管理方法体系，从而使企业的人、机器和信息有机结合起来。在日本，石川馨博士最早将统计技术和计算机技术应用到全面质量管理过程之中，并总结出全面质量管理的七种方法，如直方图、特性要因图等。

5. 强调组织文化

即通过建立起组织的品质文化，使组织的产品和服务质量持久改进有一个坚实的基础。这种文化是以全面质量管理的理念为核心，将品质提升到组织的经营层面，以品质经营组织，利用人力资源、组织技术和数量化的方法不断改进产品和服务的质量，让顾客满意。

（二）基于全面质量管理的教育质量保障思想

1. 基于全面质量管理的教育质量标准

按照全面质量管理的观点，现实社会组织基本可分为两种类型，即服务性组织和生产性组织。教育首先不能按标准选择学习者，更没办法把学生改造成预先设计好的统一模式。教育的标准是多样的，没有统一标准。所以把教育当成生产并不合适，而应将其看成一种服务。教育作为一种服务，与产品的生产有许多不同。

第一，教育服务由人直接提供给人，提供者（教师）与服务对象（学生）之间有密切的联系，是不可分的，他们之间相互作用构成了质量的一部分。

第二，教育服务的时间必须及时，它同所提供的服务一样重要。

第三，教育服务不能像产品一样可以修理，所以对服务的质量要求更高，第一次就要正确，以后每次都要正确。但由于人类的错误在所难免，所以服务面临更多的困难。

第四，教育服务的过程与结果同样重要。严格地讲，教育服务是一个过程，教育服务质量体现在服务的过程之中。

第五，教育服务常由一线教师提供，教育教学管理者常与学生有段距离。而学生对学校的看法是根据他们直接接触的教师来作出的。所以作为服务组织的学校必须找到办法,来激励一线教师,以确保他们给学生提供最好的服务。

第六,教育服务的质量难定义,难测量。对服务来讲,软指标很重要,如认真、礼貌、友善、关心等,这些东西常对学生的心理产生作用。

教育质量虽然更难定义、测量、控制,但这些又都是必需的。按照全面质量管理的观点,教育质量标准包括两个方面:

第一,教育服务标准,即由教育工作者和专家定义的标准,或提供教育的人约定的标准。

第二,学生的标准,即由学生决定的质量标准。这两个方面相辅相成。前者是保证教育质量的基础,没有这些,学生就不知道你提供的服务的目的和标准。后者是衡量质量的最终标准,质量好坏要看学生是否满意。

2. 基于全面质量管理的教育质量保障思想

教育质量是通过教育教学工作过程逐步形成的。按照全面质量管理的观点,教育质量是教育教学工作质量的综合反映,教育教学工作是教育质量的保证和基础,因此,要通过改进教育教学工作,提高教育教学工作质量来提高和保证教育质量。教育质量的形成与产品质量的形成类似,需要经过多道工序(或环节),其中多种因素对教育质量的形成产生影响。这些环节构成了教育质量的形成过程,也是教育全面质量管理的过程。可见,教育全面质量管理是指对形成教育质量的各种影响因素所进行的科学管理和控制。

(1)教育质量保障应具有的特点

第一,系统性。教育质量保障是一个具有特定内容的复杂的结构系统,从微观上看,包含教育的基本要素,这些基本要素又是各成系统的。质量管理,就是必须处理好各系统内部的关系,进而处理好各系统之间的关系。从中观上看,教育质量保障和学校内部各部门、各系统的工作有着密切的关系。从宏观上看,教育质量保障受国家政治、经济、社会发展和人类自身素质发展要求的制约。因此,教育质量保障不可能孤立地只抓某科目、某环节或某阶段的质量管理,而必须从影响人才素质的系统上考虑和决策。

第二，协调性。教育质量是学校工作的各个方面、各个环节、各种因素综合影响的结果，教育质量保障包括对人、财、物、时、空、信息的管理。因此，教育质量保障必须紧紧围绕提高人才培养质量这个中心，从立体上考虑问题，将人的管理、机构体系的管理和信息的管理梳理成有序的系列，协调处理好各方面、各环节、各因素的关系，发挥它们各自的积极作用，以保证实现教育教学目标。

第三，动态性。社会和科学技术的发展，对人才素质提出了更高的要求，学校人才培养及其教育质量保障也要随之而变化发展。

因此，教育全面质量保障要充分注意动态发展，不断调查研究，提出新的管理模式和方法，坚持从动态发展中把握教育全面质量管理的正确方向和科学方法。

（2）教育质量保障应具备的内涵

根据全面质量管理理论，学校的教育质量保障应包括以下几个方面：

第一，全方位的质量管理。对涉及和影响教育质量的多种因素、环节进行综合性管理。根据我国当前学校的实际情况，学校的管理除了要对教师的工作质量和学生的学习质量进行管理外，还要对管理部门、后勤服务部门的工作质量进行管理。

第二，全员的质量管理。围绕培养高素质的专门人才这个目标，学校的每一个部门、每一位成员（包括全体学生）都有责任关心质量管理，主动积极地提高自己的工作质量。

第三，全过程的质量管理。主要是抓住教育教学过程的每一个环节，达到预先确定的各个环节的质量标准，并对所有教育教学环节的质量及"接口"进行管理，保证围绕着教育目标有序地开展教育教学活动。

（3）教育质量保障的建构要素

第一，集成系统化的质量信息。质量信息是指影响教学质量形成和教学质量持续提高诸因素（观念层面、基础层面、过程层面）的信息。这些信息是教学质量控制的"耳目"。信息系统不通畅，将导致控制失灵。质量信息采集统计是否系统完整，分析处理是否真实准确，反馈利用是否快捷合理，直接决定着质量控制是否有效。因此职能部门和系部都要建立质量信息数据库和质量信息管理制度。应从学生、教师、专业、课程、教学、考试、学籍管理、教材、实验、设备等方面建立基本信息库，对各类数据要按学年、学期进行归档。主要教学状态信息应定期采集。管理信息的采集、统计与分析应形成制度。哪一类信息由哪一单位或个人采集、统计、归档，并报送哪一级领导审核，都应在制度中明确规定。

第二，制度化的质量标准。学校的质量方针是表明学校教学质量目标、要求、持续提高的指导思想、实施方法的原则性意见，应以制度形式加以确定。除此之外，还有过程质量标准，如教师教学工作规范，基础课、专业课、选修课教学基本要求；服务质量标准，如实验室、图书馆、电教中心等技术业务服务规程；以及人员质量标准、环境质量标准，等等，包括有关制度、规章、程序，也要纳入质量标准的轨道，并以文件的形式确立下来。质量标准必须与各部门、各岗位的职责结合起来执行，使之贯彻到每一过程的每一环节中去。

第三，规范化的质量责任。规范化的质量责任是与质量体系中的组织结构、程序、过程和资源等密不可分的，它是质量控制的载体，也是质量控制的表现形式。各种质量标准颁发后，必须与各职能部门和各系部的工作职责结合起来，建立责任制度，同时把信息管理的责任加以落实。各职能部门和各系部要按照质量标准积极主动地采取预防性措施，实现教学质量形成过程与持续提高过程的"零缺点管理"；要根据各种途径来的反馈信息，及时地采取纠正措施，实现教学质量控制过程的正反馈作用；还要通过考核、评估、奖励等措施，保证质量责任制度的实施和不断完善。

三　国内外大学生职业能力教育质量保障的探索

（一）发达国家的做法和经验

1. 美国——基于能力本位的大学生职业能力教育质量保障

现代大学的社会服务功能肇始于美国，开发培养学生的能力一直是其大学教育的根本着眼点,这自然包括了对大学生职业能力教育的重视,并逐渐形成了在世界范围内广为流行的能力本位教育(Competence Based Education,缩写为 CBE)模式,有效地保障了大学生的职业能力教育质量。其具体做法有:

(1) 能力本位教育的课程体系的构建[①]

首先,活动课程、选修课程、课外实践构成了能力教育内容的典型形态。

活动课程。美国教育深受杜威实用主义哲学思想的影响,强调动手能力与实际操作能力。开设了大量的实验课、设计课等活动课程,通过实验和直观的方式进行教学。

选修课程。美国教育为了适应不同大学生的能力发展需要,开设"多轨制"课程。一门学科中有多种科目可供选择,大学生根据自己的兴趣和能力选修不同科目。美国教育的选修课丰富多样,如培养科技能力的学术性选修,培养实际工作能力的职业性选修及培养社会生活能力的中间性选修。

课外实践。这些实践活动旨在开拓大学生的技艺和创造力,加深他们对生活的热爱,给他们承担责任的机会,包括社区活动、校内外活动等。学校还把大学生在课余时间或假日所参加的课外活动与学习成绩放在一起综合评价大学生的智力和运用知识的能力,而不仅仅以死记硬背的知识作为衡量大学生的标准。

其次,知识的能力化、隐性课程构成了能力教育内容的非典型形态。

知识的能力化内容。美国学校无统一教材,由学校和各任课教师选定。教材实用性强,有利于大学生能力的开发与培养,教材内容丰富,涵盖面大,与美国社会生产生活实际联系密切,从而沟通知识与能力的联系,使知识更易于向能力转化;教材编写以思维过程为主,以社会问题为中心,重视问题的提出、材料的收集、假设的验证、现象的解释等过程,跳跃性较大并注重发散性思维、创造性解决问题的能力及大学生

[①] 贾立平等:《美国能力本位教育对我国大学生能力培养的启示》,《职业时空》2006 年第 20 期。

个性的发展。

隐性课程的能力作用。美国学校不仅重视物质环境，如校园校舍的优美建设等，更重视文化因素，如师生间的民主与和谐等。这些因素都在有意无意地以其特有的力量影响着大学生的学习活动和身心发展，使大学生摆脱课堂教学的局限，从学校的生活气氛、人际关系以及各种文化活动中感受整体生活经验。同时，隐性课程使正规课程在知识的选择和组织上，考虑到相关背景因素及动态因素，促进了整个课程的立体化、流动化，为大学生能力发展提供了广阔的空间。

（2）能力本位教育的实施

首先，注重教师的能力要求。美国学校的教师不仅要取得相应的学位，而且要达到一定的能力标准。注重对教师的评估与培训，要求教师既能教书又会研究，既会传递理论又能接触实践，并能够把知识与技能有机地结合于实践，同时具有终生学习能力、开拓能力和知识更新能力。

其次，注重配备大学生能力培养的条件。美国为了切实把大学生能力培养落到实处，非常注重能力培养的设施建设，如充足的教学设备、丰富的校园文化设施、现代化的教学手段及开放的校园环境等，都为大学生的能力培养提供了一定的物质前提与保障。

最后，注重能力教育的实施方式。精简知识，充分提示知识的实践能力价值。实践经验与书本知识有机结合，不仅使大学生增加知识，更要发展实践能力。给大学生提供充分的实际操作学习机会。在课堂教学中，强调激发大学生的学习热情，鼓励他们主动参与，培养他们动手的能力。为大学生提供"实际工作经验"的学习。大学生在教师的指导下，可以在校内或当地社区参加生产或服务工作，来取得实际工作经验。普遍采用启发性的教学方法，教学方式灵活多样。"合作学习"、"复合引导"法被广泛使用，注重启发、引导而不是灌输和填鸭，这就使大学生的学习积极性很高，而且有信心学更深入的东西，同时几个人合作解决一个问题，有利于合作能力、社交能力及适应能力的养成。教师更多的是引导大学生独立思考，鼓励大学生提出个人见解，同时采取灵活多样的教学组织形式促成大学生的能力自由充分地发展。

(3) 能力本位教育的评估①

能力本位评估（competency-based assessment）是指对学生的能力进行评估。在这一模式中，教育与职业发展活动的中介机构负责对学生的能力进行鉴定和评估。这种评估的目的是为了证明学生是否已经达到了明确规定的知识、技能、专长、能力或者能力倾向水平。

在美国教育与职业发展领域，能力本位评估模式的典型例子包括微软公司的技术认证计划（Microsoft's Technical Certification Programs）、劳工部 SCANS 倡议（The Department of Labor's SCANS Initiative）、西部州长大学（Western Governors University，缩写为 WGU）以及美国大学测试 Work Keys 课程计划。②

微软技术认证计划。微软公司开发出一套已经得到人们广泛认可的技术认证程序。微软网站提供有关每一门认证的考试要求、具体一门考试所测试的技能、应试的方法，以及用于测试特定领域专业知识和能力的模拟考试练习题等信息。个人可以通过参加一系列考试来获得某一领域的技术认证证书。微软技术认证为专业人员提供了一种有价值的证书，这种证书承认持证人具备运用微软最先进技术的能力。

劳工部 SCANS 倡议。美国联邦政府也已认识到为确定从事某项工作应该具备的能力而进行工作分析的益处。美国劳工部掌握必要技能劳工委员会秘书处（the Secretary of Labor's Commission on Achieving Necessary Skills，缩写为 SCANS）计划将企业界和政府部门所需的能力和技能同学校所传授的知识和能力联系起来。SCANS 旨在界定就业所需的技能，提出人们可以接受的能力水平，建议评估能力及开发传播和推广策略的有效方法。

西部州长大学（WGU）。西部州长大学是 1996 年开始筹建，1998 年正式运行的一所以能力为本的虚拟大学。现已成为高等教育领域能力本位教育方法的领先者。WGU 与传统意义上的高等教育机构不同，因

---

① 崔瑞锋等：《美国能力本位教育与职业发展评估模式探析》，《中国远程教育》2007 年第 10 期。

② Susan M. Gates, Catherine H. Augustine, Roger Benjamin, Tora K. Bikson, Tessa Kaganoff, Dina G. Levy, Joy S. Moini, Ron W. Zimmer. Ensuring Quality and Productivity in Higher Education: An Analysis of Assessment Practices [M]. San Francisco: JOSSEY-BASS. A Wiley Company, 2002. 41-44；147-153.

为其学位和资格认证计划是由学生必须展示的一系列能力，而不是必修的课程来决定的。因此，WGU 的主要努力方向为：确定一套合适的能力，开发信度和效度都很高的测量这些能力的方法，并帮助学生确定学习机会，从而有助于他们获得其所缺乏的能力。学位或资格证书的获得取决于学生能否顺利通过一系列的能力测试。

美国大学测试 Work Keys 课程计划。美国大学测试（American College Testing，缩写为 ACT）开发出一项名为 Work Keys 的课程计划，这是雇主在招聘员工时所使用的一个系统，用来判断应聘者是否达到了工作要求以及在哪些方面需要接受培训。另外，Work Keys 包括一个教学支持软件，它可以为教育工作者帮助学生提高实际工作技能提供便利。ACT 还开发出名为《教学目标》的一系列指南，对特定技能领域以及每种技能水平的显著特征进行详细的描述。这些目标被当作按照客户的具体需要来编制课程和培训材料的出发点。

2. 德国——基于大学实习制度的大学生职业能力教育质量保障

在德国，大学教育和高职教育是两个并行的教育体系。德国是科研型大学的创始者，但是德国大学在注重培养学生科研能力的同时，也非常注重学生的应用能力。近年来，加强大学教育的职业教育性成为德国高等教育改革的趋势，形成了一套切实有效的实习管理方法和制度，使大学生在校期间就能有机会广泛地接触社会，理论应用于实践。不仅提高了教学质量，也提升了学生的职业能力。[①] 其具体措施有：

（1）让实习成为每个大学生的必修课

在德国，企业录用学生把有无实习的经历作为重要的择录标准之一，有的企业不仅对实习的期限有要求，而且对实习过的岗位也有要求。因此，无论哪个专业，实习对德国的大学生来说是一门必修课。

第一，义务和自愿实习。德国大学学制分为基础和专业学习阶段，不论专业是否要求实习，大部分学生都会根据自己的学习安排，利用假期或者在学期期间找相关的单位去实习。而寻找实习位置的过程其实也是一个求职的演练过程，因为一些好的实习企业或者职位，不仅要求有

---

① 张颂：《德国大学生的就业指导和实习管理》，《河北师范大学学报》（教育科学版）2009 年第 12 期。

优异的学习成绩，而且还要经过层层考核甚至多次面试才能获得。因此，学生们通过实习不仅积累了社会经验和工作阅历，而且也找出了自己在学习上的不足和缺陷。在后来的学习上对自己的要求会更加严格。

在德国的大学中，根据专业不同将实习分为义务和自愿两种。义务实习一般要求在写毕业论文之前完成。实习的期限根据专业从2个月到6个月不等，个别专业甚至要求一年。实习的时间可以累计。对义务性的实习，学校在《学习准则》中都会明确规定实习的内容甚至岗位。实习后，相关单位要对学生在实习中的表现进行鉴定。学生一般要把实习报告和鉴定书交给学校专门负责实习管理的部门进行认定，实习管理部门会根据鉴定书和实习报告，认定哪些岗位的哪些时间段的实习符合《准则》的要求，并出具一个实习时间确认书。学生以此确认书获得实习的学分。

对于有义务实习要求的专业，学校一般都有专门的部门负责学生实习的管理工作。但是这些部门不负责具体实习单位的安排。其主要职能是考核和鉴定学生实习的情况，另外为学生提供一些实习单位和岗位的信息。具体实习安排都由学生自己去做。

无论是义务实习还是自愿实习，近90%的学生对实习的效果满意。他们认为，通过实习，不仅积累了经验，提高了自己的社会融合能力，而且也确定了自己的专业兴趣，能够尽早找到自己所学专业与社会的最佳契合点，另外也提升了就业机会并为迅速进入职业角色奠定基础。

第二，在企业做毕业论文。德国大学生除了把实习看做积累实践经验的途径之外，还把在企业里做论文作为锻炼自己解决实际问题能力、让企业发现自己的有效方法。在德国，学生的毕业论文在《学习准则》规定的范围内，可以在学校按照老师给的题目写，也可以在学校批准的情况下，在某个公司完成。在公司里做论文实际上是双赢，企业一般列出的论文题目，实际上是企业急需解决的问题。而学生以此问题做文章，既可以锻炼自己解决实际问题的能力，获得公司相关专业人员的指导，而且往往随着论文相关项目的深入，被公司直接聘用的几率很大。

第三，学生当助理。在德国大学中，一般设有一个专门让学生工作的岗位——学生助理。他们的工作主要是协助教学和科研。根据学生就学时间的长短以及个人能力，被分配在不同的教研部门工作。比如教学素材或者材料的准备；带领低年级的学生上练习课；甚至参与科研项目，等等。在一些企业，同样也设有这种专门由学生来做的岗位。和实习不同的是，一般这种工作都是岗位固定，工作时间固定，而且工作期限一般都在一年以上，同时工作的报酬相对实习要高。因此许多学生通过这种方式不仅锻炼了自己，而且基本能够自食其力。

（2）高校为在校大学生实习创造条件

德国大学既没有就业协定，也没有介绍就业的部门。大学毕业生在就业时主要是依靠自身的力量，政府的直接干预较少。为了让学生在未来的就业选择过程中能够少走弯路，德国大学都有意识地通过不同形式，让学生在校期间就能了解未来职业的需求，培养和增强学生在择业和就业过程中应具备的素质和能力。

第一，实行有弹性的教学管理。为了方便大学生实习，德国大学都实行有弹性的教学管理，特别是在课程和学制方面。如建立在完全学分制基础上的弹性学制，灵活的课程设置，理论部分的分批教学等人性化管理，大大激发了大学生实习的热情。大学生学习时间一般为在校学习2天，在企业内实习3天。在寒、暑假期间，大学生可以每周五天都待在企业接受实训。

第二，大学期间的就业指导和素质培养。为了让学生更多地了解社会对专业的需求趋势和对岗位的要求，德国大学都会通过不同形式向学生传达相关的信息，以供学生参考。德国大学和企业的联系非常紧密。企业以项目、人才培养等方式和大学进行合作。因此各个大学一般都会定期或者不定期地邀请一些企业专业人员，如人事经理、部门负责人甚至公司总裁到学校开办讲座。内容既有企业宣传，也有岗位介绍，介绍所需的人才以及选择录用人才的方法、标准，等等。同时针对不同专业对人才素质的要求，学校也会以讲座、讨论课、实训等方式来培养学生的相关技能，内容既包括如何制作简历、如何应对面试、如何和企业就工资和待遇进行谈判等具体问题，也有相关专业的发展趋势等。主持讲座和实训的人员全部来自校外的企业和管理部门，如劳动局大学生就业管理部门、毕业生工作介绍公司、银行和保险公司的人事管理部门等。内容针对性强，结合实际，非常实用。同时学校对那些毕业后有自己创业打算的学生也提供体贴入微的培训和服务，学校设有专门的咨询机构，分专业和专人对学生从创业的创意到项目的形成、项目风险的预测方法，到公司建立所需要的程序等，提供细致入微的咨询和必要的培训。培训以及咨询人员全部来自提供创业服务的企业和成功创业的公司。

（3）政府为大学生实习提供制度支撑[①]

首先是立法保障。德国于1969年颁布实施《联邦职业教育法》，之后又相继颁布与之配套的法律法规，如《企业基本法》、《培训员资格条例》、《青年劳动保护法》、《职业教育促进法》、《技工条例》等一大批法律法规。政府各部门、行业组织和地方政府也相继出台相关的条例或实施办法。这些法律法规的出台，明确了政府、企业、高校在组织大学生实习方面的责任和义务，规定了大学生实习的原则和办法。

其次是政策推动。德国政府成立一个专门委员会，统一负责对企业和高校在培训学生方面的分工合作并对各自职责进行监督指导。对愿意接受大学生实习的企业给予一定的经济补偿，对那些不接受大学生实习，或不欢迎大学生来本企业工作的业主则进行经济处罚。同时根据社会对大学生综合素质的评价，曝光一批教学质量不合格的学校名单，通过减少或暂停政府对其财政资助，以促进企业和高校之间在培养人才方面的互动合作。

最后是加强审查与监管。德国政府明确规定每个行业协会都要设立一个职业教育委员会，组织职教机构制定规章制度，认定企业培训资格，包括企业主本人的素质以及企业培训的物质条件，审查培训合同，组织技能考试，仲裁双方矛盾等。

此外，提供财政支持。接受实习生的公司可最多获得政府12个月的财政资助，整个扶持就业计划的有效期为3年；公司为缺乏经验的德国年轻人提供12个星期以上的实习期，政府将为每位实习生每月提供193欧元的经济资助，并且帮其交纳102欧元的社会福利金；政府还与一些商业团体签订协议，要求企业提供实习机会，否则将遭到罚款。

（4）企业主动为大学生提供实习岗位

首先，德国企业连同学校、政府共同开发学生培训机构，共同制定

[①] 赵明刚：《德国大学的实习制度探析》，《教育评论》2010年第6期。

学生培训计划，企业可按给予学校的财力支援比例来分享教育成果，学校可通过培养企业所需人才，接受企业的资金援助。

其次，企业承担大学毕业生的实习和培训，并保证发放一定的薪金。接受实习的企业会对学生进行严格的培训，培训合格后方能上岗。在整个实训与实习中，十分强调养成严格的规范化的操作习惯，实习中学生必须生产出真实的合格产品。在工作中，生产的产品需要通过严格的检验，达不到标准，必须返工重来。企业除了培训学生的专业知识、技术等"硬"技能外，还很注重让学生掌握"软"技巧，包括领导艺术、交流沟通能力、团队协作能力、人际关系、时间管理和演讲技巧等。让学生了解公司的文化，最终认同企业的价值观，宣传企业的价值观。实习结束后，公司会对每一位实习生进行考核，并根据公司的业务发展和实习期间的考核情况来确定是否录用。

3. 澳大利亚——基于学生转向的大学生职业能力教育质量保障

澳大利亚高等教育体系也由大学教育和高职教育两部分构成，高职教育与市场需求及劳动就业紧密结合，注重教授学生专门的职业技能，但大学教育也总是具有强烈的职业观念，两种教育中3/4以上的学生学习目的是为了今后的就业，帮助学生就业是两者共同的目标。这就意味着在两种教育形式间的转向不仅是可能的，而且是十分有意义的。由大学向高职院校转向，成为澳大利亚大学生职业能力教育的一种有效方式。据统计，在25岁以上的大学生中，几乎有1/4接受过职业教育。基于学生转向（Student Transfer）的大学生职业能力教育质量保障也随之形成。其具体做法有[①]：

（1）在政府倡导下，大学和高职院校之间签订学分互认协议，以促进学生转向。由大学向高职院校转向的学生大部分来自于人文、社会科学和教育专业，他们更倾向于毕业后选择一个新的研究领域。中途弃学的大学生常是商科和工程专业的，他们中的多数都转向了商科类的职业技能培训。据统计，澳大利亚25岁以下的大学生中约有9%的人曾接受过职业教育，在25岁以上的大学生中，几乎有1/4接受过职业教育。

---

① 李作章等：《学生转向：澳大利亚大学教育与高职教育衔接的有效路径》，《外国教育研究》2011年第7期。

兴趣不足较之学术困难更容易使学生放弃大学学业。一部分学生到职业学校学习新技术是为了返回工厂工作，也有一部分学生是通过学习一些新技能来转变从业方向。由于职业教育体系与市场需求及劳动就业紧密结合，所以澳大利亚职业教育中具有大学学历的学生总数明显多于大学中具有职业技能的大学生的数量。基于此，一些大学已经制定了学分转化协议，并针对个体的特殊经历分别处理，针对申请学生的不同身份，豁免条件或特殊专业分别对待。一些大学会在招生指南中详细列出职业技术课程和与学位课程有关的职业等级评分；学生在大学期间选择了与所修专业不一致的职业培训课程，也会获得相对应学科的学分。南岸职业技术学校与格里菲斯大学和昆士兰技术大学，堪培拉技术学院与堪培拉大学等各类高等教育机构之间都签订了相应的学分互认协议。为促进学生转向，维多利亚州资格认证管理处2008年在澳大利亚资格认证体系基础上建立了学分矩阵。在这一矩阵中，从职业教育到大学教育所要进行的全部准备都被记录出来。学生可以根据这些信息将自己学习状况同未来学位对比，了解为完成预期学位，哪些学分是可用的，还需要继续学习哪些科目。

（2）大学与高职院校之间实现课程嫁接，高职院校课程设置和相对应的大学学位课程设置被作为一个连续系统，申请注册职业院校的大学学生可以被允许申请转出。

澳大利亚大学的一个学年包括两个学期，大部分专业为3年制。学生在一个学期里一般需选修4门课程，3年制专业一般需要修完24门课程，课程分为必修课程和选修课程。学生的成绩一般由平时作业、期中考试和期末考试的成绩综合所得。澳大利亚大学有多种教学方式，包括课程讲授（Lecture）、辅导（Tutorial）、讨论（Seminar）、报告（Presentation）、答疑（Discussion）等。公立技术与继续教育学院（TAFE）的课程设置，以行业组织制定的职业能力标准和国家统一的证书制度为依据，具体内容和安排由企业、专业团体、学院和教育部门联合制定，并根据劳动力市场变化情况不断修订。TAFE学院能否开设某一专业或课程，须经过地方教育部门和行业组织的严格审核。职业教育的教学普遍采用以能力为本位的指导思想，教学过程强调学生的主观能动性，学生可以按照自己的情况进行学习，教学组织方式极为灵活。大学教育与职业教育之间在规模、课程长度、课程完成程度和可进行全日制还是非全日制的学习形式等方面均有不同。这些差别极有可能是导致无法在两者间找到一个合适的比较标准的原因。不公正的评估结果也是阻碍职业学校学生升入大学的一个原因。因此，在大学与高职院校之间实现课程嫁接，是保证大学生职业教育质量的又一措施。新南威尔士州 TAFE 学院西悉尼分校（TAFENSW – Western Sydney Institute）与西悉尼大学（University of Western Sydney）紧密合作共同开发了房屋建筑学士学位（Bachelor of Housing）课程，实现了文凭课程到学位课程的学分转换。学生在 TAFE 学院学习两年修得规定学分，然后可以直接转入西悉尼大学继续学习房屋建筑高级文凭课程，如要获得学士学位证书可以通过弹性方式在西悉尼大学学习修满规定学分即可。学科相关的项目中也常设有一套非常有效的教育转向机制。在这一机制安排下，高职院校的课程设置和相对应的大学学位课程的设置常被作为一个连续系统，申请注册职业学校的大学学生可以被允许申请转出，同样高职院校的学生也可以申请进入大学学位课程学习。

（3）在大学和职业院校之间建立有效的转向机制和安排，提供入学指导和助学服务，帮助大学生适应职业教育的学习。在职业学校和大学之间建立起有效的转向制度和安排，学生就会有意识地在职业教育学习过程中获得学分，这就为他们节省了时间。对于那些选择接受更高层次的教育继续深造的学生来说，一些必要的帮助对他们来说是非常有益的，例如，入学的新生指导和日后学习中的助学服务会帮助学生适应更高的教育环境的要求。

（二）国内大学生职业能力教育质量保障的探索

为促进毕业生就业，我国诸多普通高校已从提升大学生职业能力为切入点，积极开展大学生职业能力教育，并积极探索大学生职业能力教育质量保障的有效路径。其中，南阳师范学院基于岗位对接的大学生职业能力教育质量保障不失为一种有益的探索。

南阳师范学院是一所以师范性、地方性为主要特色的河南省省属普通本科院校，现有本科专业 65 个，在校生 20000 余名，每年有毕业生 5000 多名。为进一步提高毕业生的就业能力，学校在充分调研的基础上，积极与人力资源和社会保障部中国就业培训技术指导中心合作，以学校教育科学院、文学与传播学院、美术与艺术设计学院、生命科学与技术学院为试点，开展教学模式改革，于2006年在全国率先开展大学生专业与岗位技能对接培训项目，探索实践了大学生职业能力教育质量保证的全新模式，其主要做法有[①]：

第一，遵循专业相关、社会急需、毕业生向往、培训资源许可原则，开发对接岗位。

开展岗位对接培训，前提是开发出对接的岗位。开发岗位必须在充分调查和论证的基础上进行，并贯彻以下四个原则：一是与专业密切相关原则。因为学生已有的专业知识和技能是开展岗位对接培训的基础。二是社会急需原则。指确定的岗位是社会急需的岗位，能够有效提高毕业生就业率。三是毕业生向往原则。指确定的岗位是毕业生期望的岗位，这样可以充分调动大学生参加培训的积极性。四是培训资源许可原则。指学校办学资源许可，能够满足岗位培训教学和训练的需要。按照上述原则，该校在十一个学院开发了相关专业共50个岗位。例如，美术专业有家装设计师；生物专业有植物组培师、园林植物配置师、菌种师、动植物检疫师、保健品和药品营销师；化学专业有化学检验员、食品检验员、空气质量检验员等；中文专业有记者编辑、播音主持、广告策划和文案创作员、公关文秘；心理学专业有心理咨询员、人力资源管理员、中学教师等。

第二，根据岗位特点开发对接课程教材。

岗位确定以后要进行对接课程开发。课程开发是以岗位技能的基本要求为标准，寻找大学学科课程与岗位技能之间的空白点，进而针对空白点开发新课程，实现课程对接。选定课程内容的方法是：去粗取精，凝练出最为核心的内容，形成岗位对接课程。如该校在开发中文专业与记者岗位对接课程时，在认真调查分析的基础上，首先找出中文专业课程与记者岗位技能之间的空白点，即：新闻采访技能和新闻编辑技能，并确定这些内容为岗位对接课程的主要内容。正是通过对专业知识和技

---

① 宋争辉：《提高大学生就业能力的又一举措——南阳师范学院大学生专业技能岗位对接培训介绍》，《职业》2007年第7期。

能的拓展和补充，实现了中文专业与记者岗位技能间的课程对接。根据技能培训的特点，对接课程以活动课的方式呈现，以岗位—岗位技能—岗位核心技能—岗位核心技能点为课程主线，通过总操作程序—操作步骤—达到标准—注意事项—相关知识五个环节呈现技能培训内容。目前，该校上述50个岗位培训教材均已开发出来，并通过中国就业培训技术指导中心的审查。

第三，采用校内选拔和用人单位外聘相结合，组建培训师资队伍。

师训工作是开展岗位对接培训的关键环节。该校制定了培训教师选拔办法，并据此遴选了一批素质高的培训教师。针对这些教师大多数长期从事大学课程的教学工作，习惯于讲授理论知识，追求理论的系统性、严密性和逻辑性，不能适应技能培训的需要的情况，该校从加强教师培训入手，对选拔出来的教师进行素质拓展。这些教师除直接接受中国就业培训技术指导中心专家的培训外，还利用每周一天的时间开展培训，共计15天。通过专家的理论引导、举办公开课、邀请实践专家指点等多种形式的教研活动，使他们树立起"理论是基础，技能是关键"的教育理念，掌握"直接下水学游泳"的体验式教学方法，学会实践教学、岗位演练、案例教学、情景模拟、角色互换等一系列新的教学方法。为使岗位培训教学更加贴近实际，该校还聘请了一大批有岗位实践经验的技师、工程师作为兼职教师参加培训工作，弥补高校教师在实践经验上的不足。如生物专业菌种师岗位培训班，聘请了酒精厂、制药厂菌种车间的工程师亲自为学生指导、讲授，进一步提高了教学的针对性和实践性。

第四，与用人单位合作开展教学和训练活动。

在教学上，变传统的由教师一方唱独角戏与独白的教学模式，为教师"导"学生"演"师生双方合演合唱教学模式，按照以"学生演练为主，教师点评为辅"的原则组织教学，课堂学生演练时间占三分之二以上。每节课同时有2—3名教师上课，一名是主讲教师，其他为演练指导教师。采用"教师引领—学生体验—教师点评—学生强化—技能达标"这一教学模式。使学生在学完对接课程后，能够把自身专业知识和专业技能拓展为岗位技能。这种培训模式被称为"直接下水学游泳，过程体验学技能"。为保证教学的实践效果，在培训过程中，还专门安排学生参加岗位见习，强化实践技能。同时该校与企业及用人单位合作开展岗位技能训练，学生在学校、企业训练时间各占一半。

第五，与中国就业培训技术指导中心建立联合评价机制。

针对技能培训的特点，该校建立了体现"两个结合"的评价办法，即过程性评价与终结性评价相结合，定性评价与定量评价相结合。首先是技能考核，学生必须掌握每一单元的技能，并及时评价及时反馈，要求学生单元过关，在岗位技能培训结束以后，进行终结性技能考核。技能考核的标准是能否达到岗位的要求。技能考核成绩占60%，笔试成绩占40%。最后经人力资源与社会保障部中国就业培训技术指导中心审查，对考试合格者颁发人力资源与社会保障部《CETTIC 大学生专业核心技能培训合格证书》。

这种模式拓展了大学毕业生的职业素养，提高了大学毕业生的就业能力，缩短了大学毕业生在工作岗位的适应期，沟通了普通高等教育与职业教育融合的新渠道，完善了学校教育与社会需求相结合的人才培养培训体系，创新了大学生培养机制。目前，已有十一个院系的5000余名学生参加过项目培训并获得由人力资源与社会保障部颁发的《CETTIC 国家职业培训合格证书》。这些学生毕业后，有97%以上的人主要从事与《职业培训合格证书》一致或相关的职业，实现了高质量稳定就业。被《中国教育报》称誉为"给大学生一把就业的'金钥匙'"。

（三）经验与启示

1. 树立能力本位的教育理念

能力本位是与市场经济的内在本质相适应并作为其文化价值基础的核心理念。我国社会主义市场经济正日趋完善，普通高等教育服务社会的功能也应随之加强。因此，应尽快将高等教育质量标准从学业成绩本位转向能力本位，把大学生职业能力教育质量纳入高等教育质量体系。

2. 开发专业对接岗位

我国普通高等教育是以专业教育形式开展的，专业设置是以学科内涵划分为依据，专业能力是研究和应用某一学科知识的能力；而职业则是从社会分工的角度来划分的，职业能力是胜任某一种（类）职业的能力。专业能力不等同于职业能力。但专业能力与职业能力又是紧密联系的，职业能力发展是先导的，它会随着社会经济和社会分工变化而变化，专业能力发展须以职业能力变化为指引，专业能力是职业能力的核心要素。因此，首先是开发与专业对接的社会急需、毕业生期望的职业岗位，将岗位对接培训建立在大学生专业教育的基础上，以保证大学生职业能力教育质量。

3. 构建职业能力教育课程体系

课程开发应遵循职业岗位标准，寻找大学专业课程设置与职业岗位之间的空白点，进而针对空白点开发课程，实现对接。课程开发还应体现动态性、开放性，如课程内容应不断更新，随着社会经济和社会分工变化而变化；可嫁接高职院校的相关课程，吸收用人单位人员参与到课程建设中来。

4. 建设高水平教师队伍

大学生职业能力教育质量在很大程度上取决于教师职业能力的高低，教师应是专业的职业培训师或人力资源专家。对于高校来说，要采用校内培养和社会外聘相结合的方式来组建大学生职业能力教育师资队伍。通过改革现有的教师聘任制度和职务制度，一方面激励教师深入到用人单位、生产一线去，提高自身相应的职业能力；另一方面以保证能够灵活引进职场优秀人才充实教师队伍。

5. 发挥大学生主体作用

高等教育质量是在以学生为主体的学校教育教学活动中产生的，高等教育质量保障的根本在于高校的内部质量保障上，而高等教育质量的本源是高校的教学质量。因此，必须发挥大学生在教学过程中的主体性作用，从本源上保障高校大学生职业能力教育的质量；另外，大学生必须成为质量评价的主体，充分行使话语权，根据自身的真实感受对教育质量作出客观判断。

6. 在职场实践中锻炼

培养大学生职业能力的最好途径就是在职场实践中学习。一方面要加强校内实践教学环节，创造多样化的实践教学形式，模拟职场进行演练；另一方面要加强高校与社会的联系，与用人单位合作广泛建立实习实训基地，为大学生提供广阔的实践平台，保证让实习成为每个大学生接受职业能力教育的"必修课"。

7. 发展社会评估机构

在多元化的市场经济格局下，社会对大学生职业能力的需求是多元的。社会评估具有客观公正性和科学民主性，能够全面、准确地反映社会需求，有助于高校及时掌握毕业生的有关信息，推动高校改进工作。因此，应大力发展社会评估机构，强调社会评估机构之间、社会评估机构与高校之间、社会评估机构与政府之间的交流与合作，保障大学生职业能力教育质量沿着社会需要的方向发展。

8. 政府必须作为

政府是大学生职业能力教育外部质量保障的主体，应在以下几个方面有所作为：第一，通过法律制定、政策推动、审查监管、财政支持等方式，促进用人单位和高校之间的互动合作，为大学生实习搭建平台；第二，从法律、财政以及行政措施上支持援助社会评估机构；第三，在政策层面进行改革和突破，促进普通高校与职业院校的沟通，加强普通高等教育的职业教育性。

四 大学生职业能力教育质量保障的对策

（一）指导思想

大学生职业能力教育既是充分发展大学生才能的需要，也是社会和市场对教育提出的培养要求。保障大学生职业能力教育质量，应树立能力本位的教育理念，以培养目标为依据，按照针对性、系统性和实用性的总体要求，确立与人才质量观相适应的全面质量保障观，对形成大学生职业能力教育质量的各种影响因素所进行的科学管理和控制，建立闭合与开放结合、校内与校外结合的长效机制，实现质量保障的专业化、专家化，提高质量保障手段的科学性与可行性，以保证质量目标的实现。

（二）目标

建立以就业及就业竞争力为导向，以培养和塑造大学生职业能力为核心，以促进个人职业生涯规划和执行力为手段，以提高大学生就业率和就业满意度为目标的全方位的大学生职业能力教育质量保障机制。

(三) 内容

1. 对接岗位保障

开展岗位对接培训，前提是开发出对接的岗位。开发对接岗位应遵循专业相关、社会急需、毕业生向往、培训资源许可原则，在充分调查和论证的基础上进行。

2. 对接课程资源保障

课程开发是以岗位技能的基本要求为标准，寻找大学学科课程与岗位技能之间的空白点，进而针对空白点开发新课程，实现课程对接。选定课程内容的方法是：去粗取精，凝练出最为核心的内容，形成岗位对接课程。

3. 师资条件保障

采用校内选拔和企业外聘相结合，组建培训师资队伍。

大学生职业能力教育的教学师资需要专业化，师资应是专业的职业培训师或人力资源专家。由于培养体系内容复杂，涉及面广，培养体系的师资可以由大型企业的企业家、部分高校的知名学者等职业咨询培训业内的专家、大学生专家、企业人力资源专家共同组成专家团。对于培养体系的实施单位——大学来说，首先要加强师资队伍的建设工作，鼓励教师深入到相应的单位、企业、生产一线去，拓宽视野、更新知识、更新观念，提高专业技能；同时要大力引进和聘请企业技术骨干作为学校的兼职教师，充实到实训教师队伍中来；在教学中要突出强化学生的职业化能力，注重培养学生的专业能力、方法能力和社会能力。

4. 实习实训基地保障

采取高校、用人单位、政府三结合的方式，建设大学生职业能力实习实训基地。

学校应加大自身的实践教学经费投入，同时争取用人单位的技术指导和资金赞助，建立起系统的、先进的大学生职业能力教育校内实习实训基地。

政府部门应为改善大学生职业能力教育出台相应的规章制度，鼓励或奖励企事业单位尽量多地为大学生设置专业实习实训岗位。

与学校建立合作关系的社会各用人单位连同学校、政府共同开发大学生职业能力校外实习实训基地，与学校共同制定学生培训计划。

5. 制度保障

建立健全有利于提高大学生职业能力教育质量的制度体系，诸如对接人才培养方案制订制度、对接岗位开发制度、对接课程建设制度、对接师资队伍建设制度、对接实践实训制度、对接质量评价制度，等等。

6. 组织保障

组织系统包括决策与指挥系统、实施系统和保障支持系统。

（1）决策与指挥系统

主要职责是领导整个质量保障工作，包括审议方案、协调工作关系、认证结论等。决策与指挥系统应由学校书记校长任组长，学校主管领导为副组长、相关职能部门负责人为成员组成。

（2）实施系统

实施系统包括两个组成部分：大学生职业能力培训中心和各院（系）。大学生职业能力培训中心的主要职责是制定质量发展战略和质量管理政策，指导和协调相关部门实施质量管理工作；整合全校人、财、物资源，依据就业市场信息开发对接岗位，制定教学大纲和培养计划，编制课程，负责培训工作的整体组织、实施和管理；大学生职业能力培训中心应是一个独立设置的机构系统。各院（系）的职责是利用大学生职业能力培训中心的培训平台，承担与本院（系）对应专业的岗位对接培训工作。

（3）保障与支持系统

主要职责是为大学生职业能力教育工作提供相关的保障及认证。如师资、对接岗位、经费投入、图书信息、设备设施、制度建设等软硬件保障，以及师德师风、教风学风、管理服务等的考核与认证。保障与支持系统应由与对学生职业能力教育质量保障关系密切的组织人事、教务、招生就业、团学宣传、图书信息、设备设施、财务后勤等部门组成。如：人事处提供专职教师认证及教师培训；学生处负责学风建设；团委进行学生实践等活动的引导；教务处负责教学、考务管理等；就业指导中心负责外联工作、提供对接岗位、就业信息等。

具体来说，可建立由校党委行政为领导机构，大学生职业能力培训中心为实施主体、相关单位参与的组织体制（见图9-1）。

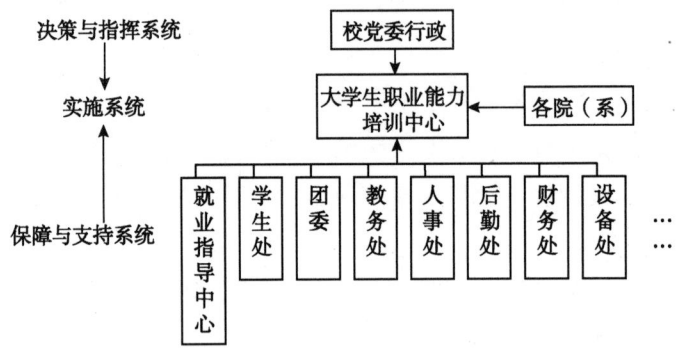

图9-1 大学生职业能力教育质量组织保障体系

7. 运行保障

第一，在校党委行政领导下，大学生职业能力培训中心独立进行大学生职业能力教育质量监测与评估工作，包括对各院（系）的岗位对接培训质量评估和保障支持系统的工作质量评估两部分。

第二，在校党委行政领导下，大学生职业能力培训中心协助和指导有关部门对影响大学生职业能力教育的核心要素进行专项评估工作。对受到师生好评、评估得分优良的院（系）、部门进行表彰奖励；对师生评价较差、评估得分在不合格档次的院（系）、部门进行通报批评并责成其限期进行整改。同时，将评估结果与院（系）、部门领导任期内的业绩挂钩，与院（系）、部门年终考核挂钩，与院（系）、部门的人事和经费配置挂钩。

第十章

大学生职业能力教育质量评价

一 大学生职业能力教育质量评价

（一）大学生职业能力教育质量评价的内涵

职业能力是人们从事某一职业所应具备的基本能力，是人们运用知识、经验和技能按规定的职责和任务要求，完成职业活动的综合能力[①]。它是个人所具有的有利于其在某一个职业方面成功的能力素质的总和，即为有效地进行某类特定活动所必须具备的特殊能力素质，也指经过适当学习或训练后或被置于一定条件下时，能完成某种职业活动的可能性或潜力。

评价是一种价值判断活动，是为了决定某一事物的价值，对客体满足主体需要程度的判断。教育评价是对教育活动满足社会与个体需要的程度作出判断，是对教育活动现实的（已经取得的）或潜在的（还未取得，但可能取得的）价值作出判断，以期达到教育价值增值的过程。教育质量评价就是根据教育质量目标的要求，运用评价标准评判教育过程，判断教育目标实现程度，以期提高教育质量的活动[②]。

职业能力教育质量评价是对受评者是否具有相应的职业能力进行甄别、鉴定和考核的过程。质量评价的种类很多，不同的评价侧重点有所不同。但无论何种评价，其过程总是相似。一般而言，对人的评价内

[①] 陈宇：《职业资格考试概论》，华中师范大学出版社2002年版，第25页。
[②] 方家选等：《以能力为导向的高等卫生职业教育人才培养质量评价体系研究》，《卫生职业教育》2010年第23期。

容，就是评价者参照评价标准，了解评价的各项指标"是什么、应做什么、应达程度"，通过一定的评价工具测评评价对象即受评者对相同指标"会做什么、在做什么、所达程度"的过程。实际表现和常规要求的比较结果，即为受评者的受评结果。

1. 大学生职业能力教育质量评价的基本环节

对大学生职业能力教育质量的评价是指通过一种或多种途径取得职业活动绩效的证据，并把这些证据对照特定职业能力教育质量标准，从而判断职业能力教育质量水准的过程。在评价过程中，评价标准的确定是职业能力教育质量评价的前提，能力表现的过程是职业能力教育质量评价的正式过程，对评价结果的判断是职业能力教育质量评价的阶段性总结。因此，职业能力教育质量评价的三个基本环节是：确定评价标准、搜集评价标准表现的证据和根据评价标准作出判断。

2. 大学生职业能力教育质量评价的任务与内容

在现代社会，随着生产力的发展，劳动力流动早已冲破了地域、行业的羁绊，对职业能力教育质量评价的难度和风险大大提高。用人单位对大学生职业能力教育质量的评价，需要采用社会公认的标准，而且评价方式也要符合社会规范。

由于社会职业的分类越来越细，不同行业或社会机构中工作性质相类似的职业，其评价方式也有很大区别。总体而言，大学生职业能力教育质量评价的任务与内容应紧密围绕着大学生职业能力教育的核心内容，即职业能力教育质量的基本要素展开，包括建立目标、构建立足点以及运作动力三个方面。

（1）目标——职业能力教育质量的发展。职业能力教育质量评价体系建立的目标就是适应时代发展和职业需求，促进职业能力教育质量各要素的系统发展。评价体系的目标，引导着其立足点和动力，乃至整个系统的运作方向。

（2）立足点——职业运作过程中的职业能力教育质量的要求。职业标准决定着职业能力教育质量要素的价值和质量标准，它是引导职业能力教育运作的基础。其立足点往往也是动力的运行基础和参照标准。

（3）动力——职业能力教育质量的培养与评价。动力是发展的推动力量，在职业能力教育质量评价体系中指培养职业能力的相关教育和对职业能力教育质量的具体评价。教育（培训）是培养、提升职业能力要素的手段，通过对职业能力要素的教育或培训，有助于推动职业能力教育质量评价体系循环运作、持久发展。评价是检验职业能力要素有效性的手段，通过对职业能力教育质量的评价可以提高职业能力模型运作效率，因此它为模型协调发展提供有力的技术支持。

我们要确立全面的职业能力教育质量观，要在大学生职业能力教育质量的评价主体、评价内容、评价程序及评价方法上转变观念。大学生职业能力教育的质量在专家和政府部门评价的同时，还应该扩大到社会的层面，由社会上对大学生职业能力教育有着特定要求的相关者，如用人单位、学生本人等对大学生职业能力教育满足其要求的程度作出相应的评价；既要对大学生职业能力教育的社会质量进行评价，也要评价其内部质量；相应地，每一评价主体都应选择适合其评价内容的评价方法和程序来进行职业能力教育质量的评价。教育的终端产品是学生，因此，大学生职业能力教育质量评价体系应该是以学生为中心构建的一套涵盖多方评价主体的评价体系。

（二）职业能力评价的功能

大学生职业能力教育质量评价是提升大学生适应力，引导大学生正确发展的有力保证。从行业管理角度建立我国职业能力教育质量评价体系，可以充分发展人力资源开发的内部性功能，同时也对我国人才发展具有较强的外部推动作用。

1. 从人力资源开发的内部功能角度看，大学生职业能力教育质量评价体系，应实现"人岗相宜"、"用当其时"和"人尽其才"的预想。围绕不同职业的属性进行质量评价，把合适的人才用到适合的岗位，实现"适才适用"，使大学生找到发挥特长的职业，实现大学生自身的价值；另外，科学客观的职业能力教育质量评价可及时发挥大学生的主观能动性，保证人才"用当其时"；最后，职业能力教育质量评价的结果能更好地促进人才资源的优化配置，达到"人尽其才"。

2. 从人才发展的外部推动作用上看，建立大学生职业能力评价体系，有利于考核选拔各类专业技术技能人才，促进人力资源市场的建设和发展，畅通大学生成长培训通道，进一步强化政府管理和服务职能。

首先，开展大学生职业能力教育质量评价，对于消除人力资源市场的信息不对称，及时考核选拔专业技术技能人才具有重要的作用；其次，有利于加快人力资源的流动速度，强化资源配置合理化，促进人力资源市场机制的形成；再次，评价结果直接为用人单位提供服务，在很大程度上比较直接地反映市场的需求，其评价认证的内容与企业的实际需要相联系；最后，开展大学生职业能力教育质量评价，是政府加强管理和服务的一个硬手段。在实施评价认证制度的过程中，可通过职业能力教育质量标准和考试内容强化政府的管理职能，还可通过职业评价标准来统筹规划各行业人才素质结构，建立和完善人才的选拔和评价机制，对整个社会经济发展具有重要的推动促进作用。

（三）中国高等教育评价的本质

美国学者格朗兰德认为，评价可以简单地表述为：

评价＝量（或质）的记述＋价值判断。[1]

这是一种极为简洁的表述，即评价是在量（或质）的记述的基础上进行价值判断的活动的。格朗兰德的这一等式虽然粗糙，但它抓住了评价活动的本质。

在我国，随着高等教育体制改革的不断深化，以及高等教育大众化进程的不断加快，高等教育在数量上快速扩张的同时如何保证教育质量不会有所下降，这个问题越来越受到社会的关注和重视，人们对高等教育评价寄予了极大的期望。对高等教育的质量进行科学有效的评价，是加强高等教育质量管理，提高高等教育质量过程中的重要环节。从本质上说教育评价是一种价值判断的活动，是对教育活动现实的（已经取得的）或潜在的（还未取得，但有可能取得的）价值作出判断的过程。

1. 中国高等教育评价本质上是一种社会评价的过程

教育就其价值来说，可以分为个人价值和社会价值两部分。教育的个人价值是指教育在满足个体（其中主要是受教育者）需要方面的程度；教育的社会价值是指教育在满足国家与社会需要方面的程度。从本质上来说，这两种价值是一致的，即社会对教育的需要集中地反映和代

---

[1] 陈玉琨：《关于中国高等教育评价本质问题的探讨》，《教师教育研究》1991年第4期。

表了个人对教育的需要。

教育评价活动是以人的需要为依据，对教育作出诊断、估价的一种活动。这种需要不仅仅是个人的需要，还包括国家和社会的需要。在我国，社会主义的价值观是对高等教育活动作出诊断和估价的根本依据，人民群众的根本需要是评价高等教育质量的基本尺度，这是我国高等教育评价区别于西方教育评价的一个重要方面。在我国，高等教育评价是为了更好地促进教育为社会主义国家建设服务。判断一所学校办学水平的高低，从根本上说就是看它在满足社会实际需要方面的能力和水平。这是我们必须坚持的一条基本原则。

2. *中国高等教育评价的根本目的是加强高等教育与社会的联系，促进高等教育质量的全面提高*

国家教委在颁布的《普通高等学校教育评估暂行条例》总则中规定：普通高等学校教育评估的主要目的是，加强高等学校主动适应社会需要的能力，发挥社会对高等学校教育活动的监督作用，自觉坚持高等教育的社会主义方向，不断提高办学水平和教学质量，更好地为社会主义建设服务。这是对我国高等教育评价目的的一种界定，也是符合教育评价的一般规律和我国实际。

3. *中国高等教育评价活动的基础是对教育活动的系统调查*

教育评价不是在片面的、零碎的信息的基础上进行，而是在全面的、系统的收集信息的基础上进行。通过调查获得信息，这是评价活动赖以进行的基础。调查的质量影响着评价的质量，调查的可靠性和有效性影响着评价的可靠性和有效性。不调查就进行评价，只能是主观臆断的评价。不但总结性评价需要调查，而且形成性评价也需要调查；不但自评需要调查，而且互评也需要调查。因此，要提高评价的质量，就要提高调查的质量。

二 大学生职业能力教育质量评价的理论基础

（一）教育评价学基础：评价目标分类理论

评价目标就是将评价内容进一步明确化，用清楚、简练、可测量的目标术语表达出来。目标考评是目标管理的重要环节，其基本目的是检验目标成果、考核管理绩效、改进领导工作和促进下级向更高的目标奋斗。目标考评是目标管理最后一个环节，既是上一轮目标管理的终点，也是下一轮目标管理的起点，起着承上启下的作用。

教育目标是人类社会根据自身的需要确定的教育活动的标准、方向和要求，不仅是教育活动的依据，而且也是教育评价的依据。学生评价目标是评价者对学生培养目标的主观反映，是行为化、操作化的评价内容。良好的学生评价目标应该与教育目标相一致。教育目标是人们在教育活动之前，预先设想和确定的关于教育活动最终期望达成的结果，当用于教育测量和评价时，教育目标就转化为评价目标。根据不同的标准教育评价目标可以划分为不同的类型。我国的教育目标主要包括德、智、体、美、劳等方面的目标。美国的教育目标主要包括认知、情感、动作技能等领域的目标。我国的智育目标相当于美国认知领域的目标，德育、美育的目标相当于美国情感领域的目标，体育、美育和劳动技术教育的目标相当于美国动作技能领域的目标。

1972年，美国学者哈罗（Anita. J. Harrow）和辛普森（E. J. Simpson）提出动作技能目标分类理论。动作技能目标分类将动作技能的目标分为七级。

1. 知觉，指用感觉器官获得指导动作行为的信号。这一类别包括感觉刺激（觉察到刺激）、信号选择（选择与任务相关的信号）和转换（将知觉信号与动作联系起来）。

2. 准备，指做好完成目标的准备状态或进行调整的能力。它包括智力准备、身体准备和情绪准备。

3. 指导反应，指学生在接受教师指导时能模仿典型动作的行为，并且有作出适当反应的能力。

4. 机械化，指学生对刺激作出反应后，把感觉到的项目纳入过去经验所提供的某个类别中，以形成习惯活动。这种反应比前一层次的反应更复杂，它在完成任务过程中也可能包括某种模仿。

5. 复杂反应，指自动完成包括复杂的行为方式的熟练行为。在这一层次上，个体已经掌握了技能，并且能够进行得既稳定又有效，花费最少的时间和精力完成动作。

6. 适应性，指技能达到了高度发展，能够调节运动方式以满足特殊要求和适应特定问题的情境。

7. 独创性，指创造一个新的运动方式以适应特殊情境或特殊的问题。如根据动作技能领域中形成的理解力和技能，创造新的动作行动或操作材料的方式。

（二）人才学基础：人才结构理论

人才结构理论认为：人才结构是随着生产发展而演变的，其起源在于社会分工的不同，在一定的社会条件下，各级各类人才组成一定的人才结构，而一定的人才结构是与当时的生产力发展水平相适应的。随着社会的发展，人才结构理论经历了"金字塔"型、"职业带"、"阶梯型"等几个理论发展阶段。目前运用广泛的是"阶梯型"人才结构理论，它认为不同系列、不同层次、不同类别的技术人才因其各自的工作岗位和特点的不同，无论是在理论知识还是技能掌握上都对人才结构存在质的差异，且要求先有类型，再有层次。

依据生产或工作活动的过程和目的，可以将人才分为四类，分别为学术型人才、工程型人才、技术型人才和技能型人才。其中，学术型人才要求具有系统的理论知识、一定的研究能力和较好的学术修养，主要从事研究和发现客观规律的工作；工程型人才要求具备系统的理论知识，且能运用所学理论知识解决实际工程问题，主要从事与为社会谋取直接利益有关的规划、决策、设计等相关的工作；技术型人才和技能型人才是在生产一线从事为社会谋取直接利益的工作，使工程型人才的规划、决策、设计等变换成物质形态，两类人才的区别在于前者主要强调智力技能在实践中的运用，而后者主要依赖操作技能的运用。

不同类型的人才的知能结构要求不相同，所以其评价标准也不同，学术型、工程型人才主要以系统地掌握某一学科领域的基础理论和专业知识，以及具备对活动任务进行预先考虑并作出全面安排的能力。因此，对该类人才能力的评价主要侧重于系统理论知识、逻辑思维、分析规划等方面。技术型、技能型人才则要求具有运用已有的知识、技能、素质，直接为生产活动提供各类服务的能力，把学术型、工程型人才的理论、设计、规划和决策转变成具体的物质形态。因此，对技术、技能型人才能力的评价主要侧重于职业活动、实践应用方面。随着科技的发展，不同类型人才的知识结构在不断融合，要求高素质的人才不仅具备应用智力技能完成工作任务的能力，同时也要有较强的操作技能。

服务社会是高等教育的三大职能之一，所以，高校培养的人才要为社会服务。人才结构理论是学生评价必须依据的理论，在对高校的学生进行质量评价的过程中，需紧紧围绕高等教育人才培养目标与质量标准，遵循人才结构理论中不同人才的培养、评价标准，根据职业活动任务需求，来制定科学的大学生职业能力教育质量评价体系。

（三）心理学基础：多元智力理论

多元智力理论又叫"多元智能理论"。传统的智力理论认为人类的认知是一元的、个体的智能，是单一的、可量化的，而美国教育家、心理学家霍华德·加德纳在1983年出版的《智力的结构》一书中提出"智力是在某种社会或文化环境的价值标准下，个体用以解决自己遇到的真正的难题或生产及创造出有效产品所需要的能力"。

加德纳认为，智力的基本性质是多元的，不是一种能力而是一组能力，其基本结构也是多元的，各种能力不是以整合的形式存在而是以相对独立的形式存在。现代社会是需要各种人才的时代，这就要求教育必须促进每个人各种智力的全面发展，让个性得到充分的发展和张扬。加德纳认为它由七种相对独立的智力成分所构成。每种智力都是一个单独的功能系统，这些系统可以相互作用，产生外显的智力行为。主要包括：

1. 言语—语言智力，是指对语言的听、说、读、写的能力，表现为个人能够顺利而高效地利用语言描述事件、表达思想并与人交流的能力。

2. 逻辑—数理智力，是指运算和推理的能力，表现为对事物间各种关系如类比、对比、因果和逻辑等关系的敏感，以及通过数理运算和逻辑推理等进行思维的能力。它是一种对于理性逻辑思维较显著的智力体现。

3. 视觉—空间智力，是指感受、辨别、记忆、改变物体的空间关系并借此表达思想和情感的能力,表现为对线条、形状、结构、色彩和空间关系的敏感,以及通过平面图形和立体造型将它们表现出来的能力。同时对宇宙、时空、维度空间及方向等领域的掌握理解,是更高一层智力的体现。是以有相当的理性思维基础习惯为前提的。

4. 音乐—节奏智力,是指感受、辨别、记忆、改变和表达音乐的能力,具体表现为个人对音乐美感反映出的包含节奏、音准、音色和旋律在内的感知度,以及通过作曲、演奏和歌唱等表达音乐的能力。

5. 身体—动觉智力,是指运用四肢和躯干的能力,表现为能够较好地控制自己的身体,对事件能够作出恰当的身体反应,以及善于利用身体语言表达自己的思想和情感的能力。

6. 交往—交流智力,是指与人相处和交往的能力,表现为觉察、体验他人情绪、情感和意图并据此作出适宜反应的能力,也是情商的最好展现。

7. 自知—自省智力,是指认识洞察和反省自身的能力,表现为能够正确地意识和评价自身的情感、动机、欲望、个性、意志,并在正确的自我意识和自我评价的基础上形成自尊、自律和自制的能力。

(四) 能力论基础:能力本位评价

能力本位教育,以美国、加拿大为代表,产生于第二次世界大战后。20世纪70年代,随着能力本位教育与培训在其他国家和地区的推广,能力本位评价作为其中一个重要组成部分日益得到关注。作为一种教育评价方式,能力本位评价与其他教育评价方式一样,其本质都是在收集教育信息的基础上,对教育价值作出判断的一个过程。然而,能力本位评价除了具有一般教育评价的共性之外,又有着自己特定的内涵与特征。

英国教育评价学家艾利逊·沃尔夫(Alisno. Wolf)认为:"能力本位评价是根据对所期望的学习结果加以明确界定而发展起来的一种评价形式。在这种评价形式中,由于对一般的或特殊的学习结果都予以了明确界定,使得评价人员、学生自身,或任何感兴趣的第三者,对学生是否达成这些结果均有一个相当客观的判断。对于学生学习进步的判断,是完全基于学生个人对这些结果的达成情况,而不是基于学生在正规教育情境中所花费时间的多少。"① 澳大利亚就业与培训咨询委员会则认为:"能力本位评价是收集证据,并按照能力标准的说明,对学习者操作能力的进步状况与程度加以判断,最终断定学习者是否已取得相应能力的过程。"定义虽然不尽相同,但是可以看出,能力本位评价是与期望(标准)、学习相联系的突出能力价值的评价工具。能力本位评价的核心是从职业岗位群的需要出发,确定能力目标。

通常来说,能力本位评价具有如下特征②:

1. 评价指向于所要求的学习结果

这些所要求的学习结果明确陈述出来后就形成了相应的能力标准。这些能力标准主要反映特定职业角色的能力要求,而不是根据所学习的课程来制定。恰恰相反,课程的选择与组织却要围绕着能力标准。

2. 评价具有"透明度"

由于能力标准预先予以明确陈述,因此评价人员、被评价人员或第三者都事先清楚了解要评价什么,应达到何种程度。

3. 所有的操作标准要求都应满足

也就是说,在评价过程中,对于能力标准中每一能力要素都要有足够的证据来表明学习者已达到了相应的操作标准。

4. 强调实际操作能力

通常能力本位评价要求评价情境与方式要尽可能地与实际工作情境与方式相接近,最好的评价方式就是在日常工作中收集证据,评判能力。

5. 标准参照评价而非常模参照评价

也就是说,评价时只将收集到的证据与能力标准相参照,而不与其他学习者的学习结果相比较;最终只是对是否具备相应能力作出判断,而不是由评价人员给定一个百分等级分数。

6. 重视对原有学习能力的认可

能力本位评价一个突出的特征就是主张学习者原来具有的学习能力,经考核后予以认可。这种考核可以是重新进行能力测试,也可以是

---

① 杨武星:《什么是能力本位评价》,《职业技术教育》1998年第1期。
② 同上。

根据所提供的一些历史性评价证据（例如毕业证书、技能证书、成绩单等）来予以证明。这就是能力本位评价的原则。

7. 个别化的评价

由于在能力本位教育与培训中不同的学习者有不同的学习内容与学习进度，因此能力本位评价是完全个别化的，具有极大的灵活性。何时、何地，采取何种评价方法，取决于学习者个人与评价人员的协商。

8. 连续性的评价

能力本位评价是连续性的过程评价，强调可以在一定期限内连续性地收集不同的证据以判断被评价者的能力，而不是根据学习结束时的一次测验结果来评价学习的效果。

（五）知识论基础：技术知识论

知识是人类在认识世界和改造世界的实践中产生的。知识与实践活动是相互依存而又相互影响的，首先理论知识来源于实践活动中，是对实践活动的总结和升华，它又反作用于实践，是对实践活动的升华和认识。从知识与实践关系的角度来看，知识可分为理论知识和技术知识。理论知识是陈述性知识，主要用来描述"是什么"或"为什么"的问题，是对客观世界的认识、描述，以揭示事物之间的关系与规律的理论性知识。理论知识的概括性强、抽象度高是系统的、有普通意义的知识。技术知识是程序性知识、经验知识，主要用来回答"怎么做"或"如何做"的问题，是属于改造世界、改造事物和人的行为的知识，它的对象是物质的实践活动。理论知识与技术知识具有各自的性质、目的、方法、目标和评价标准，是两种不尽相同而又密切联系的知识体系，两者的区别如表 10-1 所示：

表 10-1　　　　　　　技术知识与理论知识的区别

项目	理论知识	技术知识
性质与功能	发现规律、认识客观世界	运用已知规律、改造客观世界
目的与结构	回答"是什么"、"为什么"	回答"做什么"、"怎么做"
过程与方法	实验、归纳、证实与证伪	实验、试错、选优与优化
目标与结果	一元性、通用性	多样性、专用性
衡量标准	真理性标准、力求全面、正确	功利性标准，力求合理、有效

续表

项目	理论知识	技术知识
劳动的特点	自由度大、个体性强	计划性大、集体性强
最终的成果	定律、原理、学说的提出	规则、程序和手段的确立
意义与影响	长远的、间接的	直接的、近期的
人才的成长	知识获取重于能力训练	能力训练重于知识获取

知识不同，培养的人才也不同。根据传授知识的不同，高等教育分为两大类：普通高等教育和普通高等职业教育。普通高等教育是以传授理论知识为主的，主要进行基础科学和应用科学的教学。高等职业教育是以传授技术知识为主的，注重学生实践技能的培养。随着生产的发展、技术的进步，社会对人才的综合素质、技能水平都提出了更高的要求。高校仅仅注重知识的传授已经不适应时代的变化，造成大学毕业生就业难问题的原因之一就是大学生职业能力教育不足。社会不仅要求大学毕业生具有系统的知识，也需要大学生具有一定的职业生存与发展能力。这样的人才才能为用人单位创造更多的价值，也备受用人单位的青睐。因为不论是生产、服务，还是提高产品、服务或管理的质量与效益，大学生对知识的运用都不是对所学知识的简单复现，而是对知识的综合运用，是个体将知识转化为职业能力的具体体现。所以，无论是普通高等教育还是普通高等职业教育，都不仅要注重知识、技术的传授，也要注重大学生职业能力的培养。

三 国外代表性职业能力教育质量评价

20世纪六七十年代，伴随着高等教育大众化在各国的发展，人们开始关注高等教育质量问题，纷纷担忧高等教育规模的量"多"能否与质"优"相伴。因此，许多国家纷纷采取措施确保高等教育的质量与水准，其中主要是保证对高等教育规模扩张中新增加部分的质量的水准。进行教育质量评价的基础是质量标准的制定，质量标准制定的基础是能力标准的确定。大多数国家都正在建立自己的全国职业能力认证制度，这种制度比传统的制度包含更多的能力资格等级。依据职业能力分析的结果，一些国家确定了各自的国家能力标准。美国、英国、澳大利亚等发达国家都有制定与职业教育相关的职业能力标准或鉴定职业能力标准的国家制度。

（一）美国

1. 美国国家技能标准制度（NSSA）

20世纪80年代以来，日本、德国的经济崛起以及美国经济下滑，引发美国对国内劳工队伍素质的争论，焦点是职业教育如何才能应对职业内容的快速变迁，满足未来劳动力的需求。美国劳动力技能委员会提交的《美国的选择：高技能还是低工资》报告指出：缺乏认定成就的标准是阻碍强大劳动者队伍产生的关键。施政者们提出要加强学校和工作间的联系。另外，在1994年之前，美国职业技能评价由各州、各行业按照各自的标准自行组织实施。这样的评价方式灵活多样，较好地适应了不同地区经济的发展需要，但也带来了职业资格种类繁杂、体系庞大、标准不统一等问题，劳动者在不同州、不同行业之间流动时，还要对其技能水平进行重新确认，造成许多不便和混乱。针对存在的问题，美国国会于1994年3月31日颁发了国家技能标准制度法案，提出了开发与实施统一的国家技能标准的要求，以解决技能评价工作中的混乱问题，从整体上提高劳动者职业能力水平，以增强美国的全球竞争力。技能标准旨在确定个体在职场中取得成功所需的知识、技术和能力。在颁布NSSA的同时，成立国家技能标准推进委员会（National Skill Standards Board，简称为NSSB），负责推进这项法律制度的实施。

（1）国家技能标准的内涵

根据美国国家技能标准委员会的定义："技能标准确定了在一个行业内人们需要知道些什么并能够成功地去履行与工作相关的一些职责。确切地讲，标准规定了履行工作及如何能将工作做得更好所需要的相关知识和技能水平。"实际上，技能标准提供了一套关于技能水平和绩效成绩的衡量基准，主要回答两个关键性的问题：一是工人若要在职场中获得成功需要知道和做些什么。二是具备怎样的知识和技能才能履行工作职责。美国议会还特别明确要求NSSB所开发制定的技能标准绝不能是员工最低的从业标准，必须是较高职业技能标准，而且必须以普遍提高劳动者技能水平为目标制定标准；此标准还应按不同层次、级别，由低级向高级呈金字塔结构，不仅为教育与培训服务，还要为员工选拔提供帮助。

其实质在于，技能标准能够应对不断变化的工作组织、技术和市场结构；它以世界一流水平的工业/产业绩效为基准，旨在消除性别、种族或其他形式的偏见；它将可衡量性和能力本位结合起来便于对员工绩效结果进行评估；它包含了基本的读、写和重要的批判思维能力；它可用于确定新员工的入职资格和不断提高员工的技能水平；技能标准可广泛地适用于各类教育和培训机构，无论是以工作培训为主的还是以学校教育为主的；为了使技能标准操作性更强，建立了一个相对简单的系统结构；技能标准是所有的利益相关者进行合作共同开发的结果；任何一个或各种类型的教育或培训机构都可自主开发相关技能标准。

（2）国家技能标准的结构和内容

美国国家技能标准结构一般分为四个层次：第一层是职业群名称、定义、范围；第二层是职业群某类岗位人员的关键工作职责；第三层是关键行为、表现指标、技术知识、就业能力；第四层是执行某项关键行为的具体操作步骤以及对履行相关行为所需的技能、知识和测量标准所作的具体规定等。

总的来看，技能标准内容由"工作导向要素"（work-oriented component）和"工作者导向要素"（worker-oriented component）两部分组成。工作导向要素也就是完成工作需要的技能标准；工作者导向要素也就是工作者本身需要的知识、技能或个性特征等。工作导向要素由三个元素组成：

● 关键工作功能（critical work functions），指相似职业领域内的主要工作或功能，通常一个职业最多以 15 项关键工作功能为原则。

● 关键活动（key activities），指为了完成一个关键工作功能，所需要执行的任务或活动，通常一个重要工作功能以 3—6 个关键活动为原则。

● 行为指标（performance indicators），指评价是否能够完成关键活动的行为标准，通常每一个关键活动以 3—6 个行为指标来评价。

在工作者导向要素方面，工作者需要具备的知识和技能由三个元素

组成:

　　● 学术知识与技能（academic knowledge and skills），是指一般的学科能力，是进一步学习的基础，包括阅读、写作、数学与科学等基本能力。

　　● 就业知识与技能（employability knowledge and skills），指在一般职场中共同需要的一些知识与技能，主要包括听、说、信息与通信科技的应用、信息的搜集与分析、分析与问题解决、决策与判断、组织与计划、运用社交技能、适应能力、团队合作、领导他人、建立共识、自我生涯发展等。

　　● 职业技术知识与技能（occupational and technical knowledge and skills），指职业或工作所需要的特定技术、知识与能力。各职业或工作有不同的项目和内涵，但大致包括以下几项：维修制造、销售策略、工具设备、环境条件、安全卫生、信息资源、库存管理、数据库编程等。

　　NSSB将学术知识技能与就业知识技能的每一个项目，都划分成低、中、高三个等级的复杂度，并且列出每一项重要工作功能所需要的能力等级。这种将关键工作功能与学术知识与技能、就业知识与技能整合在一起，也就是将专业能力标准与一般能力标准相互整合的做法，更能显示知识的重要性，对于后续的教育训练教材的发展与评价需求的判定，帮助极大。NSSB紧紧围绕实际工作需要，将学生学习与工作所需的实际操作能力联系起来，通过对能力的划分及进一步的细分来区分具体工作能力和一般能力，以此开发评估指标。这种合作机制最大的优点在于把学术教育标准和不断变化的业界需求有机地整合起来，使职业技能标准成为教育训练系统与工作市场衔接的平台。

　　职业群（career clusters）和关键能力（Key competency）是美国技能标准的两个核心要素。职业群是指把一些普通的职业按照其宽泛的共同特征进行分组，将数种性质相近的职业视为一个职业群，分析该职业群所需的共同知识和技能，并对它们进行组合，以此作为编制技能标准的出发点和基础。关键能力所强调的并不是某个专业或某种职业领域所具有的专业知识和技能，而是所有职业共同要求的解决问题的技能和在社会中交往的技能。美国技能标准中提出的关键能力包括：学习能力、思考能力、交流能力、应用技术的能力和人际交往能力。当职业变更，或者当劳动组织发生变化时，由于这些能力已成为劳动者的基本素质，劳动者不会因为原有的专门的知识和能力对新的职业不再适用时而茫然不知所措，而是能够在变化了的环境中重新获得新的职业能力和知识。

2. 美国"获得必要技能委员会"的研究报告

美国自20世纪80年代起即开始可就业能力研究。美国劳工部曾出资调查所有工薪家庭对可就业技能的认识，并公布了工薪家庭公认的16种技能。随后，劳工部成立了"获得必要技能委员会"，由专家、学者，以及来自政府、企业界、工人、教育界的代表负责调查当今及未来职场所需要的技能要求，以及高中生对技能要求的掌握情况。经过调查研究，该委员会先后出台了4份报告——《学会生活：高绩效蓝图》、《职场需要学校创造什么》、《职场所需要的技能和任务》、《教授就业必要技能》。在这4份报告中共涉及35种就业技能，被视为美国的国家可就业技能框架。

SCANS报告在阐述从事任何职业都需要的五种"能力"和三种"素质"的前提下，建立了高等职业教育的质量标准体系的基础。具体内容如下：

任何职业工作场所必需的五种能力是：

（1）合理利用和支配各类资源的能力。包括：

● 时间——选择有意义的行为，合理分配时间，计划并掌握工作进度。

● 资金——制定经费预算并随时做必要调整。

● 设备——获取、储存与分配利用各种设备及其他物资。

● 人力——合理分配工作，评估工作表现。

（2）处理人际关系的能力。包括：

● 能够作为集体的一员参与工作。

● 向别人传授新技术。

● 诚心为顾客服务并使之满意。

● 坚持以理服人并提出积极建议。

● 调整利益、交换资源以达成意见的一致。

- 能与背景不同的人共事。

（3）获取并利用信息的能力。包括：

- 获取与评价信息。
- 理解、分析与传播信息。
- 解释与交流信息。
- 使用计算机处理信息。

（4）理解系统复杂关系的能力。包括：

- 理解社会、组织和技术系统的运行方式并能有效地实施操作。
- 监督并纠正系统偏差，并能预测系统发展趋势。
- 对现有系统提出改进意见，并能设计可替代的新系统。

（5）运用各种技术的能力。包括：

- 选择适用的技术与设备。
- 运用技术，理解并掌握工作设备的手段与程序。
- 维护设备并处理问题，包括计算机技术及其他技术。

任何职业工作场所必需的三种基本素质是：

（1）基本能力。包括：

- 阅读能力——会搜集并整理书面文件。
- 书写能力——正确书写书面报告、说明书。
- 倾听能力——正确理解口语信息及暗示。
- 数学运算能力——会基本的数学运算以解决实际问题。
- 口头表达能力——能系统地表达自己的想法。

（2）思维能力。包括：

- 创造性思维——能自由想象，以新的方式组合不同信息或观点。
- 决策思维——考虑各种因素以作出最佳决定。
- 问题解决思维——认识到问题的存在，发现问题的原因，并解决问题。
- 以自己独特的方式认识问题，根据符号、图像进行分析。
- 知道怎样学习，能运用学习技术，并运用学习技术解决新环境中的问题。
- 正确推理——能发现两个或两个以上事物之间的关系，找出规律，解决问题。

(3) 个人品质。包括：
- 有社会责任感和集体责任感，并有敬业精神。
- 有自信心，保持自我积极向上的心态。
- 自律性强，能正确评价自己，有自治力。
- 正直、诚实，遵守社会道德行为准则。

（二）英国

1. 英国国家职业资格证书制度（National Vocational Qualification，简称 NVQ）

英国国家职业资格证书制度的职业资格标准体系以职业岗位需要的能力为基础，它测量的是一个人能做什么，而不仅仅是他知道什么。这是国家职业资格证书制度的核心。国家职业资格标准体系主要是由国家职业资格委员会（NCVQ）和产业指导机构共同制定的。英国国家职业资格委员会代表政府具体负责推动全国职业资格证书制度的建设，指导产业指导机构制定国家职业资格标准，开发全国性职业资格；批准设立证书机构并对其工作质量进行监督和保证；确认证书机构颁发的国家职业资格证书等工作。

英国国家职业资格标准框架体系主要由以下因素构成：

（1）等级。为了使各种不同类型的资格证书之间的关系简单化，英国根据岗位对能力要求的不同而将所有国家职业资格的标准从低到高划分为 5 个等级（即 1、2、3、4、5 级），逐级递进、提高，形成一个从基础到高级的完整职业资格标准体系。每个等级规定了与该等级实际工作岗位相应的知识、技能和实际工作中拥有的责任、权利范围、行为规范要求。英国国家职业资格证书的五级制用以反映不同层次员工的职业能力，同时将这些级别与学历等级相对应，以排除社会对职业教育培训的偏见。

表 10-2　　　　英国国家职业资格证书的五级制

等级	标准	相应职务	相应学历
5级	具有广泛的，通常是不可预见的条件下独立运用基本原理和复杂技术的能力。负有极大的个人自主权，经常对他人的工作和重要资源分配负有重大责任，并具有个人独立分析、决断、计划、规划、实施和评估工作结果的能力。	高级工程师和工程师，中、高级管理人员	与职业相关的研究生毕业资格，硕士文凭

续表

等级	标准	相应职务	相应学历
4级	具有在广泛领域从事技术复杂、专业性强、条件多变的工作活动的能力,负有很大的个人责任和自主权,通常需要对他人的工作和资源的分配负责。	工程师,高级技术员,高级技工,中级管理人员	与职业相关的大学专、本科毕业资格,学士文凭
3级	具有在广泛领域从事各种复杂多变的、非常规的工作活动的能力。负有相当的责任和自主权,经常需要对他人的工作进行监督和指导。	技术员,技工,初级管理人员	普通教育A级(即获大学入学资格)
2级	具有在较大范围和变化条件下从事一些复杂的、非常规的工作活动的能力。负有一定的责任和自主权,并能与工作中其他的成员进行合作。	熟练工	普通教育O级(即获中学毕业资格水平)
1级	具有在一定范围内从事常规的、可预测的工作活动的能力。	半熟练工	中学在学水平

（2）单元。单元由能力要素以及与它们相关的操作规范和范围说明组成。在每一单元中,标准的详细描述以分级方式进行:

- 能力要素：一个人在工作中应该能做的事。
- 操作规范：根据所需要的标准提供有价值的操作指示。
- 范围说明：指明能力运用的条件范围和可转换性。

每个国家职业资格证书的等级标准都按工作岗位的职责划分为能力单元,由若干能力单元组成一个等级标准。

（3）元素。每个能力单元又划分为若干元素,它具体描述了岗位职责,确定了个人应该能达到的能力和知识水平。每个元素包括适用范围、知识和理解、证据要求和考评指导。

（4）行为规范。明确规定了完成某一项具体任务所包括的各种操作规程和行为要求。

2. 英国国家学位授予委员会（CNAA）

英国传统大学的特点是进行学术教育,主要传授人类积累的知识、态度和价值观念,同时创造新知识,发现科学规律,揭示事物奥秘,探索和传播真理。第二次世界大战以后,随着社会经济的恢复与快速发展,传统大学教育已不能满足日益增长的社会对各种规格人才的需要。20世纪60年代中期,以多科技术学院为主要类型的高等学校应运而生。这种类型的高等学校不同于传统大学重视古典人文主义教育的做法，在办学方向和培养目标上，是为了促进当地工业生产的发展，满足社会对大量技术人才和管理人员的需要；在课程内容上，则重视技术教育及其应用的特色。

多科技术学院设置的课程理论水平和科研水平比一般大学低，但它们的专业和课程设置注意结合各地制造工业等领域的需要，所以毕业生在制造工业等领域的就业比例比一般大学要高。与传统大学的评价不同，多科技术学院在进行质量评价时，一般只将收集到的证据与能力标准相对照，能力标准由"主导工业机构"（按工业部门和职业领域设立的标准制定机构）制定。对照结果不与其他学习者的学习结果相比较，只对学生是否具备相应能力作出判断。这种评价指向于所要求的学习结果，学习结果的具体表现是完成相关职业的能力标准，而不是传统大学所要求的认知方面的学习成就。

英国国家学位授予委员会（CNAA）是对传统的多科技术学院和继续教育机构授予学位的政府机关。1991年，CNAA对这种类型的高等教育学习计划作出规定，成为职业性高等教育质量标准制定的依据之一。CNAA对学习计划的一般规定包括计划的目的、目标两方面。

（1）计划的目的包括：

- 发展学生的智力和想象力。
- 发展学生的理解力和判断力。
- 发展学生的问题解决能力。
- 发展学生的交流能力。
- 使学生理解所学内容之间的相互关系，并能在更广泛的背景中运用。
- 激发学生询问、批判和创新的欲望，鼓励学生进行独立判断和自我批评。

（2）计划的目标包括：

- 目标的陈述必须体现出计划将如何使目的得以实现。
- 课程目标的陈述要使适合于具体学习领域的知识与技能具体化。
- 一般目标的陈述应确定某些方法，使学生的迁移能力得以发展，尤其是以下能力：

- 口头、书面交流能力以及其他恰当的表达方式的能力。
- 进行合理的争论,并能运用分析、批判的方法对资料、实证研究和有争议的问题作出自己独立的结论;能运用所学知识。

(三) 澳大利亚

20 世纪 80 年代,由于贸易状况恶化和传统支柱产业衰落,澳大利亚经济受到了严重的影响。澳大利亚政府意识到了改革职业教育与培训体系,扩大培训对象,提高培训绩效的重要性。1989 年 4 月,澳大利亚成立了国家培训部,由其指导开发国家能力标准,并建立了以能力为基础的教育培训体系。

TAFE (Technical and Further Education) 是澳大利亚技术与继续教育学院的简称,它是一种在国家资格框架体系下以行业为主导,联邦政府、行业与学校三者相结合的,以客户为核心的多元办学体系。TAFE 采取以能力为本位的教育教学质量观,其教学特色鲜明,具有明显的职业性、岗位性、实践性和灵活性等特征。TAFE 强调对学生实际工作能力的培训,能力培养是教学设计的核心内容,其教学体系建立在以培训学生实际能力为目标的基础上,考虑使用合适的教学内容、方法、地点和时间来帮助不同背景的学生,加强实践教学环节,使理论教学与实践教学融为一体,并提供现有能力认证、承认学分等个性化服务。TAFE 不追求学科体系的逻辑严密性,而是采用模块化的课程结构,以职业能力为中心,按照能力单元要素来开发学习模块。模块课程的特点是专业课程多,每门课时少,必修课与选修课共存。TAFE 对培训课程提出最低能力测试考核要求,以能力目标作为培养学生质量评价的尺度,在评价时,对理论课程的考核要求比较松,而对实训课程的考核要求则比较严格,学生的实践能力是考核的重要内容。

澳大利亚商业与高等教育圆桌委员会作了系列报告,认为所有的年轻人在就业准备的过程中,都要学会某些必要的东西,即与就业有关的关键能力,这些关键能力是有效地参与工作和其他社会背景所必需的。这些能力包括:

- 收集、分析和组织信息的能力。
- 交流思想与观点的能力。

- 规划与组织活动的能力。
- 团体中与人合作的能力。
- 数学思维与技术。
- 解决问题的能力。
- 使用技术的能力。

澳大利亚的职业教育制度是一种以能力为基础的教育与培训制度，该制度的基础是一系列全国承认的职业能力标准。标准的制定由职业团体承担，教育与培训机构或政府部门只起咨询作用，而不参加决策程序。澳大利亚技能认证体系是保证技能认证的机构，是全国统一的和普遍适用的，通过这套体系认可的资格和技能在全国各州和邻地都会得到承认。

在澳大利亚，某具体行业的国家能力标准是由相关行业的能力标准委员会来制定的。该委员会由来自雇主、雇员以及政府机构的权威代表组成，负责开发并向国家培训委员会报批能力标准，也负责能力标准的修订。国家培训委员会是由澳大利亚联邦政府、各州和区政府负责职业教育工作的部长组成，负责指导各行业能力标准委员会开发能力标准，并具有对能力标准的审批权，同时还负责国家能力标准的推广和实施。国家能力标准的确定，可以使国家具有统一授权认可的标准，并可据此制定全国通用的职业资格证书。

四 大学生职业能力教育质量评价体系的构建

大学生职业能力教育质量评价是一个复杂的系统工程。评价能否有效实施，取决于是否建立了一个科学的职业能力教育质量评价体系。

对大学生职业能力教育质量的评价主要是以是否满足其社会各方相关权益人的价值利益诉求及满足程度为基点，结合大学生职业能力教育所具有的人力资本投资回报性等本质特点属性，来判断职业能力教育是否发挥其应有的作用，是否满足各方相关权益人需求。职业能力教育是一种将不同兴趣爱好、不同能力倾向的人导向相应产业职业岗位的特殊教育，教育过程中劳动者个体需求与社会需求相结合，充分发挥了人的潜能，提高了劳动力的配置效益，最终促进经济的健康发展。因此，对职业能力教育质量的评价一方面要考虑其本质质量高低,另一方面要考虑其质量是否符合外部的不同相关利益群体需求,以引导职业能力教育适应市场发展,促进职业能力教育的长远发展。

(一) 大学生职业能力教育质量评价体系的总体框架

大学生职业能力教育质量评价体系是社会评价体系的一个子系统。社会评价体系是由人才评价目标体系、人才评价法律体系、评价管理体系、评价指标体系、评价机构体系、评价者体系、受评者体系、评价方法体系和评价监督体系等组成的完整体系。每个子体系内部有其自身严密的规范和程序,不同子体系之间既相互联系,又相互制约。

从评价体系的构建要素来分析,大学生职业能力教育质量评价体系可分为三大层次。

第一层次:制度环境保障层。制度是系统运行的规范约束,是保障职业能力教育质量评价的现实基础。具体来说,该层次包括法律制度、组织制度、管理制度和运行制度等环境,保障职业能力教育质量评价运作体系的顺利运行。

良好的法律制度环境能保证组织制度的有效开展,组织制度健全能更好地推进法律制度。同时两者又是管理制度与运行制度的支撑部分。管理制度实质是人才评价体系内容的总和,它是一种静态的制度环境,而运行制度是从动态的角度保障管理制度内容的有序运转,它是一种动态的制度环境。管理制度是运行制度的基础,运行制度保证和完善管理制度。四部分相互关联,相互影响,相互促进,构成有机整体。

第二层次:支撑执行中间层。一个评价体系的正常运转,需要由相应的执行人员按照一定的规则要素,并配备一定的执行机构来开展评价活动,职业能力教育质量评价亦如此。该层次具体包括两部分——评价的组织体系和评价要素构成(如人员、规则等)。

评价的组织体系包括评价管理中心、评价标准中心、评价培训中心、评价执行中心和评价监督中心等机构。每个子机构被赋予一定的职责,形成机构的规章制度,以保障评价体系各个环节的正常运行。每个子机构所具有的职能叠加在一起,等于整个职业能力教育质量评价体系所具有的职能。

评价要素组成包括评价者、评价对象、评价指标、评价方法等。职业能力教育质量评价认证涉及的评价活动主体、客体以及主体通过何种规则或方法作用于客体，这些要素组合在一起，使职业能力教育质量评价体系正常发挥其功效。

第三层次：内涵目标核心层。它是前两层次的起始目标和终极目标，是职业能力教育质量评价体系的核心部分，从整体上影响、指导其他两个层次的规划，但第三层次又依赖于其他两个层次，依赖第一、二层次围绕其运转，在完成各环节后才能发挥功效。第一层次和第二层次决定第三层次的应用程度。职业能力教育质量评价体系的最终目的是通过实行职业岗位准入控制，不断提升从业人员职业能力，从而实现提高劳动者职业素质，职业管理有序规范的目标。并以此作为促进人才评价体系的评价配置功能，使人才评价制度的推行成为人力资源管理的一种有效手段和途径。

职业能力教育质量评价体系各组成部分互相影响、互相制约、互相配合，共同体现评价体系的完整性。

（二）大学生职业能力教育质量评价体系的保障

1. 法律保障

合乎法律制度是人才评价的前提条件，大学生职业能力教育必须严格遵守国家的法律、法规和政府的有关政策。人才评价的法律制度是以国家的名义通过宪法、法律、法规、法令等规范性文件颁布的，并由国家强制力保证人才的各种评价行为得以规范、正常的实施。法律制度的健全是评价认证制度的基石，也决定其发展状况和完备程度。纵观每个推行职业能力评价认证的国家，政府都是出台了一系列的法律、法规、条理措施等，对其评价认证进行规范。

2. 组织保障

组织制度清晰，可以保证政府各职能部门在大学生职业能力教育质量评价认证过程中明确自身定位，避免出现职责、权限混乱的问题；组织制度不清晰，容易造成政府部门间各自为政，"证出多门"，在大学生职业能力教育质量评价制度上重复建设，增加社会成本。

西方国家在多年职业能力教育实践中，非常强调社会专业团体、行业协会组织在评价认证中扮演主角。"官产结合",在职业能力教育质量评价过程中表现为政府和行业协会等非官方机构共同参与管理。如:英国的物流行业技能委员会同时代表政府、行业、雇主三方。

3. 管理保障

职业能力教育质量评价是人力资源管理的一种手段。作为一种管理手段,评价认证必然在每个环节设置相关制度,评价认证的活动过程包括评价标准制度、评价教育培训制度、评价执行制度以及评价监督反馈制度等,这些设定都属于人力资源管理的范畴,其实质是人才评价体系涵盖内容的外在表现,对评价认证活动中的每个环节建立相关制度规范。

4. 运行保障

大学生职业能力教育质量评价体系的运行起点从确定能力评价标准开始,运行过程始终以评价标准为参照,促进学习者获取相应的能力,运行的终点上,评价受评者是否具备了相应的能力,实行岗位准入控制,促进从业人员再对照评价标准(职业能力教育质量标准)学习,继续提升更高层次的职业能力,形成再一轮的良性运行。

在运行起点上,大学生职业能力教育质量评价的定位在于不同产业职业能力标准的构成,可组织行业协会、用人单位、私人雇主、行业专家、科研院所、学校对职业标准进行调研确定。职业能力标准的确定是整个人才评价体系的起点,是体系的立本之源,所有后续的程序都围绕其展开。职业能力标准定位直接关系到职业的发展和从业人员职业能力的提高。在运行中间执行环节上,按照受评者评价要求,以评价标准为参照进行评价。

整个过程促进学习者获取相应能力并不断提升。从国际视野来看,职业能力教育质量评价认证与教育培训紧密相关,国家重视教育在评价认证制度中的实用功能。运行过程中,职业能力教育质量评价标准应与职业教育和培训的教学标准对应起来,并逐渐融合在一起,营造有利于受评者提升职业能力的运行制度环境。在运行终点上,评价受评者是否具备了某行业某项职业资格相应的能力,实行岗位准入控制,获得某项职业资格证书方能到相应的岗位上从业。

(三) 评价体系的影响因素

1. 评价者

评价者是职业能力教育质量评价的主体,是整个人才评价体系非常关键的因素之一。一切评价认证活动都是由评价者在操纵执行，最终也是由评价者提供评价初步意见，评价者的评价行为影响整个评价活动。因此，评价者的选拔与配置，对评价结果显得尤为重要。对于评价者来说，影响评价结果的因素有以下几方面：

(1) 评价者个人良好素质

评价者的个人良好素质包括德和才两方面。"德"指公道正派，"才"指评价者为某一行业、某一职业的专家，能熟练运用人才评价方法和手段对某项职业资格作出正确、公正的评价。拥有良好个人评价素质的评价者在整个评价团体中占的比例越大，对受评者就越能作出科学的评价。

(2) 评价者评价能力

评价者个人由于认识能力、性格气质、知识结构的局限，评价能力将有不同的限制，而评价能力是发现、评价受评者是否具备某一职业能力的基础条件，是个体能力的扩展，它将评价者个人的评价能力叠加在一起产生乘数效应。通过实施评价小组作为评价能力的集合，按照一定的准则和程序进行评价，以提高评价的效度和信度。

(3) 评价者合理的结构分布

对不同职业的人才进行职业能力教育质量评价，评价者要有不同的人员结构和不同的比例结构。如评价物流类人才职业能力教育质量时，要有工程类与管理类评价者的结构比例等。只有这样，在组织笔试时才能在专业考核方面突出评价的专业要求，在面试或鉴定时给出更为客观、公正、权威的评价结果。

2. 评价对象

评价对象即受评者在评价过程中往往处于被动地位，无法发挥评价对象的主动性、积极性，影响评价结论的客观程度。国外往往采取提供证据来扩大评价对象的主动性，在英国还设立评价者和评价对象共商考评计划，充分调动受评者的积极性。由于评价对象和评价目的的差别，以及人的思维和行为的复杂性，应该从不同角度、不同层面以及评价目的使评价主体多元化，从而得到比较客观的评价结论。

3. 评价指标

评价指标是评价标准的具体内容，是按照定性与定量相结合的要素分解方法制定的评价标准。职业能力教育质量评价指标侧重于行为标准的评价，即依据一定的法规、制度、程序标准等实现的程度，对受评人员是否符合职业要求，具备职业资格进行判定。科学简易的指标体系使评价活动以较小的投入获得较大的评价效益，提高职业能力教育质量评价体系的运行效率和效益。

（四）大学生职业能力教育质量评价的指标体系

1. 设计评价指标应遵循的原则

职业能力教育质量评价指标的设计既是理论问题，又是实践问题。指标体系的科学性直接制约着职业能力教育质量评价的效度和信度。教育质量是一个多重性的概念，在世界范围内，不同的教育体系在质量指标的选择上会有所不同，往往都会选择他们比较偏爱的方法或手段来对其所取得的质量进行测量和评价。评价指标的选择应遵循以下原则：

（1）评价主体、内容的多元化

大学生职业教育不仅要为社会培养掌握系统理论的合格人才，还要使每一个学生成为具有较高职业能力的职业人。职业能力是教育目标的具体体现，反映了具有时代特点的教育观、质量观和人才观。社会中工作分类的多样性决定了所需人才类型的多样性，也决定了职业能力教育专业设置的多样性，不同工种之间由于工作性质、方式等的不同，其对应的人才评价标准也会有所区分，因此，在进行大学生职业能力教育质量评价时，要强调评价主体的多元化，从不同角度对教育质量进行评价，然后综合不同主体的评价结果，给教育质量以科学、全面的评价。与此同时，还要强调评价内容的多元化，不仅包括从事职业活动所需要的技能及其相应的知识，还包括情感、态度、价值观、环境适应、创新、创业等方法与社会能力的内涵。

（2）形成性评价与终结性评价相结合

形成性评价能掌握教育教学过程的质量，总结性评价可掌握教学目标的实现状况及效果。在职业能力教育中，应将两者紧密结合，而且更应注重形成性评价，通过形成性评价不断矫正、完善教育教学过程。

（3）定性评价与定量评价相结合

坚持实事求是，将定性评价与定量测评相结合。根据实际情况，通过"记实"和"评议"两种方式进行评价。"记实"指动态过程量化评价，"评议"指在学年末进行的定性评价，包括自我测评、群众测评和任课老师及各级组织测评等。

(4) 科学性与可操作性相结合

评价指标要具体、明确、切中目标，而不模棱两可、抽象，要可衡量、评估，能够形成数量指标或行为强度指标，而不是笼统、主观的描述，既要反映和遵循职业教育的规律，又要易于实际操作。例如，在评价方案中各个指标的定义要准确，不能产生歧义；所确定并采用的评价指标能方便地获得量化数据；取得的数据便于录入、保存；计算公式简单，易于得出结论；评价指标能够实现，而不是不切实际等。

(5) 现实性与发展性相结合

大学生职业能力的形成与发展是一个动态过程，在对其教育质量进行评价时，不但要考虑到学生在校期间的能力培养，还要具有一定的前瞻性，去追踪学生毕业后工作岗位上的能力表现；不但要注重学生职业技能的掌握，更应注重学生职业技能的内化以及创新能力，使学生具有能够在变动的职业生涯中重新获得职业技能的能力，以此凸显高等教育人才培养的高质量与高水平。

此外，构建大学生职业能力教育质量评价方案还须注意以下几点：第一，遵守党和政府制定的各项人才培养政策、法规及条例以及行业制定的相关高技能人才职业能力标准与各项规章制度，使构建的职业能力教育质量评价方案有法可依、有章可循。第二，遵循教育学、心理学规律。对职业能力教育质量的评价应根据评价对象的心理与生理特征、智力特征来科学、合理地确定各评价指标，使评价对象在职业能力教育质量评价指标体系的约束和引导下，朝着既定的目标努力。

2. 大学生职业能力教育质量评价的指标

衡量大学生职业能力教育质量的高低，要根据具体职业岗位所需要人才的知识、能力、素养进行全面的、立体的评价，不仅要综合看各种评价指标，还要看为社会作贡献的大小、为用人单位创造价值的大小以及个人发展潜力的大小。职业能力教育以一定的基础理论知识为基础，围绕职业岗位（群）特征来培养受教育者的各种职业能力，如学习能力、信息处理能力、环境适应能力、创业能力、创新能力等。与此同时，还注重受教育者内在品质和素养的提升，如职业修养、艰苦创业、团队合作等职业素质。因此，进行职业能力教育质量评价时必须围绕知识、能力和素养这三个方面来构建相应的评价指标体系。

大学生职业能力教育质量的评价指标由基本素质、基本能力、专业能力和发展能力 4 项一级指标构成。在一级指标下共设 24 项二级指标和 45 项三级指标，其具体名称、权重见表 10 - 3。

表 10 - 3　　　　　　大学生职业能力评价指标体系

一级指标	二级指标 编号及名称	权重	三级指标 编号及名称	权重
一、基本素质（20 分）	1. 思想素质	0.2	1.1 中国特色社会主义理论	0.2
			1.2 世界观、人生观、价值观	0.2
			1.3 爱国主义、集体主义、社会主义思想	0.2
			1.4 遵纪守法	0.2
			1.5 行为规范、社会公德	0.2
	2. 文化修养	0.2	2.1 业余文化活动	1.0
	3. 职业修养	0.2	3.1 对所学专业、职业的热爱	0.5
			3.2 工作、劳动观念	0.5
	5. 身体素质	0.1	5.1 体质健康达标情况	1.0
	6. 健康意识	0.1	6.1 生活方式	1.0
二、基本能力（20 分）	7. 英语能力	0.2	7.1 大学英语等级	1.0
	8. 计算机能力	0.2	8.1 计算机等级	1.0
	9. 学习能力	0.2	9.1 学习习惯	0.3
			9.2 学习态度	0.3
			9.3 学习方法	0.2
			9.4 学习效果	0.2
	10. 信息处理能力	0.1	10.1 专业信息检索能力	0.5
			10.2 信息管理、分析、发布能力	0.5
	11. 环境适应能力	0.1	11.1 人际关系	0.3
			11.2 团队协作	0.3
			11.3 职业行为能力	0.2
			11.4 生存发展能力	0.2

续表

一级指标	二级指标 编号及名称	权重	三级指标 编号及名称	权重
二、基本能力（20分）	12. 思维能力	0.1	12.1 抽象概括能力	0.5
			12.2 分析、推理、判断能力	0.5
	13. 沟通能力	0.1	13.1 有效理解与反馈能力	0.5
			13.2 与他人协调合作能力	0.5
三、专业能力（50）	14. 专业理论	0.3	14.1 理论课程成绩	1.0
	15. 专业技能	0.3	15.1 实训课程成绩	1.0
	16. 职业实践	0.2	16.1 实习环节成绩	1.0
	17. 职业考证	0.1	17.1 职业资格证书	1.0
	18. 专业科研	0.1	18.1 科研论文及成果	1.0
四、发展能力（10分）	19. 创业能力	0.2	19.1 后续发展评价	1.0
	20. 创新能力	0.2	20.1 积极求异能力	0.2
			20.2 丰富想象能力	0.2
			20.3 敏锐观察能力	0.2
			20.4 科学发明、科技创作成果	0.4
	21. 特长能力	0.2	21.1 专业特长	0.4
			21.2 体育特长	0.3
			21.3 艺术特长	0.3
	22. 奖励荣誉	0.2	22.1 表彰与奖励获取情况	1.0
	23. 组织管理能力	0.1	23.1 担任班级、团、学生会干部	1.0
	24. 应变能力	0.1	24.1 快速反应能力	0.5
			24.2 灵活处置能力	0.5

3. 大学生职业能力教育质量评价指标的内涵

大学生职业能力教育质量的评价按照三级指标评定，分学生自评与学院评定两个层面，评价等级分为优秀、良好、合格和不合格，分别对应A、B、C、D四档。在计算时A、B、C、D四档的权重分值分别设定为1.0、0.8、0.6和0.3。

三级评价指标内涵及其标准见表10-4，表中给出了各项目的A级和C级标准以及评定依据，评价结果介于A和C级之间的为B级，不满足C级标准的为D级。

表 10-4 大学生职业能力教育质量评价指标

三级指标	评价等级标准 A级	评价等级标准 C级	评定依据	自评等级	校评等级
1.1 中国特色社会主义理论	两课成绩≥85分	两课成绩在[60,70]区间内	课程成绩		
1.2 世界观、人生观、价值观	表现突出,已加入中国共产党	表现一般,已递交了入党申请	学生档案		
1.3 爱国主义、集体主义、社会主义思想	表现突出,事迹感人	表现一般	学生档案		
1.4 遵纪守法	从未受过处分	有过一次严重警告以上处分	学生档案		
1.5 行为规范、社会公德	表现突出,事迹感人	表现一般	学生档案		
2.1 业余文化活动	积极参加,表现突出,获相关证书	能参加,表现一般	实证材料		
3.1 对所学专业、职业的热爱	专业兴趣浓厚,勤奋学习,刻苦钻研	专业兴趣一般,学习积极性一般	班主任意见		
3.2 工作、劳动观念	有进取心,工作主动,劳动观念强	工作及劳动观念一般	班主任意见		
4.1 心理平衡能力	评分≥85分	评分在[60,70]区间内	心理量表		
4.2 耐挫能力	评分≥85分	评分在[60,70]区间内	心理量表		
5.1 体质健康达标情况	评分≥85分	评分在[60,75]区间内	达标成绩		
6.1 生活方式	坚持锻炼,不吸烟,不喝酒	偶尔锻炼,偶尔吸烟,偶尔喝酒	问卷调查		
7.1 大学英语等级	通过大学英语四级	英语课程成绩及格无补考	等级证书学业成绩		
8.1 计算机等级	通过计算机应用能力二级	计算机课程成绩及格无补考	等级证书		

续表

三级指标	评价等级标准 A级	评价等级标准 C级	评定依据	自评等级	校评等级
9.1 学习习惯	有良好的自学习惯，按计划学习，专时专用、讲求效益	无良好的学习习惯，一般按计划学习	班主任意见		
9.2 学习态度	学习态度端正，无迟到、早退、旷课、考试作弊等	学习态度一般，有过迟到、早退、旷课，无处分	学生档案		
9.3 学习方法	根据不同课程掌握不同学习方法，效果较好	掌握学习方法较少，效果一般	班主任意见		
9.4 学习效果	获校一等奖学金	获校三等奖学金	学生档案		
10.1 专业信息检索能力	对检索工具、方法应用熟练	掌握检索工具、方法的应用	实证材料		
10.2 信息管理、分析、发布能力	对信息有甄别、分析能力，能自己建立发布网站	信息甄别、分析能力一般，没有信息发布能力	实证材料		
11.1 人际关系	具有一定的心理学知识，能与他人友好相处；尊重理解，并包容他人	偶尔与同学发生口角和隔阂，不善于帮助他人，基本与他人友好相处	班主任和教师评定		
11.2 团队协作	集体协作和团队意识强，善于与他人合作共事，能积极参加各种群体活动并献计献策	能参加群体活动，有时不能与他人合作共事，经教育能注意改正	班主任和教师评定		
11.3 职业行为能力	能胜任某一职务，较好地完成该职务所要求的工作	基本胜任某一职务，完成任务效果一般	心理量表		
11.4 生存发展能力	评分≥85分	评分在［60，70］区间内	心理量表		

续表

三级指标	评价等级标准 A级	评价等级标准 C级	评定依据	自评等级	校评等级
12.1 抽象概括能力	评分≥85分	评分在[60,70]区间内	心理量表		
12.2 分析、推理、判断能力	评分≥85分	评分在[60,70]区间内	心理量表		
13.1 有效理解、反馈能力	评分≥85分	评分在[60,70]区间内	心理量表		
13.2 与他人协调合作能力	评分≥85分	评分在[60,70]区间内	心理量表		
14.1 理论课程成绩	成绩绩点分≥85分	成绩绩点分在[60,70]区间内	考试成绩		
15.1 实训课程成绩	成绩绩点分≥85分	成绩绩点分在[60,70]区间内	实训成绩		
16.1 实习环节成绩	毕业实习成绩≥85分	毕业实习成绩在[60,70]区间内	实习成绩		
17.1 职业资格证书	有被行业认可的资格证书3张及以上	有被行业认可的资格证书1张	资格证书		
18.1 科研论文及成果	毕业论文获校级优秀或有论文正式发表	毕业论文合格	毕业论文专业期刊		
19.1 后续发展评价	已与用人单位签约	与用人单位有签约意向	合同文本		
20.1 积极求异能力	评分≥85分	评分在[60,70]区间内	心理量表		
20.2 丰富想象能力	评分≥85分	评分在[60,70]区间内	心理量表		
20.3 敏锐观察能力	评分≥85分	评分在[60,70]区间内	心理量表		
20.4 科学发明、科技创作成果	动手能力强，积极参加科技活动，学科竞赛有获奖	能参加科技活动，创新意识不够强，无发明或创作成果	科技成果获奖证书		
21.1 专业特长	有专业特长并在学校及以上竞赛中获奖	有专业特长并在系部竞赛中获奖	证书		

续表

三级指标	评价等级标准 A级	评价等级标准 C级	评定依据	自评等级	校评等级
21.2 体育特长	有体育特长并在市级以上竞赛中获奖	有体育特长并在校级竞赛中获奖	证书		
21.3 艺术特长	有艺术特长并在学校及以上竞赛中获奖	有艺术特长并在系部竞赛中获奖	证书		
22.1 表彰与奖励获取情况	获学校及以上奖励或表彰	获系部奖励	证书		
23.1 担任班级、团、学生会干部	担任校级学生会、团委干部	担任系级学生会、团委干部	相关证明		
24.1 快速反应能力	评分≥85分	评分在[60,70]区间内	心理量表		
24.2 灵活处置能力	评分≥85分	评分在[60,70]区间内	心理量表		

4. 大学生职业能力教育质量评价结果的计算方法

本评价体系采用等级评定和等级状态方程式表示评价结果。评价时，先由学生对各三级指标按照等级标准给出评价等级，即A、B、C、D，再由学院组织人员进行复核、修正；然后，按下列公式计算每个评价方面的评价结果：

$$V = \sum_{j=1}^{n} M_{ij} \times (等级)_{ij} \quad (j=1, 2, 3, \cdots n)$$

式中：V为职业能力教育质量评价分，M_{ij}为第i个二级指标中第j个三级指标的权重系数，n为第i个二级指标中三级指标的个数，（等级）$_{ij}$为第i个二级指标中第j个三级指标的评价等级。

$$V_i = \sum_{i=1}^{m} M_i \times V_j \quad (i=1, 2, 3, 4, \cdots n)$$

式中：M_i为第i个二级指标的权重系数，n为第i个一级指标中二级指标的个数。V_j为第i个二级指标的评分。

总的评价结果为：$V = \sum_{i=1}^{4} V_i = aV_1 + bV_2 + cV_3 + dV_4$

式中：a、b、c、d分别为四项一级指标的权重系数，且满足关系式：a + b + c + d = 1。

（五）大学生职业能力教育质量评价技术方法

1. 职业能力评价的主要方法

评价方法是指在评价过程中收集相关评价信息所使用的方法。在实践中，可采用的评价方法多种多样，如测验法（或考试法）、心理测量法、调查法、观察法、访谈法、问卷法、档案袋法等。每一种评价方法都有自身的特点，在评价过程中应该根据评价的目标、内容、对象的特点以及评价所需信息的种类，充分考察所选评价方式的有效性；在决定采用某种评价技术时，应根据测评方法的信度、效度以及测评目的来选择测评工具及适当的评价方法。采用正确的评价方法对达到预期的评价目标起着重要的作用。

（1）笔试或机考

主要用于测量应试者的基本知识、专业知识、管理知识、相关知识以及综合分析能力、文字表达能力等素质及能力要素。

（2）心理测试

心理测试主要包括人格测验和认知测验两种形式。当今国外最流行的加州心理测验（CPI）及卡特尔的16种人格因素的测验（16PF）都是人格测验。CPI测验可测量人的社会活动性、社会适应性、智力、心理健康程度、常规性、内外向，等等。

（3）情景模拟法

又称行为模拟法，被试者在模拟情景中从事某职业劳动，按测试者提出的要求完成一个或一系列任务，评价的组织者通过被试者所表现出来的能力，评价其真实的管理才能，以此来预测被试者的实际工作能力和水平。

（4）观察法、问卷法、访谈法

观察法、问卷法、访谈法主要用于对学生基本素质，如思想道德、职业修养等的评价。

观察法是指研究者根据一定的研究目的、研究提纲或观察表，用自己的感官和辅助工具去直接观察被研究对象，从而获得资料的一种方法。观察法是有意识地观察被评对象活动情况，有在自然状态下不加任何控制的观察，也有设置一定情境的观察，无论哪一种情境下，评价者在观察过程中都要注意保持客观的心态，用客观的眼光去观察每一个评价对象。

问卷法是通过由一系列问题构成的调查表收集资料以测量人的行为和态度的基本研究方法之一。此方法非常适合对毕业生的评价，适应毕业生人数多，工作岗位、工作地点都比较分散等情况，可利用电子邮件更加快捷、准确、安全的传输调查问卷。

访谈法是指通过与评价对象进行谈话来收集信息，从而进行评价的方法。访谈法收集信息资料是通过研究者与被调查对象面对面直接交谈的方式实现的，具有较好的灵活性和适应性。访谈广泛适用于教育调查、求职、咨询等，既有事实的调查，也有意见的征询，更多用于个性、个别化研究。访谈法能使评价者与评价对象直接接触，方便了解评价对象的真实情况，但访谈法一次只能对一人或少数几人进行，比较费时，不方便大范围的同时使用，因此只有在需要当面了解情况时采用。

（5）鉴定法、比赛法

鉴定法是指将评价对象职业技能鉴定的结果作为评价数据的方法。职业技能鉴定是按照国家规定的职业标准，通过政府授权的考核鉴定机构，对劳动者的专业知识和技能水平进行客观公正、科学规范地评价与认证的活动。鉴定的结果能够一定程度的反映学生所掌握专业知识与技能的水平，因而可将职业技能鉴定的结果作为评价数据，直接纳入学生质量评价之中。

比赛法是指将评价对象参加各种类型的比赛结果作为评价数据的方法。学生在校期间参加的与本专业相关的各类比赛活动是他们个人专业知识与技能的体现，参加的其他类型的比赛活动也是他们综合素质的体现，因此可以将各种类型的比赛结果直接纳入学生质量的评价之中。

（6）真实性评价法

真实性评价法主要用于对学生相关能力的评价。

真实性评价有不同的定义，我国学者肖远军认为："真实性评价亦为表现性评价，主要是指教师在教育活动中，通过设计一定的问题情境，分析学生在完成实际任务时的表现，来评价学生的成绩和进步情况。"美国学者 Ellen Weber 认为："真实性评价指的是在真实的生活环境中评价学生的表现。"真实性评价将不同类型的知识和技能运用到相关的任务中去，并且发生在学生的真实生活、学习、实践之中，所评价的内容是学生实际的表现而非对他们潜在能力的抽象假设。可见，真实性评价是让学生在真实的情境或仿真的情境中完成某项任务（多为操作性任务），并对任务完成的过程与结果进行评价。

真实性评价要求学生运用自己掌握的知识和技能，具体地解决现场存在的实际问题。如在实践技能评价中，由教师设计一个或多个相关的项目（项目内容需涵盖所学的知识与技能），学生在现场进行操作，需要学生完成一系列比较复杂的任务，并运用多学科的知识和技能来解决真实的问题，最后由教师对操作过程的规范程度以及操作的结果进行评价，也就完成了相应实践技能的评价。真实性评价有利于评价学生的实际操作与现场解决问题的能力，能够充分、全面地反映学生运用知识的能力与实践操作能力。

真实性评价项目所设计的是一套完整的工作任务，其评价不单指向理论知识、态度、技能等单方面的要素，而是具有一定的全面性。它把一些单项的任务组合为一个整体任务，以便考查学生综合性的能力水平，而且还可以在要求学生完成相应任务的同时，提出对任务布置或改进的看法，以检查完成任务的态度以及其他一些相关的能力，如解决问题、创新革新能力等。在整个评价过程中及评价结束后，由评价者填写相关能力评价表，如表 10 - 5 所示。

表 10 - 5　　　　　　　　相关能力评价表

学生姓名		班级		学号	
评价项目名称					
总体完成情况		优 □ 良 □ 及格 □ 不及格 □			
具体指标		分值		评价得分能力要素 1	
能力要素 2					
能力要素 3					
……					
总分					
备注					

评价者签名：
年　　月　　日

在实际操作中，采用真实性评价的方法可以根据大学生专业技能岗位对接培训的培养目标与具体的教学、实践操作内容以及相关能力的具体要求，在接近真实的情境中设置真正的任务，对学生完成任务的过程及其结果进行观察、评价。其评价所设定的任务是开放的，评价目标是事先确定的，背景也是真实的，完成任务的过程要经历多个环节，这样对学生的评价往往也是真实的。

2. 收集评价信息的途径

为了全面评价学生的质量，掌握准确的评价信息，得到高效度、高信度的评价结果，就要根据不同的评价内容，从实际出发，通过教师、同学、学生自身、用人单位等多种途径来收集评价信息。具体的收集评价信息的途径有：

（1）教师评价

教师包括任课教师（理论课与实习实训课教师）、班主任（或辅导员），他们与学生密切接触，了解学生对知识的掌握程度以及思想道德水平。可以客观、公正的对学生的不同方面作出评价。

（2）同学互评

评价对象与周围的同学（选择的范围最好控制在一个班集体内）共同生活、学习，了解的情况较多、较真实，站在旁人的立场，对自己的同学也能作出一个客观的评价。

（3）自我评价

学生对自己的行为和思想有一个更深刻的认识，也许有些方面也是其他人所不能了解的，让其对自己进行客观的评价，可以弥补他人评价的不足。"自评"与"互评"互为补充，在评价之前，应由教师进行指导，要求学生客观、公正的对自己作出一个实事求是的评价。

（4）用人单位评价

用人单位这一评价者是指毕业生工作时所在部门的领导或同事，主要针对的评价对象是已经毕业走上工作岗位的学生，以便对学生毕业后的工作情况（包括思想道德、职业能力、知识水平等）进行合理、恰当的评价。

3. 大学生职业能力教育质量评价方法的实施建议

在实际评价过程中，应以能力和业绩为导向，克服重学历、资历，轻能力、业绩的倾向，将职业能力认证与学校学历考试严格区分开来，从理论与实践相结合的视角，侧重考察评价对象在职业实践中取得的业绩、积累的经验和具备的能力，并通过受评者对实践问题的观察、分析与建议，来测查其认识水平和潜在能力。此外，还应摒除传统书面考试的单一性方式，注重全过程采集受评者信息，通过构建高标准的评价专家小组，综合性应用测评技术，多角度测查考生能力，既保证综合评价的质量，又有效地促进其他环节的质量改进与提高。

五 提高大学生职业能力教育质量的对策

正如斯塔弗尔比姆所说，"评价最主要的意图不是为了证明，而是为了改进"。通过对大学生职业能力教育质量的评价，发挥评价的导向、诊断、鉴别功能，使职业能力教育真正将大学毕业生与社会的需求进行无缝链接，端正高校的办学方向，提高其管理水平与办学水平，达到为学生服务、为企业服务、为社会服务的宗旨。大学生职业能力的培养是一个系统的社会性工程，需要学校、学生、社会共同努力，通力协作才能实现。在培养大学生职业能力的过程中，高校应责无旁贷地担负起培养责任，系统规划、精心教学，为培养符合社会总体发展需要的人才而努力。

（一）学生方面：提高学习能力，强化职业意识教育

目前，高校教师受传统的"一次性教育"影响很深，总希望在学校里把尽可能完整的知识系统灌输给学生，没有考虑建立"自我学习、终身学习"的现代学习观。在教学过程中重视知识的传授、积累，忽视学生"学习能力"的培养、训练。随着生产的发展、技术的进步，社会对人才的综合素质、技能水平都提出了更高的要求，高校仅仅注重知识的传授已经不能适应时代的变化。社会不仅要求大学毕业生具有系统的知识，也需要大学生具有一定的职业生存与发展能力。这样的人才才能为用人单位创造更多的价值，也备受用人单位的青睐。因为不论是生产、服务，还是提高产品、服务或管理的质量与效益，大学生对知识的运用都不是对所学知识的简单复现，而是对知识的综合运用，是个体将

知识转化为职业能力的具体体现。因此，在教育过程中强调大学生"自我学习能力"是势在必行的。

职业意识是职业人在一定的职业环境中所形成的职业认识、评价、情感与态度。它是心理素质与思想素质的综合，是以基本职业意识为基础，以对职业价值的理性认识为核心，对职业目标、职业道德、职业能力、职业信念、职业发展等一系列问题的思考。大学生虽然目前正处于职业准备阶段，但树立起良好的职业意识是他们当前学业和毕业后择业、就业、从业、创业的思想基础，故应从头脑中摈弃陈旧的职业观念，建立和强化新时代的大学生职业意识。

强化大学生的职业意识可以采取的途径有：开展专业思想教育，增强专业意识；在实践教学中形成良好的职业习惯；在社会实践中形成良好的职业道德；营造富有职业气息的文化氛围等，并把这些贯穿于从大学生入学到毕业的全过程。职业能力教育的实质就是直接面向就业的教育。它应树立起将教育定位于学生及社会未来需要的教育观念，让所有的大学生在完成他们的学业后都能顺利地完成同社会的对接。并且能够开发大学生的就业、应用和实践技能等，强化他们的职业意识，确定其职业目标。

（二）师资方面：建设"双师型"教师队伍

高等院校是职业能力教育的重要力量。要培养出既具有一定理论知识，又有较强动手操作能力的高素质应用型人才，就必须有一支高素质的教师队伍，这支队伍既不同于普通院校的学者型教师队伍，又不同于中等职业技术学校具有一定实践能力的教师队伍，而是一支"双师型"教师队伍。1999年《中共中央、国务院关于深化教育改革全面推进素质教育的决定》中就已提出：加快建设兼有教师资格和其他专业技术职务的"双师型"教师队伍。

所谓"双师型"教师包含两层含义：一是从教师整体构成来说，既有扎实的专业基础理论知识、任教经验丰富的"理论型"专职教师，又有从企业聘任的专业实践经验丰富的或已具有实际工作领域中级以上专业技术职称的人员，到校任教且具备了教师的基本素质的"技能型"教师；二是从教师个体来说，教师既要有较高的专业知识水平，又要有较强的专业技能；既要有讲师等教师系列职称，又要有本专业实际工作领域的专业技术职称方面的资格证书。简言之，"双师型"教师是既具有深厚的专业理论知识，又具有丰富的专业实践操作经验，既是教师又是专业技术人员，是理论与实践并重、拥有双证甚至多证的高素质的不同于普通高校教师的复合型教师。

1. 加强在职教师的培养和培训

教师队伍建设是学校工作的重要内容，教师队伍素质的高低对学生职业能力的发展有直接的影响。只有"职业能力"高的老师才能培养出"职业能力"强的学生来。随着时代的发展，职业教育思想要与时俱进，不断的更新，使其内涵更加丰富和科学。教师仅靠原来在学校学习的知识已经远远不能满足行业的需求。因此，教师也需要不断地学习新知识、新技能、新思想，不断完善自己的能力体系，才能适应学生职业能力培养的要求。具体措施有：

（1）鼓励专业教师通过各种途径考取或获取职业资格证书或专业职称资格。

（2）学校要创造条件让所有的专业教师在一定时间内到企业培训机构进行职业能力培训或到企业挂职实践一次，帮助教师开阔眼界、了解市场需求、加快知识和技术更新的步伐，从而提高教师的职业技能教学能力。

（3）强调专业教师要参与学生实验实习的全过程，在指导学生实习中向具有丰富实践经验的专业人员学习，吸取实际工作经验，充实自己，提高实践技能。

（4）有目的地聘请实践经验丰富的学者、专家、名师来校开展丰富多彩的教研活动。如聘请职业教育专家和工程技术人员到校讲学，对学校的教师进行培训。

（5）选派优秀的中青年骨干教师到国家重点建设职教师资培训基地或国内外一些大学进修和培训，提高他们的"双师"素质。

（6）学校要为学科带头人创造条件，主动和科研单位或企业搞好合作，让学科带头人多承担科研课题或直接参与生产实践，并带动一批骨干教师在科研活动中加快成长。

2. 扩大"双师型"教师队伍

《中共中央国务院关于深化教育改革全面推进素质教育的决定》中

指出"要注意吸收企业优秀工程技术和管理人员到高职院校任教,加快建设兼有其他专业技术职务的'双师型'教师队伍"。建设一支相对稳定的兼职教师队伍,是建设"双师型"教师队伍的必要手段,已经成为高等教育进行职业能力教育必须长期坚持的基本策略。

(1)从社会上招聘一些具有丰富实践经验和教学能力的教授、专家、工程技术人员、能工巧匠来校担任专兼职教师。由于他们在长期的生产、管理岗位上积累了极其丰富的工作经验,这些经验是从书本上和课堂上无法学习到的绝技,这正是专职教师所缺少的。这种特别师资是不可替代的优秀资源。

(2)与一些知名专家、教授建立长期联系,邀请他们定期开展讲座,讲授本专业的前沿科学技术知识,并结合自身工作实践和科研成果及时对学生进行职业素养、创业教育及专业技能的培养。

(三)课程方面:确定课程标准,选定对接课程内容

课程是实现教育目标的手段,高等教育每个专业的课程实施如何,直接关系到学生对职业能力的掌握,以及学生离校后能否具备直接上岗和后续发展的能力,是本专业教育质量的关键所在。

课程开发是以岗位技能的基本要求为标准,寻找大学学科课程与岗位技能之间的空白点,进而针对空白点开发新课程,实现课程—岗位对接。选定课程内容的方法是:去粗取精,凝练出最为核心的内容,形成岗位对接课程。如在开发中文专业与记者岗位对接课程时,在认真调查分析的基础上,首先找出中文专业课程与记者岗位技能之间的空白点,即:新闻采访技能和新闻编辑技能,因此确定新闻采访技能和新闻编辑技能为中文专业与记者岗位对接课程的主要内容。正是通过对专业技能的拓展和补充,实现了中文专业与记者岗位技能间的课程对接。

根据技能培训的特点,对接课程以活动课的方式呈现,以岗位—岗位技能—岗位核心技能—岗位核心技能点为课程主线,通过总操作程序—操作步骤—达到标准—注意事项—相关知识五个环节呈现技能培训内容。

（四）教学模式方面：直接下水学游泳，过程体验学技能

能力是讲不会的，也是教不会的。教师给学生讲了大半天，学生还是不具备任何能力。能力是学生自己练出来的。所以一定要对学生进行能力的训练，要用尽可能接近学生未来岗位的项目任务来训练。这就需要不断完善实践教学环节，让学生在实践中培养职业能力。

在教学上，坚持以"学生演练为主，教师点评为辅"的原则。课堂学生演练时间占三分之二以上。每节课同时有2—3名教师上课，一名是主讲教师，其他为演练指导教师。采用"教师引领—学生体验—教师点评—学生强化—技能达标"这一教学模式，使学生在学完岗位对接课程后，能够把自身专业技能拓展为岗位技能。这种培训模式可形象描述为"直接下水学游泳，过程体验学技能"。为保证教学的实践效果，在培训过程中还应专门安排学生参加岗位见习，强化实践技能。

建立和完善突出学生职业能力的考试考核制度，重点考核学生运用知识解决实际问题的能力。针对技能培训的特点，建立体现"两个结合"的评价办法，即过程评价与终结性评价相结合；定性评价与定量评价相结合。考核时，首先进行技能考核，要求学生必须掌握每一单元的技能，而且要单元过关。在岗位技能培训结束以后，进行终结性技能考核。技能考核的标准是能否达到岗位的要求。技能考核成绩占60%，笔试成绩占40%。除了校内考核外，可以让企业介入到学生质量考核中，这是克服传统考核弊病的有效方式之一。总之，对学生职业能力的评价要全面、综合。

（五）教育实践基地建设方面：加强基地建设，鼓励企业参与

实践基地是实施能力训练的场所，是职业能力教育的基本硬件，是高校培养学生掌握一定职业能力的保证。建立符合要求的实践基地是为了实现职业能力培养目标、保证人才培养质量。但目前我国高校在实践基地建设方面存在着诸多问题，如基地建设投入不足、实践教学及管理手段相对落后、设施简陋、更新速度慢、高新技术含量不高、不能适应培养符合社会需求的高素质人才的需求等。所以，高校应充分改善实践基地条件，为模拟教学创造条件。

为使学生毕业后就能直接上岗，除校内应具备的实践基地外，还必

须与企业相联系，建立长期稳定的校外实践基地。使学生能在真实的工作环境中学习和锻炼。因此，高校要积极鼓励那些技术先进、经济状况良好、热心教育的企事业单位的参与。这样不仅能使学生在真实的环境中提高基本职业能力，而且还能将所学的专业知识运用到实际中去，帮助企业解决一些问题，展示学生的才华和能力，为今后求职打下良好的基础。